子ども・若者の自己形成空間

教育人間学の視線から

高橋 勝 編著

東信堂

はじめに

いま日本の子ども・若者は、大変複雑な状況の中に置かれている。それは、受験競争や就職氷河期の時代を生きているといった表層的な説明では全く何も見えないほど、入り組んだ複雑系の世界である。

たしかに、いつの時代も、大人世代から見れば、子ども・若者は、既成の秩序からはみ出しがちで、眉をしかめたくなる存在であり、頼りない存在でもあった。ジェネレーション・ギャップのようなものは、いつの時代も多かれ少なかれ存在していた。

しかし、今日の子ども・若者の自己形成空間をめぐる問題の根深さは、世代間の断絶といった従来の図式の域をはるかに超えている。なぜなら、この問題を根深くさせている重要な要素の一つは、子ども・若者の自己形成の前提をなしてきた「大人になること」や「大人であること」の自明性そのものが、いま大きく揺らぎはじめているからである。あえて言うなら、大人自身のありようを不問にして論じることが可能であった従来の人間形成論の土台そのものが根底から崩れ落ちるような地殻変動が、いま私たちの視界の届かぬところで深く進行しているように思われる。それは、どのようなことか。

周知のように、一九九〇年代以降、社会全体が情報化と市場経済のグローバル化の荒波に晒され、政治、経済、行政、福祉といった人間生活の根幹にかかわる既存のシステムが大きく揺らぎはじめてきた。人間形成の問題もまた決してその例外ではなかった。まさにこの時期に、それまでは自明であった子ども・若者が「大人になる道筋」(「一人前」の世界への参加)が徐々に拡散し、その輪郭すらもぼやけて、見えづらいものになってしまった感がある。「大人になる道筋」が見えづらいということは、裏を返せば、「大人であること」の自明性そのものが崩れはじめてきたという事態を暗示している。

この自明性を崩壊せしめた大きな要因の一つは、情報化と市場経済のグローバル化にある。この時期に、日本社会は、地縁、血縁的共同体や職場などを含めて、様々な意味で「共同性を担うこと」(inter-dependence)が大人の重要な徴表の一つでありえた時代から、「自立すること」、「他者に依存しないこと」(in-dependence)が「大人」の重要な徴表と見なされる時代へと、地滑り的な変貌を遂げてきた。共同性や関係性を衰弱せしめた「個の自立」やメリトクラシー(業績中心主義)の強調がそれである。これを、序章でも詳しくとりあげる社会学者ギデンズ(Giddens, A.)の言葉にしたがって、モダニティ(modernity)の浸透と言いかえてもよい。

言うまでもなく、現代の子ども・若者は、こうした社会の地殻変動に敏感に反応しながら育つ。この二〇年間、「大人になる」とは、自立して生きること、能力や職能開発を通して自己実現を果たすことなのだという「力の開発」のメッセージを、子ども・若者は、シャワーのように浴びて育ってきた。しかしながら、それは、子ども・若者にとって望ましい自己形成の姿なのだろうかという疑問が生じる。

本書では、子ども・若者の生活世界を巻き込んだ社会全体の情報化、グローバル化、メリトクラシー化の波に着目しながら、「力の開発」と「存在承認」のはざまで大きく揺れる子ども・若者の自己形成空間のある種のジレンマ状況を解読する視点を提示しようと試みた。そうすることで、子ども・若者の自己形成の問題は、単なる「教育問題」には止まらないこと、つまり大人の生き方もまた厳しく問われる「大人問題」であり、「大人と子ども・若者による社会形成や関係形成の問題」でもあることを示したいと考えている。以下、序章から第６章までの流れを、あらかじめ簡単にスケッチしておきたい。

「序章　変容する子ども・若者の自己形成空間」では、子ども・若者が生きる「自己形成空間」とは何かを、「開発」や「自立」モデルの近代教育学に囚われた見方とは異なった視線から明らかにしている。それを開示する方法は、子ども・若者の生活世界や関係の世界を読み解く現象学であり、教育人間学の方法である。多様な他者と共に「関係生成する場所」として、「子ども・若者の自己形成空間」を捉える方法論がここで具体的に示されている。この教育人間学の方法は、本書の全体を一貫して流れる通奏低音と言える。

「第１章　子ども・若者の居場所」では、子ども・若者の自己形成の場所として、なぜ「居場所」が問題になるのかを、いくつかの臨床的事例を紹介しながら、明らかにしている。子ども・若者は、身近な他者とのコミュニケーションをくりかえしながら、その人との適度な距離の置き方を感得していく。それが他者との関係における自分の「位置」

の確かめであり、彼ら／彼女らは、様々な他者と出会うことで、そうした「位置」感覚を磨いていく。「居場所」は、こうした関係の修復や出直しを準備できる社会の隙間である。それは、子ども・若者が社会に出て、新しい経験に思い切って踏み込めるようになるための一時避難のアジール（避難所）でもあることが説明されている。

「第2章　子どもとメディア空間」では、家庭、学校、地域に次ぐ第4空間としてのメディア空間の問題を、子ども・若者が生きる生活世界の現実から捉え直そうとしている。子どもにとってメディアはいかなる意味をもつのか。彼ら／彼女らに、居心地のよい居場所と新しい出会いをもたらすことで、子どもを自由に解放すると同時に、他方で、彼ら／彼女らの関係を拘束するという、メディアの有する両義性がアクチュアルに描き出されている。

「第3章　グローバル社会と若者の傷つきやすさ」では、看護師をめざして学ぶ看護学生を具体的事例として、現代の若者の「関係」への過敏な心性と「傷つきやすさ」をどう理解するかが現象学的に記述されている。そこから浮かび上がってくるのは、専門職者としての強固な自己アイデンティティの獲得に向けて一途に励む若者ではなく、むしろ専門的知識やスキルを学びつつも、常に不安に晒され、他者のまなざしへの気遣いで揺れ動く、若者の不安定な生活世界の現実である。

「第4章　子どもの物語／学校の物語」では、子どもが学校に通うことの意味を、実社会に出てから役に立つ知識、技能を修得するという通常の教育学的な視点からではなく、子どもの生活世界の生成という視点から、つまり他者と関わり合う子どもの物語形成という視点から考察している。ここでは、学校を単なる教育機関としてではなく、様々な日常経験が織りなす「物語形成の場所」として学校を新しく捉え直す試みが示されている。

「第5章　〈大人になること〉の難しさ」では、子どもの発達や自立、自己アイデンティティ形成といった発達心理学的なフレームからではなく、現代において子どもが「大人になる」とは一体どういうことなのかを教育人間学的に論じている。前述のように、現在の子ども・若者は、社会に出て役立つための知識、技能やコミュニケーション力などを身に付けることを大人たちから期待されている。それでは、こうした知識、技能の獲得の総和が「大人であること」を保障するのかと言えば、必ずしもそうではない。子ども・若者は、「大人であること」の輪郭がますます溶解する社会のただ中で、「大人になる」ことを模索せざるをえないという過酷な現実が浮き彫りにされている。

「第6章　臨床空間としての学校」では、主に夜間定時制高校を念頭に置きながら、若者が学校で学ぶことの意味を、〈教師－生徒〉、あるいは〈生徒－生徒〉の「応答的な関係性づくり」という視点から掘り起こし、学校のもう一つの顔と可能性が示されている。確かに学校は、若者の学力や社会性を開発することによって、彼ら／彼女らの「生きる力」を増強させる場所であることは否定できない。しかし、そこで教師と生徒のやり取りにリアリティや深い意味が生じる条件は、固有名の生徒と固有名の教師との間の「応答的関係」の積み重ねがあるか否かによる。若者にとって、学校が通うに値する場所と感じられるのは、こうした「臨床空間」として立ち現れる学校の顔であり、誰かと共に自分が居るという身体感覚であることが、現象学的に語られている。

以上、序章から第６章までの内容に沿って、本書の流れを簡単に紹介したが、各章は、この要約をはるかに上回る密度と感度で執筆されているので、読者は、興味のあるところからお読み頂きたいと思う。本書が、複雑化した現代社会に生きる子ども・若者の自己形成の世界を理解し、その援助活動への一助となれば、編者として望外の幸せである。

なお、「子ども・若者」の厳密な年齢区分は、定義問題とも関わるので難しく、日本教育学会でも定めていない状況である。そこで、本書では、作業仮説的に、子どもを、乳幼児期から学童期、概ね思春期（一八歳）までの者、若者を、思春期から概ね三〇歳までの者と考え、思春期前半にあたる中学生は子ども、後半の高校生は若者として分類した。この区分は、あくまでも暫定的なものである。

最後になるが、本書は、編者が一九九二年に上梓した『子どもの自己形成空間』（川島書店）の続編にあたる。すでに一八年の歳月が流れたが、「子どもの自己形成空間」という概念枠組みやパースペクティブの重要性が学会でも広く認知されてきた矢先に、第一線の研究者として多方面で活躍する六名の研究仲間と一緒に本書を編むことができたことを、心から感謝したい。

二〇一〇年　晩秋

編　者

子ども・若者の自己形成空間——教育人間学の視線から／目次

第5章　〈大人になること〉の難しさ……後藤さゆり…194

子ども・若者の自己形成空間——教育人間学の視線から

序章　変容する子ども・若者の自己形成空間

高橋　勝

第1節　はじめに――子ども・若者の自己形成の現在

1　社会から逃避する子ども・若者

子どもや若者たちは、いまどのような世界に生きているのだろうか。現代社会の特徴を示す言葉として、「リスク社会」や「リキッド（液状）・ライフ」といった言葉が使われるようになった。「液状化する社会」とは、その社会に生きる人々の行為が、一定の習慣や生活パターンとして定着する前に、その行為を支える条件自体が急速に変化してしまう高速回転の社会をさしている1。

「リキッド・ライフ」とは、こうした高速回転の流動体に巻き込まれた不安定な生活をいう。確かに、現代社会は、大人自身が、不確実で不安定な状況下におかれ、一〇年後の状況すら見通しにくいリスク社会を生きている。こうした現代社会のリキッド化とリスク社会化は、これから大人になろうとする子どもや若者の生活世界にも重大な影響を及ぼさずにはおかない。社会が液状化して、その輪郭が見えなくなるということは、子ども・若者にとって、自分の未来が見えないということであり、大人になる筋道が見通せないということでもあるからだ。

もちろん、いつの時代も、子ども・若者は、与えられた時代の図柄を拒否したり、抵抗したり、斜に構えたりすることで、既成の社会の図柄と自己との折り合いをつけて大人になってきた。大人に対する子どもたちの反抗、若者たちの叛乱。戦後の子ども・若者の歴史を振り返ってみても、大人社会への反抗や抵抗は、何度も繰り返されてきた。

ところが、二一世紀を一〇年過ぎたいま、子ども・若者は、大人社会に反抗したり、抵抗したりする存在ではなくなったように見える。社会変動の激しさと液状化する社会の進行とともに、子ども・若者は、外の社会への反抗や抵抗をやめて、免疫細胞が自己を破壊するウイルスからその生体を守るように[2]、得体の知れない外部世界という異物からその身を守ろうとしているかに見える。生体の自己防御反応にも似た現象が、いま、子ども・若者の世界に広がりを見せているように感じられる。

家族社会学者の山田昌弘と精神科医の斎藤環の対談「立ちすくむ若者たち」で、興味深い指摘がある。それは、いまの日本の若者たちの意識が、自己と馴染んだ世界にばかり向かい、未知なるもの、異質なもの、リスクを含んだものに立ち向かう冒険心や好奇心が萎縮しているという指摘である。山田は言う。

いまの子どもや若者には、「自分たちと違った人たちと交流してみようという意識がなく、リスクをとって外に出てみようという意欲もない。」これに呼応するかのように、斎藤は言う。インターネット上にあらゆる分野のマニュアルが溢れているために、「異質なものに対する構えとして、あらかじめ取れる情報は全部先取りしてしまおうという傾向が強まっている[3]」と述べている。

見えてきたのは、「つまずきや失敗が人を成長させる」という感覚の立ち消えであり、無意識のうちに安全な道を選ぼうとする自己防御の姿勢である。未知の世界で自分が傷つくことを恐れて、はじめから既知の世界だけをなぞる。その安全圏で失敗せずに生きていこうとする心性が浮かび上がる。山田、斎藤の対談は、こうした「立ちすくむ若者たち」の状況を実にアクチュアルに語って余すところがない。もちろん、彼らは、こうした若者に非難めいたまなざしを向けているわけではない。厳しいリスク社会に投げ出された現代の若者に、むしろ一定の理解を示している。

●社会は複雑なので、私は関わりたくない

若者の未知世界からの逃避と「柔らかな引きこもり」傾向は、次のような調査結果からも浮かび上がる。日本、米国、韓国、中国の四つの国の中学生、高校生を対象に行われた国際的な調査「中学生・高校生の生活と意識調査報告書」の中に、興味深い結果がある。それは、「社会はとても複雑なので、私は関わりたくないと思う」か否かという質問に対する回答である。中学生の「とてもそう思う」と「まあそう思う」を合計した数値（％）は、**表序‐1**の通りである[4]。

アメリカや中国では、「社会はとても複雑なので、私は関わりたくない」と感じている中学生は、二〇％台に過ぎないが、韓国では四割の中学生が、日本では、何と過半数の生徒がそう感じている。日本の中学生の二人に一人は、社会は複雑でよくわからないものであり、できれば関与したくないものと感じている。社会は、得体のしれない怪物のように感じられているのである。

もう一つ、この調査結果で驚かされることがある。「現状を変えようとするよりも、そのまま受け入れる方がよいか」否か、の質問に対して、高校生の「とてもそう思う」と「まあそう思う」を合計した数値（%）は、**表序-2**の通りである[5]。

他国と比較して、日本の高校生の現状追認傾向が顕著に見て取れる。それでは、彼ら／彼女らが、現状に満足しているのかといえば、決してそうではない。現状に満足どころか、将来に対して限りない不安を感じているのである。以下の調査結果が、そのことを示している。

「私は将来に不安を感じているか」否か、の質問に対して、日本の高校生の三二・二%が「とてもそう思う」と答え、「まあそう思う」と答えた四五・五%を加えると、実に七七・七%の高校生が、「将来に不安を感じている」と答えている[6]。その不安の原因は何なのかは、一義的には確定しにくいが、すでに述べた「リキッド社会」や「リスク社会」の渦中に生まれて、自己を形成していくことの難しさと厳しさの実感をもつことも、大きな要因の一つをなしていることは想像するに難くない。

表序-1

（%）

日　本	53.6
アメリカ	27.3
中　国	22.2
韓　国	41.2

表序-2

（%）

日　本	55.1
アメリカ	49.7
中　国	39.0
韓　国	44.7

●孤立する子ども・若者

日本の子ども・若者は、社会と関わることに消極的であるばかりでなく、未来そのものにも大きな不安を抱えている。それが、子ども・若者の孤立化と「柔らかな引きこもり」傾向を増幅させているように見える。

『モダニティと自己アイデンティティ』の著者である社会学者のギデンズは、社会の近代化（modernity）が進展するにしたがって社会移動（social mobility）が激しくなり、その結果、人々の生活は、家族、地縁・血縁集団などの共同体との関わり合いから次第に遠ざけられていくと言い、すべてが「自己準拠」（self-reflection）という内省的な生き方に回収されていく傾向にあることを指摘している7。こうした現象を、ギデンズは、「経験の隔離」と呼ぶ。

個人は、自分が生まれ育った郷土、自然、地域コミュニティなどから引き離され、アトム（原子）化した個体としてこのグローバル化社会に投げ出される。地縁・血縁集団といった〈関係〉から解き放たれた個人は、庇護する集団を失い、全責任を背負わされた個体として生きざるを得ない。ハイ・モダニティが生み出した社会の病理現象を、ギデンズは、実にリアルに解剖している。

「1．人生は諸世代のライフサイクルからは離れた個別の時間の断片として現れる。一度、個人の生活と世代間の交流との間のつながりが破壊されてしまえば、『ライフサイクル』という概念はほとんど意味をもたない。」

「2．場所それ自体が脱埋め込みメカニズムの拡張によって堀崩されるにつれ、人生は場所という外部から分離するようになる。（中略）場所は、走馬燈のように移ろいやすいものになる。」

「3．人生は、他人や集団との既存の絆に関連する外部から、さらに解放されるようになる。（中略）他者によって与えられる外的な準拠点が欠落しているので、人生は、個人のプロジェクトや計画と結びついた軌跡として現れる。むろんのこと、出生家族から後に家族になるパートナー、子ども、友人、同僚、知人まで、他者はつねにこのような生活設計のうちに登場する。」

「4．人生は、儀礼化された移行ではなくなり、むしろ『開かれた経験の敷居』をめぐって構造化される。儀礼は、それ自体外的な準拠点であり、誕生、青春期、結婚、死などの人生の主な転機に関係した儀礼的活動の衰退が数多く観察されている。モダニティにおいては、通過儀礼が相対的に不在なので、このような転機に対処する個人の力の重要な心理的支えが失われる傾向にある。」8


諸個人がバラバラに点在するようになった社会で、私たちの周辺から消え去るのは、生まれ故郷のような「特定の場所」だけではない。消え去るものは、生の全体性を表す「ライフサイクル」の感覚であり、「集団との絆」であり、「通過儀礼」である。そこでは、人々は、狂気、犯罪、病気と死、自然、相互性を伴うセクシュアリティなどの非日常的な経験から隔離される。そして健康で安全を保障された日常世界こそがすべてであるかのような錯覚に浸されていく。つまり、心身の病い、犯罪、死、セクシュアリティなどの**生命体としての根源に関わる経験**から切り離されて、これらの非日常は、テレビドラマやニュース番組だけの別世界の出来事のように感じ取る心性が醸成されていく。

自己に対する他者、発達に対するライフサイクル、社会移動に対する故郷（ハイマート）、学校教育に対する世代間交流（インター・ジェネレーション）、生に対する死など、モダニティの進行が排除し、日常性から覆い隠してきたものを、ギデンズは見事に暴き出している。そして、重要なことは、現代の子ども・若者は、「人生は諸世代のライフサイクルからは離れた個別の時間の断片として現れる」社会のただ中に投げ出されているという点である。人類が過去に全く経験しなかった急激な社会変動という厳しい状況下におかれて、子ども・若者たちは、どのようにして他者と出会い、社会とのつながりを見つけ出していくのだろうか。

2　学校化される子ども・若者

すでに述べたように、現代は、それまで大人や子どもの生活を支えてきた様々な共同体の儀礼（Ritual）が崩壊し、アトム化された個人が社会を浮遊するに至った時代である。

ここで重要なことは、第一に、モダニティの進行が、それまで共同体が用意してきた、子どもを大人に生まれ変わらせるための様々な通過儀礼（initiation）を風化させてきたことである。いまや自治体が行う成人式の儀式すら、若者に共同性や関係の豊かさを保障するものにはなっていない。新成人の仲間内で祝福し合う快適なイベントで終わるケースがほとんどである。そこでは、子どもが「大人になること」の深い意味も確認できず、多世代との絆も、そして若者自身の「死と再生」への決意も見えてこない。

第二に重要なことは、子どもが大人になるための通過儀礼が見失われてきただけではなく、子どもが大人になるための手がかりすらも見失われてきたのが現代社会なのだ、という点である。

たしかに幼稚園から大学まで、学校が制度化され、すべてのことは学校で教えられる状況が生まれた。そこでは、学齢期の子どもたちに、社会に出て必要な知識・技能が計画的、効率的に教えられている。それでは、こうした教育プログラムに従って、カリキュラムの内容をすべて子どもがマスターしさえすれば、子どもは大人になれるのだろうか。当然そうだ、他に何が必要なのかと思う人も、多いのではなかろうか。

現代では、人間形成のほとんどの領分を学校が担っているから、そう思うのも無理はない。けれども、実は、学校が主に担うのは、一人ひとりの子どもに学力(accademic achievement)を身につけさせ、近代社会を生き抜くための知的能力を与えることなのである。ギデンズの言葉に従えば、近代学校は、まさにモダニティの装置の一つなのである。小中高校の学習指導要領にも盛り込まれた「生きる力を育む」という個体の自己保存重視の記述が、学校の近代性を如実に物語っている。

●大人になりたくない子ども

しかしながら、「子どもが大人になる」という「子ども／大人」の二項分節は、実は前近代社会から引き継いできた分節図式である。モダニティの進行に伴って、ある時期から、子どもと大人の中間項として「青年」期が挿入されたが、**この青年期(youth)という言説は、子どもを大人にするという前近代からの大人概念を解体させてきたばかりでなく、発達途上の未熟な存在として若者をまなざす強力なフィルターを形成してきた。**つまり、「青年期」という概念は、子どもが自律した発達主体（あえて言えば、アトム化した個人）に至るための一段階として説明される場合に用いられる傾向が強い。

「学童期・青年期」は、ある意味では、個体の自律に向けて発達することを期待された近代的概念であるのに対して、「子ども・若者」は、近代学校の発達中心のフィルターが成立する以前の地域共同体を担う生活者として、これからのあり得べき地域コミュニティを担う生活者としての存在を強く意識した概念である。

従って、本書で論じる「子ども・若者」は、単なる学習主体、発達主体ではない。大人たちとともに家族を構成し、学校や地域で多くの人々と趣味やボランティアの活動を行い、社会に何らかの貢献をしていく一人の市民であり生活者である。これに対して、「青年期」という概念は、児美川孝一郎も指摘するように、モダニティが生み出した発達段階図式のなかの一つの段階概念なのである9。従って、本書では、児童・生徒という学校用語を使用せず、社会や多世代のなかに置かれた「子ども」を問題とする。孤独な自己アイデンティティ模索とワンセットで用いられる青年期という心理学用語を使用せず、社会や多世代のただ中で生きる「若者」を問題とするのである。

ところが、学童期から「学習主体」として扱われてきた現代の子どもは、学校の階段を登ることは熱心であるが、身近な社会に参加すること、「大人になること」には、何らの期待ももっていない。むしろ、大人になることにかなり否定的である。私の研究室が行った調査で、「早く大人になりたいですか」という質問に対する回答は表序-3の通りである10。

小四、小六、中二と学年が上がっても、「大人になりたくない」子どもは、「大人になりたい」子どもの二倍近くい

表序-3

（%）

	なりたい	なりたくない	わからない
小4	23.5	48.7	27.8
小6	26.5	41.5	31.9
中2	24.3	40.3	35.4

る。その理由は何か。「いまが一番いいから」「大人は大変そうだから」「働きたくないから」「やりたい仕事がないから」という理由であった。子どもたちから見て、大人は何ら魅力のある存在ではないように見える。

もう一つ、先の日本青少年研究所の調査結果を紹介しておこう。「私の参加により、変えてほしい社会現象が少しは変えられるかもしれないと思うか」否か、の質問に対して、高校生の「とてもそう思う」と「まあそう思う」を合計した数値（%）は、**表序-4**の通りである[11]。

表序-4

（%）

日　本	30.1
アメリカ	69.8
中　国	62.7
韓　国	68.4

他国に比べて、日本の高校生の社会参加への意欲の低さが顕著である。他国では、約三分の二の高校生が、自己の参加によって、多少でも社会は変えられると感じている。逆に、日本の高校生の三分の二が、自分が参加しても社会は変わることはないと諦めている。こうした傾向は、国政選挙における二〇代の若者の投票率の低さにも現れている。これは、子ども・若者が自分の世界に籠もるようになった結果なのか、それともめまぐるしく変動するリスク社会を目の当たりにして、自己の無力を日々学習してきた結果と言うべきなのだろうか。

3　「閉鎖系」で身を守る子ども・若者

一九八〇年代からの子どもの不登校、一九九〇年代からの若者の引きこもりなどの現象が後を絶たない。子ども・若者たちは、そのようなかたちで、社会変動や社会的リスクから身を守ろうとしていると解釈することもできる。免疫学者の多田富雄は、その著『生命の意味論』で、生命体はもともと開放系で、外部の栄養や情報を取り入れながら自己生成を続けていく存在であるが、外部に、いまの「自己」を破壊する要素（ウイルスなど）が出現すると、直ちにその窓口を閉じて、「自己」を防衛する機能がはたらくと指摘し、これを免疫システムと呼んでいる。多田は、こう書いている。

「免疫系は、個体の中にはりめぐらされた防衛網である。細菌やウイルスなどの病気を起こす微生物、花粉やダニなどの異物、自分の内に発生した癌細胞や変異細胞、さらには輸血された型の違う血球や移植された臓器など、あらゆる『自己』ならざるものが侵入してきた場合に、それらを『非自己』として排除する。その働きはきわめて鋭敏で不寛容に見える[12]。」

多田によれば、**生命体は、基本的には開放系の自己組織化する生成体である**。外部から水分や栄養物を摂取して、自己保存を遂げていく。それまでの「自己」に近いもの、適合するものを外部から取り入れながら、少しずつ「自己」を増殖していくのである。ところが、いまの「自己」を大きく揺るがせたり、破壊しかねない異物が生体に侵入すると、途端に生体は、免疫システムの作動により閉鎖系に変わるのだ。多田は言う。

「個体も免疫系も、つねに外部に開かれ、外部からの情報をキャッチしながら、その刺激に応じて自分を変えてゆく。このやり方を『閉鎖系と開放系』と呼びたい。開放系をもとにして内部の自己変革を続けてゆくためには、必ずそれまで存在していた『自己』に照合しながら、したがってそれまでの『自己』のやり方を大幅に変更しないように改革してゆくのが原則である。それを「自己言及」と呼ぼう。発生も、免疫系の反応も、基本的にはすでに存在していた自分の行動様式に言及しながら、したがって既存の『自己』を破壊することなく、その行動様式の延長の上で進行してゆくのだ[13]。」

発生も、免疫系の反応も、基本的にはすでに存在している自己の行動様式に従いながら、つまり、既存の「自己」の延長上で進行していく。生体が閉鎖系に変わるのは、その「自己」を破壊しかねない異物の侵入を感知した瞬間である。生体を「開放系と閉鎖系」のバランスで捉えようとする免疫学の考え方は、現在の子ども・若者の生活世界や行動様式を解読する一つのヒントを与えてくれる。

すでに述べたように、現在の子どもたちにとって、大人社会は、決して希望に満ちた社会ではない。大人になることを無条件に肯定できる社会ではない。大人になると仕事をしなければならない。仕事は厳しく、楽しいものとはいえないことが大人たちの姿から見て取れる。だとすれば、いまの子どもの自分のままでいた方がよい。早く大人になる必要はさらさらない。子ども・若者は、いまの自己を破壊しかねない外的異物から身を守るために、やむを得ず「閉鎖系」で身を守っているのではないか。

第2節　子ども・若者が自己形成する場所はどこにあるのか

子どもの自己形成空間という言葉は、筆者の造語である。筆者は、一九九二年に『子どもの自己形成空間[14]』を上梓したが、そのタイトルで「自己形成空間」という用語を使用した。実は、これに近い概念として、すでに「人間形成空間」があった。

1　堀内守の「人間形成空間」

この言葉は、教育哲学者の堀内守（名古屋大学名誉教授）が一九七〇年代終わりに使用した概念である。現象学や構造主義の視点から、子どもの成育空間の広がりと多面性、重層性を示すものとして使用してこられた[15]。「人間形成空間」という新しい切り口は、当時の日本の教育学会には見られない極めて斬新な提言であるように、筆者には感じられた。そこで、筆者のいう「自己形成空間」を説明する前に、その下敷きとなった堀内守の「人間形成空間」について言及しておきたい。

堀内が着目したのは、教師の教えでも、子どもの学習でもなく、群れ遊びという、子どもの日常性（Alltäglichkeit）や社会的世界（sozial Welt）そのものである。子どもの遊びや暮らしなどの日常性や社会的世界を成り立たせているものを構造的に明らかにすること、それが堀内の言う「人間形成空間」の研究であった。しかも、この日常性や社会的世界は、子どもの自由自在な〈活動のまなざし〉からしか見えてこないものであるから、外部から客観的に観察できるものではない。それを見るには、子どもの世界に共犯的に参加しなければならない。現象学の手法がここで用いられている。

そこでは、「教えること」や「指導すること」という計画性や操作性の世界が一旦カッコに入れられる。子ども・若者はどのような日常性や社会的世界を生きているのか。**教育や指導を受ける前の、子どもや若者が生きているアクチュアルな世界、彼ら／彼女らの「生きられた世界」とは何かが、「人間形成空間」という新しいパースペクティヴを通して生き生きと浮かび上がってくるのである。**

堀内は、この新しい切り口を使って、学校の子どもではなく、地域で群れ遊びに興じる子どもを見つめ、合理的思考の発達ではなく、神話的思考の奥深さを示唆し、個の自律ではなく、世代間伝承と関係の輪の中でたくましく育つ野性的な子ども世界を浮かび上がらせるようとした。それは、モダニティ（近代化）とそれを担う学校教育の視界からは無意識のうちに排除されてしまった世界である。学校中心の戦後教育学の視界の狭さを照らし出す、まさに画期的な試みであったといってよい。堀内は次のように記している。

「人間形成空間は、線形的な定義を拒む。まさにそれは、『おかしさとかなしさと、あたたかさが同時にこみあげてくるような、それでいてもっと含蓄のある』空間である。それは、場所への象徴的愛着を中核としてなり立っているが、社会的、文化的、生物的、人類学的な局面が入り交じって織りなす空間である。右に述べた『外遊び』、つまり親の管理下から離れ、年齢の異なる子どもが群れをなして虫をとり、穴を掘り、貝殻を集め、木の実を拾い、木に登り、雑草を引っこ抜き、ネコや犬を追いかけ、土や砂をこねくってどろんこ遊びに夢中になり、遊びやルールや、わらべうたを伝承していく空間である。（中略）それは、子どもの活動を通して顕現してくるような空間なのである[16]。」

キラキラと輝く瀬戸内海に浮かぶ小豆島を舞台とした「二十四の瞳」の映画を彷彿とさせるかのような筆力に溢れた記述である。「人間形成空間」とは、物理的な等質空間ではない。それは、ある特定の場所をさす概念ではない。むしろそれは、子どもたちが仲間とともに虫取りや木登りに夢中になっている中で開かれてくる意味空間（meaningful space）であり、「子どもの活動を通して顕現してくる」空間である。言いかえれば、子どもと自然、他者、事物との関わり合いの過程で開示されてくる活動空間である。**関わり合いや活動が開示する偶発的で、即興的で、流動的な空間である。**それは、**関係生成的に開かれてくる空間**として提示されていることに注目しておきたい。

堀内によれば、こうした「人間形成空間」が開示されるのは、人間が、第一に、本来的に「共同存在」であること、第二に、心身の統合体としての「生ける身体」を生きているという二重の理由によっている。つまり、人はつねに他者とともにある共同存在であり、同時に身体性を生きている生命存在である、ということである。人間存在の共同性と身体性ということが、堀内の言う「人間形成空間」の構想の根底にある。堀内自身は、そのことを明示していないが、メルロ＝ポンティが『知覚の現象学[17]』その他で描き出したような現象学的人間理解がその根底に潜んでいると、筆者には思われる。同時に、そこには、レヴィ＝ストロースの提唱した構造主義的人類学、例えば「神話的世界」への深い洞察や「ブリコラージュ」（bricolage）に象徴される野性的世界への着眼があることも見逃すことはできない[18]。

高度経済成長期以前の日本は、まだ農山村地域が数多く残されており、そこでは、子ども・若者たちは、つねに他者とともに遊び、働き、多世代とともに暮らしていた。遊びでも仕事でも手足やからだを使って活動していた。言いかえると、他者と関わり合い、自然や事物との関わり合いなしには、暮らしが成り立たない社会であった。

●「自律すること」のジレンマ

ところが、すでに述べたように、モダニティが進行して、社会が激しく流動化しはじめると、人々は共同体における身近な他者から切り離されて、不特定多数の他者と関わらざるをえなくなる。それは、社会変動によって、人々が安定した共同体を失って孤立し、濃密な関わり合いを喪失することを意味している。

個人が共同体から「自律すること」は、同時に「孤立すること」とほとんど背中合わせとなる。こうしたアンビバレンツな現象の進行を、堀内は「人間形成空間の衰弱化」と呼んだのである。人間形成の危機的状況とも言えるこの深刻なジレンマ状況は、学校という制度枠のフレームだけで、子ども・若者を観察している限り、全く見えてこない。なぜなら、学校は、もともと子どもを村落共同体から引き離して、近代社会を生きる個人として扱い、学力や能力を個人単位で身に付けさせることを意図した機関だからである。割り切った言い方をすれば、モダニティの遂行こそが当初から学校の役割であったし、現在もそうだからである。

従って、子どもを「個人」として扱う〈学校のまなざし〉からは、近代化による人間形成空間の危機的状況はまるで見えてこない。**近代化や個人主義化を微塵も疑うことのない戦後教育学の視界からは、文明史的規模におけるこうした深刻な事態は見えてこない。**だからこそ、私たちが暮らす地域社会の崩壊を的確に見通した「人間形成空間」という「脱領域的な仕掛け」が求められるのである。

それでは、「人間形成空間が衰弱化した」と言われるのは、具体的にどのようなことを示すのか。堀内によれば、現代社会は、人間形成の視点からみると、以下の四つの危機に突入しつつある。

「第一は、人間が関係する相手やものが多くなったことである。人間はその結果アトム化し、モザイク化せざるをえないという事態が生じている。第二は、そのような関係が多様化し、特定の相手やものと一義的な関係を結び続けることができないということである。第三は、交わるべき相手やものが多数化し、多様化するにつれて、どの関係も一時的なものとならざるをえないという事態である。そして、第四は、これらの結果、関係が表面的にならざるをえないということである[19]。」

堀内は、ここで、P・L・バーガーやA・シュッツなどの現象学的社会学の手法を駆使して、人やものとの関係の重大な変貌を指摘している。交わる相手やものが膨大になることで、人間の自己アイデンティティは拡散せざるをえないこと。親密圏が縮小化し、あらゆる関係が一時的で表面的なものにならざるを得ないこと。この記述は、一九七九年のものであるが、その指摘が、先に紹介したギデンズの主張をも先取りしていることに驚かざるをえない。さらに堀内は言う。

「共同存在としての人間の共同性にこのような変化が生じているとすれば、当然自己と世界との関係がヴェールをかけたようにあいまいなものになり、ひいては自己自身があいまいになると予想できるであろう。人間形成の危機の最たるものがここにある[20]。」

「人間形成空間の構想」を掲げた堀内守の教育哲学の根底には、モダニティの結果、人間の共同性や身体性を喪失する事態を生じさせ、個人がその生の基盤そのものをも失いつつある、という強い危機意識が潜んでいる。言うまでもなく、これは、学校教育の問題以前の、学校を取り囲む社会そのものへの危機意識である。そして、それは学校の存立基盤をも脅かさずにはいない深刻な問題の指摘であったことは間違いない。

2　学校〈教育〉に傾斜した教育学

「人間形成空間の構想」という副題を掲げた堀内論文「人間形成の文明論的地平」が発表されたのは、一九七九年である。当時の教育哲学者としてはめずらしく、現象学や文化人類学、構造主義、記号論などを領域横断的に駆使した、最先端の学問動向を踏まえた問題提起であったことは疑いない。

しかしながら、強い危機意識に支えられた「人間形成空間の構想」は、その発表当時、正当に評価されたかと言えば、必ずしもそうではなかったように思われる。当時、筆者は、堀内と同じ中京地区の大学に勤務しはじめたばかりの、まだ駆け出しの研究者であったが、学会誌などはかなり丹念に目を通していた。しかし、『教育学講座』第2巻に掲載された堀内のこの論考に着目したのは、文化人類学や記号論の分野の研究者であって、教育学の分野では、筆者の記憶する限り、その着想を学問的に継承するような論文はほとんど見あたらなかった。

当時の教育学は、まだ社会進歩という「大きな物語」に支えられており、冷戦構造下での近代化や国民啓蒙への期待が根強く、学校教育万能論の考え方が支配的であった。子ども・若者が、家庭、地域社会、学校、職場において、どのような自己形成を経て大人になっていくのか、さらには、大人たちは、日常の暮らしの中で、どのように自己を形成しているのかという、人間形成の「日常性」が問題として浮上することすらない状況であった。他分野に比べて、教育学の後進性と閉鎖性は、ここでも筆者を苛立たせてきた。

●「人間形成」という概念への抵抗

しかし、今から考えてみると、堀内の「人間形成空間の構想」が継承されにくかったもう一つの障害は、「人間形成」という言葉にあったように思われる。何よりも「人間形成」という概念自体が、戦前ドイツの教育学者E・クリークが著した『人間形成論』(*Menschenformung*, 1910) を彷彿とさせた[21]。よく知られているように、クリークは、戦前ナチスに協力したナチス教育学者の一人である。英米的な個人主義や科学技術文明を強く批判し、民族固有の文化、地縁・血縁的な共同体 (Gemeinschaft) の優位と国家有機体説を説いた学者である。ドイツ国内はもとより、日本の教育学においても、クリークの『人間形成論』は、戦後教育学の対極に位置づけられ、その著作は、格好の批判の的でもあった。

「教育」(Erziehung, education) という概念が、「発達」(Entwickelung, development) の概念とともに、近代の個人の解放と自立を促す開発的概念であるのに対して、「人間形成」は、前近代の共同体論や国家有機体説を引きずる同化作用に近い概念として理解されてきた。もちろん堀内の「人間形成空間」を独訳すれば、《Menschenbildungsraum》に違いはないのだが、Formung (形成) という概念や郷土や世代を重視した考え方は、戦後教育学にとってほとんどタブーだったのである。

その後、堀内は、現象学とフランス構造主義を土台として、『文明の岐路に立つ教育』、『原っぱとすみっこ』、『構想力の冒険』、『構想力の時代』、『手の宇宙誌』などの一連の著作を次々と世に問うてきた。学校「教育」ではなく、子どもが育ち、大人になるための「人間形成」の学を、さらに言えば、その大人が老いて死を迎えるまでのライフサイクルの全体において、「人間形成空間」のありようをどう考えるかを正面から問題にしてきた。それが、「人間形成空間」の構想となり、教育思考の転換を迫る数々の著作として発表されたのである。

しかしながら、一九七〇年代の終わり、不登校や脱学校論がようやく問題になりはじめた時期である。教育界で、学校を中心とした「教育」を相対化する〈まなざし〉はほとんどなく、「人間形成」、「世代」、「ライフサイクル」、「共同存在」、「身体」など、現代の教育人間学の地平をも先取りする先見性は、ほとんど評価されない時代であった。学校教育の質の向上が、人間形成の豊かさに直結するかのように誤解されていた時代である。また現象学、構造主義、文化人類学、カルチュラル・スタディーズといった人文・社会科学の新しい動向への感度も鈍かったせいもあって、日本の教育諸学会において、堀内の「人間形成空間の構想」は、未だに正当に評価され、継承されてきたとはいい難い状況にある。

第3節　子ども・若者の自己形成空間の再構築

1　「自己形成空間」――関係生成する場所

堀内守の「人間形成空間」は、すでに述べたように、現象学と構造主義をバックグラウンドとするものと考えられる。それは、前世代によって構築され、伝承される非制度的な土着文化の厚みが重要な要素をなしている。堀内がよく愛用した「考現学」という言葉は、歴史と風土の中で培われていく人間形成の深層に迫る方法をよく現していると言える。

これに対して、筆者は、堀内の問題提起を継承しながらも、あえてそれを「自己形成空間」(Selbstbildungsraum)と呼びたいと考えてきた。**その理由は、こうした空間は、子ども・若者たちの活動の中で生まれ、生成し、変化を遂げていく〈流動的な空間〉であることを一層鮮明にしたいからである。生成し、形づくられ、世代交代の中で流動し続けていく場所、それが筆者の提案してきた「自己形成空間」である。**

したがって、筆者の着想は、あえて言えば構造主義的というよりも、むしろポスト構造主義に近い。**個人が、あ**

る固定化された文化（作業）共同体に参加していくのではなく、何らかの状況（Situation）、何らかの出来事（Ereignis）に直面し、あるいは巻き込まれ、そこでの主体喪失の経験を通して、不可避的に意識変容が生じる場所、それが筆者の考える「自己形成空間」にほかならない。ある著書で、筆者は次のように書いた。

「自己形成空間とは、子どもが、様々な他者・自然・事物と〈関わりあう〉中で徐々に織り成されていく意味空間であり、相互に交流しあう舞台である。

①それは、物理的な等質空間というよりも、そこで人々が出会い、多様な関係性（物語）を織り上げることのできる象徴的な場所を指している。

②それは、対象を一方的に操作する場所ではなく、能動性と受動性とを内に含んだ『相互的かつ受苦的な場所』である。

③それは、無意識のうちに『古い自己』の解体と『新しい自己』の再生が進行する自己生成のきっかけを生む場所である。自己形成空間とは、子どもが、様々な他者・自然・事物と〈関わり合う〉中で徐々に織り成されていく意味空間であり、相互に交流しあう舞台である[22]。」

子どもが、自然、他者、事物と関わり合う場所。相互的かつ受苦的な経験が生じる場所。「古い自己」が解体して、「新しい自己」が再生する場所、こうした場所を、子ども・若者の自己形成空間として捉えたい。そこは、子ども・

若者をめぐって、多世代間の応答関係や交流が生じる場所である。

それは、学校のような〈教師・生徒〉関係、家族のような〈母子・父子〉関係が優先される場所ではない。〈教師・生徒〉関係、〈親・子〉関係のようなタテ関係ではなく、仲間同士のヨコの関係や、地域の大人たちとの関係、他者との出会いのように、ナナメの関係や新しい他者関係が生じる場所である。

2　聴いてくれる他者――夜間定時制高校の保健室

子どもが学校に行く。そこは、学習の場である。すると、子どもが毎日学校に通うのは、勉強するためであると私たちは、つい考えがちになる。しかし、子どもたちの感覚は、必ずしもそうではない。

藤沢市立教育文化センターが中学三年生を対象に行った調査によれば、「学校の中であなたが一番大切に思うことは次のうちどれですか」という設問に対する回答で、圧倒的な支持を得ているのが「友達づきあい」である。その数値は、七一・七%にも上っている。その次が「部活」（一〇・八%）で、「勉強」をあげた生徒は、何と八・八%に過ぎない23。

この数字をもって、中学生は学習意欲が低いなどと即断してはならないだろう。彼ら／彼女らは、もちろん学校でしっかり学業に励んでいるし、授業をサボっているわけでもない。ただ一日、7時間以上も過ごす学校生活では、「友達づきあい」が何よりも重要であることを肌身で感じていることの現れでもある。子どもたちは、学校で、勉強をしている以上に、先生や仲間たちと一緒に生活を送っているのである。浜田寿美男も指摘するように、学校は子どもたちからすれば、まさしく「生活する場所」なのだ24。

仲間と遊び、戯れ、互いの存在を確認し合いながら、一日を過ごすために、子ども・若者は学校に通うのである。そこでは、教師は、勉強を教えてくれる教育の専門家であるだけでなく、自分を受け入れ、自分と応答してくれる一人の大人でもある。こうした応答関係の重要性は、夜間定時制高校という場所では、一層くっきりと立ち現れる。瀬川正仁のルポルタージュ『若者たち――夜間定時制高校から視えるニッポン』を読むと、夜間定時制高校に通う生徒たちの目には、学校の教師がどのような存在として映っているのかが手にとるようによくわかる。「保健室の窓から」と題された章の冒頭は、次のようにはじまる。

「夜間定時制高校の取材を始めて、まず感じたのは、まるで野戦病院のような場所だということだった。夜間定時制高校は、学校という戦場で、あるいは家庭で、傷ついてきた若者たちが運び込まれてくる野戦病院である、そう思った。そしてもしその印象が正しいとすれば、保健室はこの学校の本丸のひとつに違いない。そこで私は保健室を覗いてみることにした。

『昨日、手首を切った子供を病院に運んでいる間に、たくさんの生徒が入ってきて、冷蔵庫に入っていた全日制の人の私物がなくなっちゃったの。それで、普段でもかならず鍵をかけることが職員会議で決まったの。』

そう言って、養護教諭は申し訳なさそうに扉を開けてくれた。夜間定時制高校に常時登校してくる生徒は一〇〇人ほど。三〇人用の教室は、なんとなく閑散としている。その割に保健室を訪れる生徒の数は多い。予想通りの結果だった。

『具合が悪い』と言って、何時間もベッドで横になっている生徒がいる。そこまで具合が悪いなら、一刻も早く家に帰って寝るのが普通だろう。ところが、その生徒には家に帰る気などさらさらないようだ。そして授業が終わり部活の時間になると、『ちょっくら行ってくるわ』とベッドを抜け、だるそうに体を引きずって、仲間のいる体育館に向かっていった。家に居場所のない子供たちの現実が見え隠れする25。」

少し長い引用になったが、この夜間定時制高校で、生徒たちは保健室に頻繁に出入りする。生徒たちは、そこで、養護教諭に熱を測ってもらったり、応急処置をしてもらったりするわけではない。授業中の教室を抜け出て、ここに出入りしているのである。その度に、養護教諭と短い会話を交わす。養護教諭は、授業担当の教師とは〈別のまなざし〉で生徒と接する。勉強ができるかどうか、宿題をやってきたかどうか、という〈教育者のまなざし〉では生徒を見ない。むしろ、どこにでもいる〈一人の大人のまなざし〉で生徒たちに接している。だから、一部の生徒たちは、授業中は保健室でウダウダとたむろしているにもかかわらず、わざわざ学校に来るのである。家庭や社会で傷ついた自分を癒すために、自分を受け入れてくれる相手に会いにくるのである。

取材した記者が、夜間定時制高校は、「野戦病院のような場所」と直感したのは、全日制高校のピンと張りつめた空気とはまるで異なった、保健室や教室に漂う、病棟のような、緊張感のない、少々気だるい空気からではないか。

そこでは、未来に向けて勉強に励む自分ではなく、勉強以前の傷ついた〈わたしの生〉を癒し、〈生きること〉を取り戻すために学校に来る〈自分〉がいる。だから、授業中であっても、保健室にたむろする生徒に対して、養護教諭は教室に行くように急かさないのだ。瀬川は、こう記している。

「南丘陵定時制（仮名―引用者）で取材を始めて、驚かされたことがひとつある。それは、生徒たちが屈託なく自分自身のことを語ってくれることだった。性に関すること、家族の恥、自分の犯罪歴や性癖など。普通なら、墓場まで持っていきたいような自分自身の尊厳にかかわる秘密を、彼らは初対面の私に気軽に語ってくれた。こうしたことがなぜ起こるのか、その理由はいまだによくはわからない。ただひとつ感じたことは、生徒たちが、少なくともこの学校と先生方を信頼しているということだ。彼らは自分の辛い過去を教師たちに吐き出すことで、生きるエネルギーを受け取っている。その証拠に、生徒たちは上級生になるほど心を開いてくれる。一年生や、この学校に来たばかりの転校生は、大人に対する警戒心を持っていて、時には、その敵意が呼吸を通して伝わってくることもある26。」

「彼ら（生徒たち―引用者）は自分の辛い過去を教師たちに吐き出すことで、生きるエネルギーを受け取っている」という瀬川の指摘は重要である。生徒たちが自分の辛い過去に目を背けるのではなく、それと向き合い、教師たちに淡々と語り、教師たちがそれにじっと耳を傾ける。「傾聴する」という関係が成り立つことが重要なのである27。

若者の自己形成空間は、何度も失敗や挫折を繰り返し、深く傷ついて生きてきた若者を受け入れてくれる場所でなければならない。言いかえると、そこは、日常性から陥没した受苦的経験（Erfahrung）を共有してくれる誰かがいる場所であり[28]、じっと話を聴いてくれる場所なのだ。

3　多世代が出会う場所——カフェ・コモンズ

哲学者、清真人の著書『創造の生へ——小さいけれど別な空間を創る』の中に、「カフェ・コモンズ」という小さなコミュニティ・カフェの紹介がある。カフェ・コモンズは、引きこもりの若者たちに居場所を提供し、就労支援も行っている。といっても、別に引きこもりの若者の職業訓練を行っているわけではない。彼らが、人と接する抵抗感を、ほんの少し和らげる場所を提供しているだけなのだ。それは、一体どんな場所なのか。

清の紹介によれば、引きこもり傾向の若者には、親が高学歴で生真面目、しかも権威主義的タイプが多いという。その親元で、長年にわたって自己を劣等視することを強いられ、自分の存在価値すら信じられなくなった若者も決して少なくない。だから、コミュニティ・カフェに紹介されて来る若者に対して、支援者、教育者、店長などの〈役割のまなざし〉で接すると、彼ら／彼女らは敏感に反応して閉鎖系となり、自分の殻に閉じこもってしまう。

だから、このカフェで支援者たちは、善悪、正否とはまるで別次元の、冗長で混沌とした「アホさ」加減の空気をつくりだす。人間としての弱さや失敗、挫折の経験を語り、また聴きやすい空気をつくる。教師、指導者、支援者といった役割で相手と関わるのではなく、少し先をスローに生きてきた人間として、若者に接することが重要であると、カフェ・コモンズの店長、宮地剛は指摘している[29]。

新参者を含めて、カフェ・コモンズをみんなで担っている共同の仲間として受け入れ、関わり合うことが大事な点であるとして強調されている。「一つの価値観や考え方に同化していく共同体をつくるのではなく、様々な価値観や考え方をもった人々によるネットワークをコミュニティとして形成しようとしている点[30]」に筆者も注目したい。それは、目的地をめざして大通りを早足に歩くのではなく、ゴミゴミと入り組んだ迷路のような路地裏を、誰かとゆっくり歩くような関係である。清真人は言う。

「支援される青年は次第に支援を必要としない自立した人間になってゆかなければならない。そのためには、自立した人間としての誇り・喜び・自信を支援されるなかで何度も経験して、支援されることを通して支援を不要とさせる自立の力を自分のなかに養わなくてはならない。だから、関係性が支援者と被支援者に固定してはいけないのである。それを脱して、互いに個人として出会い、向き合う関係性の場面が何度も創り出されなければならない[31]。」

だから、ここは教室でもクリニックでもない、出入り自由なカフェなのである。教師やカウンセラーはいないし、支援者顔をした人もここにはいない。大人や若者たちは、仕事の帰りにひょいと立ち寄って、お茶を飲む。居合わせた者たちの関心に応じて、ワールドカップ戦からネット上の話題、仕事や趣味、将来の夢に至るまで、話題がとりとめもなく広がる。話題がコロコロと変わることも大事な要素である。カウンターを挟んで、あるいは隣の席の誰かと出会い、とりとめのないお喋りに興じること。引きこもりの若者が、この愉しさを徐々に実感できるようになれば、このカフェは彼ら／彼女らの居場所となる。そこでは、支援者が引きこもりの若者を社会に導き出していくるのではない。珈琲を飲み、他愛もない日常の会話を繰り返し、その会話の輪の中に引きこもりの若者がごく自然に吸い込まれていく場所があるということ、それだけで十分なのである。

第4節　関係生成する子ども・若者

1　「解放のポリティクス」から「生のポリティクス」へ

自己形成空間という〈まなざし〉から現代社会を見たとき、そこでは、子ども・若者ばかりでなく、大人自身も深刻なジレンマ状況に置かれていることに気づく。それは、高度にモダニティが進行する社会では、「自律して生きること」は、ほとんど「孤立して生きること」に等しい状況が生まれるというジレンマである。ギデンズは、こうしたジレンマ状況の解決策を、「解放のポリティクス」(emancipatory politics)の終焉と、新たな「生のポリティクス」(life politics)の必要性という観点から説明する。

「解放のポリティクス」とは、それが農耕型社会であれ、身分制社会であれ、共同体の不等な支配や拘束から逃れ、個人の自由と自立を確保しようとする運動に見られる。啓蒙主義や古典派経済学のレッセ・フェール(laissez-faire)

の思想、社会主義的革命思想、さらには規制緩和と市場原理の強化によって、個人の自由と自律意識を促そうとする新自由主義(new liberalism)も、ある意味では「解放のポリティクス」の延長線上にあると考えられる。ギデンズは言う。

「ほとんどのバージョンの解放のポリティクスの背後に一つの行動原理があるとするならば、それは自律(autonomy)の原理であるということができるだろう。解放とは、個人が何らかの意味で自身の社会生活環境において自由な独立した行動ができるように集団生活が組織されることを意味する32。」

この「解放のポリティクス」は、近代思想の黎明期から現代に至るまで、人々を魅了し続けてきた。それは、「〜に向けて」ではなく、「〜から離れて」というように、個人の自由と自律、自己決定を重視するからである。強固な身分制社会や全体主義国家の場合のように、不平等がはびこり、自由が抑圧される状況下では、こうした「解放のポリティクス」は有効にはたらく。しかしながら、現代のように、高度にモダニティが進行し、地域社会、学校、職場を含めて、あらゆる場所で、共同体が解体し、個人が剥き出しのアトム(原子)としてグローバル化された社会に投げ出される状態が生まれるに至ると、この「解放のポリティクス」は、むしろ階層の固定化と不平等を再生産するだけの機能しかもたたさないことが明らかになる。

例えば、二〇〇八年度の日本人の自殺者の総数は、三万二、二四九人である33。二〇代から三〇代の若者の自殺者が急増している。その動機は、「生活苦」「失業」「就職失敗」が多い。二一世紀に入って、日本人の自殺者数は、ずっと三万人を超え続けている。社会学者のデュルケムも指摘するように、自殺する若者は、地縁・血縁関係、職場であれ、共同体からの離脱者が多い[34]。人間関係のネットワークから切り離された若者が、生活苦や失職の苦悩を一人で抱え込んで自殺するケースが多い。苦痛や悩みを打ち明けられる親しい仲間が身近にいれば、死を思いとどまることも出来たかも知れない。ところが、遺書には自分の弱さや、ふがいなさを語り、自分を責めるものも少なくないのである。

自殺に追い込まれる若者に対して、「解放のポリティクス」はもはや有効に作用しないばかりか、彼らを、自律に失敗した人生の落伍者として烙印を押しかねない原理としてはたらく。**「自律すること」が、希望や願望としてではなくなり、むしろ社会からの強制として作用し、脅迫観念となった現代の状況を理解する必要がある。**

それでは、「解放のポリティクス」に代えて、新たな課題となった「生のポリティクス」とは何か。それを一言でいえば、グローバル化社会における他者との関係の再構築である。ギデンズは、こう書いている、

「ライフ・ポリティクスは、ライフスタイルの政治である。（中略）ライフ・ポリティクスは、グローバル化する影響力が自己の再帰的プロジェクトに深く浸透し、逆に自己実現がグローバルな戦略に影響する、そのようなポスト伝統的環境において、自己実現の過程から出てくる政治的な問題なのである[35]。」

ここでは、自己の再帰的プロジェクトは、グローバル化する社会全体の在り様や地球の在り様に深く関わっているという自覚から生じる。自己は、コミュニティから切り離されたアトムではなく、他者と深く関わり合う存在である。したがって、自己のプロジェクト実現の可能性は、他者の在り様と深く関わっているという認識がそこにある。「生のポリティクス」は、リスクや不安定性がますます増大する現代社会において、「自己の物語」(narrative of the self)をリフレクティブに構築していく営み、つまり「リフレクティブに秩序づけられた環境での自己実現」を果たすための営みと連動している。個人は、「いかに生きるべきか」という倫理的問題を、身近な他者との関わり合いの過程で解決しながら、同時にグローバル化した社会を見通していくのである。この点に言及して、高橋均は以下のように書いている。

「NPOにおいて若者の自立支援活動に従事する佐藤は、『学校を卒業し、就職し経済的に独立し、結婚して家族をもつことによって成人に達する』というこれまで主流をなしてきた自立の定義では、『長期にわたって社会のメインストリームから排除された状態にある若者はいつまでたっても自立できない』と指摘し、『従来の自立に対する定義に代えて、若者が社会に完全に参加した状態に達することをもって社会的自立を定義すべき』と主張する。本来、『自立という豊かで奥深い問いは、人生をとおして試行錯誤を重ねながら回答を手にするといった哲学的テーマであったはず』である[36]。」

ところが、現代社会で求められている「自律」は、社会を円滑に動かす力を若者に求めるといった外発的な自律でしかなく、若者が長い年月の悪戦苦闘の末獲得する自律からはほど遠いものである。**「人間力」や「教師力」などの雑ぱくな言説の中には、「自律」という言葉が含意していた豊かさも奥深さも、はぎ取られてしまっている。そこには、子ども・若者が関係の中での豊かな自己生成を遂げ、広い世界へと巣立っていくことへの大人世代の願望や祈りにも似た感覚が欠落している。**個人のアイデンティティ形成とグローバル化した社会との接点をどう考えるのかという関係生成的な視点が見えず、貧しい「自律」のイメージだけが流布されてしまっている。

2　子ども・若者の自己形成空間の再構築——関係のネットワークづくりに向けて

若者の自律や自己アイデンティティの形成が、家族や地域といった共同体からの独立というベクトルで単純に理解されていた近代化の時代には、子ども・若者の自己形成空間の在り様はほとんど問題にならなかった。親の権力的パターナリズムや「世間」という共同体の見えざる桎梏からの解放、まさにギデンズのいう「解放の物語」が有効に機能するかに見えたからである。そこでは、家族、地縁・血縁集団、生まれ育った郷土などの共同体は、子ども・若者の内面的自律を抑圧する要因の一つに数えられていた。

逆に、学校における学習と獲得された学力（accademic achievement）だけが、子どもを共同体の拘束から解放して、社会的上昇を促し、内面的自律や社会的自立を保障するものであると長いあいだ考えられてきた。こうして、戦後の日本では、子ども・若者の教育と言えば、学校が担うべきものという通念が広く定着してきた。いまや、学校を抜きにして、人間形成は考えられない状況、つまり「学校化社会」（schooled society）などと言われる状況も出現した。

しかしながら、戦後六五年以上が経過し、すでに見てきたように、ハイ・モダニティの原理は、社会の津々浦々に浸透し、人々を縛ってきた様々なレベルにおける共同体的なるもの、例えば、家族、地縁・血縁集団、地域社会、職場集団などにおける共同体（community）の絆をことごとく弱体化させてきた。その結果、ギデンズも指摘するように、あらゆる庇護を失った諸個人は、グローバル化社会の激流に押し流される一枚の木の葉のように、寄る辺ない存在となった。個人がグローバル化社会と直に向き合わされるという過酷な時代となった。

従って、子ども・若者を、自律すべき主体として単純に考えてはならないのである。先行きが見通せない「液状化する社会」、しかも、すべてを自分で引き受けなければならない「リスク社会」に育った彼ら／彼女らは、自己の弱さをすでに十分自覚している。他者に気遣いながらも、できるだけ他者と深く関わらないようにして、摩擦を避ける。自己主張を和らげ、周囲の空気を読みながら、ささやかな自己実現をはかろうとする。デリケートで、「傷つきやすいこと」（vulnerability）が、現代の子ども・若者の著しい特徴である。

子どもの社会参画を促すＮＰＯなどの諸活動、夜間定時制高校の保健室や職員室、カフェ・コモンズのような若者支援のための喫茶店、ここでは、子ども・若者は、単なる学習者ではないし、被援助者でもない。**そこに集まる大人たちと一緒に語り合い、遊び、仕事をする共同の生活者である。個人とグローバル化社会の中間地帯としての地域社会の各所に、子ども・若者・大人たちが、世代を超えて関わり合える場所を構築していく努力がいま求められている。**それは、学校や会社組織といったフォーマルな機能集団ではなく、人と人とが世代を超えて出会うことを目的にしたノン・フォーマルな場所である。他者と応答できる小さなコミュニティである。かつての子ども組、若者組にも似たこうした子ども・若者の居場所を、地域社会の随所に、もう一度、再構築していく努力がいま求められている。

【注】

本章では、引用した著者名の敬称は省略させていただいた。

1　Z・バウマン（長谷川啓介訳）(2008)『リキッド・ライフ――現代における生の諸相』大月書店、七頁。
2　多田富雄(1993)『免疫の意味論』青土社、九六頁。
3　山田昌弘・斎藤環(2010. 5)『潮』潮出版社、六二頁。
4　日本青少年研究所(2009)「中学生・高校生の生活と意識調査報告書――日本、米国、中国、韓国の比較」九二頁。
5　日本青少年研究所(2009)三二頁。
6　日本青少年研究所(2009)三二頁。
7　A・ギデンズ（秋吉美都他訳）(2005)『モダニティと自己アイデンティティ――後近代における自己と社会』ハーベスト社、一六五頁。
8　A・ギデンズ(2005)一六五－一六八頁。
9　児美川孝一郎(2006)『若者とアイデンティティ』法政大学出版局、viii頁。
10　高橋勝（研究代表）(2005)「都市部の子どもの対人関係に関する臨床教育学的研究――神奈川県内の小中学生の意識調査

を中心に」横浜国立大学学長裁量経費・研究報告書、三四頁。

11 日本青少年研究所（2009）九二頁。

12 多田富雄（1997）『生命の意味論』新潮社、二四頁。

13 多田富雄（1997）三二頁。

14 拙著（1992）『子どもの自己形成空間——教育哲学的アプローチ』川島書店。

15 堀内守（1980）『原っぱとすみっこ——人間形成空間の構想』黎明書房、二〇三頁。いささか私的なことになるが、筆者は、刷り上がったばかりの本書を、名古屋大学教育学部の堀内研究室で著者からサインをして贈っていただいた。第X章の冒頭で、「蜘蛛はあらゆる場所に巣を作る」（二〇三頁）という比喩からはじまる「人間形成空間の再建」の説明は、実に鮮烈に刻印され、三〇年経った今でも頭にこびりついている。

16 堀内守（1979）「人間形成の文明論的地平——人間形成空間の構想」『教育学講座 第2巻——人間形成の思想』学習研究社、一二一頁。

17 M・メルロ゠ポンティ（竹内芳郎・小木貞孝訳）（1967）『知覚の現象学Ⅰ』みすず書房、一七二頁。

18 C・レヴィ゠ストロース（大橋保夫訳）（1976）『野生の思考』みすず書房、二七一頁。

19 堀内守（1979）一三三頁。

20 堀内守（1979）一三三頁。

21 Krieck, E.: *Menschenformung*. 1920

22 拙著（2002）『文化変容のなかの子ども——経験・他者・関係性』東信堂、四一頁。

23 藤沢市立教育文化センター『第9回「学習意識調査報告書」——藤沢市立中学校三年生の学習意識』二〇〇六年三月発行、

一五頁。

24　浜田寿美男・小沢牧子・佐々木賢編（2003）『学校という場で人はどう生きているのか』北大路書房、四二頁。

25　瀬川正仁（2009）『若者たち――夜間定時制高校から視えるニッポン』バジリコ（株）、五二‐五三頁。

26　瀬川正仁（2009）、六八頁。

27　鷲田清一（1999）『「聴く」ことの力――臨床哲学試論』ＴＢＳブリタニカ、一三三頁。

28　拙著（2007）『経験のメタモルフォーゼ――〈自己変成〉の教育人間学』勁草書房、一〇六頁。

29　宮地剛、月報『スローワーク』ＮＰＯ法人・日本スローワーク協会、会報、第二号、二〇〇六年五月、二頁。

30　宮地剛、前掲会報、二頁。

31　清真人（2007）『創造の生へ――小さいけれど別な空間を創る』星雲社、二三九頁。

32　Ａ・ギデンズ（2005）、二四一頁。

33　警察庁『自殺の概要資料』二〇〇九年度版。

34　Ｅ・デュルケム（宮島喬訳）（1981）『自殺論』中央公論社、三四三頁。

35　Ａ・ギデンズ（2005）、二四三頁。

36　高橋均（2009）「揺らぐ自立システムと若者支援の方途――「ホリスティックな自立」へ向けて」、柴野昌山編『青少年・若者の自立支援――ケースワークによる学校・地域の再生』所収、世界思想社、一六八頁。ここで紹介されている「ＮＰＯの佐藤」とは、「若者の社会的自立をどう支援できるか」（『地域と人権』2006）を書いた佐藤洋作のことである。

第1章　子ども・若者の居場所

萩原建次郎

はじめに

1　青年事業再考と子ども・若者支援の基礎付けとしての「居場所」の問い

「だれもが大地からひきはがされていくように自分の場所が失われていくという気分や居心地の悪さを感じている」。フランスの哲学者ジャック・デリダが、日本の新聞社のインタビューに応じて言った言葉である[1]。一九九〇年代も半ばを過ぎたころ、阪神・淡路大震災、地下鉄サリン事件、いじめによる子どもたちの相次ぐ自殺、と社会を根底から揺るがす事件が相次いだ。そうした一連の動きに対して、デリダはそう答えたのだった。

「居場所がない」という感覚は、不登校の子どもに限ったことではない。「自分の場所が失われていく」という感覚は、この社会に生きる私たちの多くが、心の内で感じているようである。

教育界でも少子化にもかかわらず変わらぬ不登校の発生率、また、いじめによる自殺や子ども・若者による殺傷事件などを背景として、「子どもの居場所」をどのように保障するか、ということが教育の問題として取り上げられるようになった。しかし、それはせいぜい中学生までの義務教育期間内での議論にとどまっているように思われる。この一五年の間にも一四歳の少年による神戸連続児童殺傷事件、一七歳の少年による佐賀バスハイジャック事件、二四歳の若者による土浦連続殺傷事件、二五歳の若者による秋葉原無差別殺傷事件と、不特定の他者、匿名の他者をターゲットとした事件が相次いでいる。これらの事件後には、インターネットの掲示板を通じて犯行を起した子ども・若者への英雄視、共感的な書き込みが相次いだ。そこには具体的な他者に向けた怒りや恨みではなく、社会にたいしての閉塞感と「生きづらさ」といった抽象的にしか言い得ない心情が噴出している。

また、義務教育から外れていながらも、人間として最も多感で不安定な心性を抱えて生きている若者たちの中には高校を中退し、その後の行き場を見失ってさまよっていることは、小中学生の不登校問題の陰に隠れて、見過ごされがちな事実である。就職活動や人間関係につまずき、そのまま社会関係を断ち切ってひきこもる二〇代・三〇代の若者たちもいる。そうした社会的ひきこもりに親和性をもつ若者は一五五万人とも推定されている。そして、たとえ学校に元気そうに通っていても、その実においては「行き場」を失っている子どもや若者たちもいる。おそらくそれはすくなからぬ数であろうと思われる。

ところで、情報・消費社会が浸透しはじめた一九七〇年代後半から、地域社会教育での青年事業は低迷していると言われている。もともと戦後間もないころの勤労青年を対象に、学校教育の補完的な機能として青年事業が位置づけられてきたという歴史的背景もある。そのため、高校進学率が一〇〇％近い今日の状況においては、そのような考え方自体が現実にそぐわないものになってしまっている。では、このまま青年事業の役割は終わっていくのだろうか。あるいは問題意識に目覚めている「青年」だけを集めて、「暇な青年はそういった教育の場には来ないのです」と開き直っていればよいのだろうか。私たちはそう言ってしまう前に、もっと若者の声なき声にたいして虚心坦懐に耳を傾ける必要があるのではないだろうか。私たちはいま一度、若者が自分の言葉で語る「生きられた経験」を出発点にして、青年事業の役割の問い直しとともに、近年「居場所づくり」や「就労支援」として叫ばれてきている子ども・若者支援事業の根本を考えなければならないのではないだろうか。そうした意味で、さきに触れたような、大人と子どもの問題をも含みこんだ、若者の居場所の問題は、青年事業と子ども・若者支援の役割と意味を問い直す重要な視点になってくると思われる。

しかし、いったい「居場所」とは何なのだろうか。どこにそのような場所があるというのだろうか。私たちはただそうした幻影を追い求めているだけなのだろうか。「居場所」に触れる手がかりはあるのだろうか。

そこにあるのは「居場所がない」という感覚だけである。ならばいまは、「ない」という感覚、「失われていく」という感覚を手掛かりに探っていくしかないのではないだろうか。

2　「居場所」の前理解の解明に向けて

ここで検討される「居場所」の概念は、筆者が一五年間大学・専門学校で教育学関係の講義を受講している七〇〇名ほどの学生に対して実施したレポートの記述がベースとなっている。まず、学生自身が自分自身の教育体験をふりかえり、「居場所がないと感じたときはどういうときか、またそのときの感覚はどうであったか」をめぐって自由記述のレポートを書く。それを無記名で打ち込みなおし、互いに読み合わせながら、自分にとっての居場所とは何であったのかを考察してもらっている。これらの記述は定量的に分析するのではなく、若者の個々の生きられた経験の底に隠されている意味を読み取ることに主眼が置かれる。逆にデータを大量にとり、何らかの項目をもって分類したとしても、あるいは類型化したとしても、記述内容をどのように解釈するかという、研究者自身の立場性、思想性が入り込まざるをえない。

解釈学にならえば、そもそも事実認識には不明瞭で漠然とした理解、いわば根源的理解とでもいうべき作用、すなわち「前理解」が先行しており、それに基づいての対象の理解が行われる2。そうした前理解を自覚化し、言語レベルにまで引き上げ、よりよい理解に向けて再解釈の可能性へと開かれていくこと。本章においては、このような方法態度に基づいて、「居場所」の前理解を明らかにすることを目的とするものである。

それには大人側（世間）の価値判断（良し悪し）をカッコにくくり、できうるかぎり、彼ら／彼女らの目線の先に見ている世界へと身を寄せ、研究者自身の経験自体も同時に問い直すという作業過程をふむことになる。

また、ここでは子ども・若者たちの居場所の「喪失経験」が、居場所の意味を読み解いていく鍵となっている。それは居場所それ自体が、安定した日常においては意識の後景に退いて、前意識レベルで支え、働いているからこそ、「喪失」という形によってしか意識し得ないからである。鷲田清一が指摘するように「日常はこれまでのところ『〜

ではない』というふうに否定的にしか規定」できず、「日常は『わざわざ問うまでもなく』『いつもすでに』明らかであるという意味で、自明なもの（Selbstverstandlichkeit）」であるからだ。「居場所」も「そもそも日常的な意識の中では主題として浮かび上がってこない」ものであり、「失う」という経験、「ない」という感覚にこそ、日常つかみえない存在の深淵が開示されるという逆説がある3。そうした逆説的な方法において、馴れ親しんだ日常は異化され、そこから新たな生の側面が開示されてくるのである。

第1節　居場所とは何か

1　存在が認められること

一九九四年一一月、愛知県西尾市で当時中学生であった大河内清輝君のいじめによる自殺を発端に、若者たちの自殺が相次いだ。友人をいじめによる自殺で失い、自分自身もいじめにあったことがある若者はつぎのようにいう4。

「いじめる子もいじめられる子もさみしい。行き場を失っているから。学校でも家でも責められて、塾でも成績が悪いって怒られる。（中略）別の生きる場所があることが分かれば、子どもは絶対に死なない。」

彼ら／彼女らの「さみしさ」の深層には、「自分の存在が認められる場所」「自らの生の意味を発見できる場所」の不在感が横たわっている。それは一九九七年に起きた神戸連続児童殺傷事件を引き起こした、一四歳の少年の語りにも見て取れる。彼は事件発覚後、様々な犯人像の憶測が飛び交う中で、地元新聞社に「犯行声明文」としてつぎのような言葉を送りつけていた[5]。

「ボクがわざわざ世間の注目を集めたのは、今までも、そしてこれからも透明な存在であり続けるボクを、せめてあなた達の空想の中でだけでも実在の人間として認めていただきたいのである。それと同時に、透明な存在であるボクを造り出した義務教育と、義務教育を生み出した社会への復讐も忘れてはいない。」

「せめてあなた達の空想の中だけでも実在の人間として認めていただきたい」という彼の言葉には、顔の見える日常において、他者から自分の存在を認められているという実感を持ちえていない心情が強烈に映し出されている。そうした自己の在り様を「透明な存在であるボク」という表現に託し、彼は社会を震撼させる事件へと向かっていくのである。

また、このような生き場と行き場の不在感は、自己という存在への他者承認を求めていびつな関係をつくりだすこともある。

「小学校二年生のときにいじめを受けたが、その時私はその事実を親にはっきり言うわけでもなく、先生に助けを求めるわけでもなかった。それは〝居場所〟を失いたくなかったからである。先生に言ってしまえば、もう私はいじめられず、無視されるかもしれない。そうすると私は一人になってしまう。一人ぼっちになるくらいなら、〝いじめ〟という形であっても人とかかわっている方がいいと思ったのだ。（二年Aさん）」

「無視される」という出来事は、子ども・若者から「私」という存在の意味を奪う。それはこの世に生をうけ、「いまここ」に存在している意味を削りとっていくことである。「一人ぼっちになるくらいなら、〝いじめ〟という形であっても人とかかわっている方がいい」のは、そこにわずかな「私」の存在理由をつくりだす〈隙間〉があるからである。

2　自前で自分の位置をつくりだすこと

学校での成績が優秀であるということから、先生から優等生扱いをされたことで、逆に友達から「距離」を置かれてしまい、「自分がわからなくなっていってしまった」若者もいる。彼女は「自分はみんなと同じ普通の生徒でいたくてたまらなかったのに、誰にも分かってもらえず、自分の居場所がなくなっていた」という。

子ども・若者にとって「居場所がない」という感覚は、まさに自前で自分の存在の位置をつくることができない、といった感覚でもある。「同じ普通の生徒でいたくてたまらなかった」という彼女の言葉の中には、自らの選択によってではなく、友達のほうから一方的に「私」が決めつけられてしまっていることへの無念さがつまっている。ときに自分の存在の位置をつかもうと、自らいじめの渦に入っていくことさえあるのだ。

ところで「位置」とは他者・自然・事物との関係によって決まるものである。暗闇に包まれたとき、人が不安に陥るのも、自分の今いる位置を探る手立て、すなわち周囲との関係性を失ってしまうからである。O・F・ボルノーがいうように、周囲と自分との関係性を取り戻したとき、すなわち「空間内での場所の局限化が終わったときはじめて、人間は完全な意味でふたたび自分自身にもどる」のである6。

逆をいえば、人間は位置（ポジション）感覚を失うと自己喪失に陥ってしまう。それは「感覚遮断」といわれる実験で明らかになったことであるが、被験者を音も光もない実験環境のなかで、あらゆる外的刺激を遮断すると、早ければ数時間で精神的限界に陥り幻覚症状がでてくるという。すなわち周囲との関係をつかむ手がかりを失うこと、いいかえれば世界における自らの位置を喪失することにおいて、私たちは大きなストレスにさらされ、自己の存在感覚に危機的な状態が生まれてくるのである。

ところが、そうした実験結果が報告されたにもかかわらず、韓国では建物の崩壊事故でがれきの下に十日間以上閉じこめられ、感覚遮断に近い状況の中を耐え抜き、三人の男女が生還したという奇跡的な出来事があった7。そのとき生還した中の一人の男性が生き埋めになっていた場所の近くには、偶然にも、がれきを隔ててもう一人の女性が閉じこめられていた。二人ともほとんど身動きの取れない絶望的な状況の中、鉄の棒とコンクリートのかけらを使って互いにコミュニケーションを取り、それによって生きる希望と勇気を得ていたという。音と音との応答は、互いの位置を知らせ、コミュニケーションを成立させ、生きていることの証を互いに知らせていたのである。

ここから学ぶのは、私たちが他者とのコミュニケーションによって知らず知らずのうちに自分の位置をつかみ、それによって自己の存在感や生の実感を得、生きる希望や意欲を得ているということである。

こうした人間の限界状況から、居場所の意味と成立要件が何であるのかを教えてくれる。「居場所」とは他者や物、事との関係の中で「私」という存在の位置をつかむ場所であり、そこから生きる方向性や存在意味をつかんでいく場所であること。それは同時に「私」という存在がより明確になっていくこと、存在の重みと生を実感していく場所であるということである。

もうひとつ事例を出せば、バリ島では方向感覚がきわめて重大な意味を持ち、方向感覚を失うと正気を失い、ひどく混乱に陥るという事実がある。彼らの世界では、方向感覚が失われることを「パリン」といい、「どちらが北だかわからなくなる」ということを意味している。もともと古くからバリ島では山や海に神々や悪霊の棲み家があると信じられており、方角と意味と価値は不可分に結びついている。だからひとは「パリン」になるとひどく精神的に混乱し、途方に暮れるという。つまり、自らの位置感覚を失うということは、自己を見失うと同時に世界の意味と価値と行くべき方向性を見失うことなのである[8]。

このように「位置」のもつ意味に着目したとき、「居場所がない」という感覚は、私たちの位置感覚と不可分であり、それが自己と世界（他者・自然・事物）との間で相互性を失っていることと、世界の意味や価値を見失っているという状況を表わしていることがわかる。それは同時に自己の存在意味や価値や行くべき方向、そしてときに生きる意欲さえ奪う経験であることを示しているのである。

3　生きられた身体として世界に住み込むこと

ところで、自分の位置が他者・自然・事物との関係において決まるのは、人間が身体的な存在だからである。私たちは普段自分の身体にたいして、それが意識主体としての「私」の後景に退いているため、意識することはない。そのようなときの身体は、食べ物をつかんだり、作業をしたりするための道具として働いている。むしろ肉体としての自分を意識するのは、怪我をしたり、病気によって身体の部位に痛みを感じたりするときである。

M・メルロ＝ポンティや市川浩が指摘したように、私たちは身体なしに意識のみで存在しているわけではない9。「前」や「後ろ」「上下左右」といった方向は、私たちの身体を基準に決定されている。また「高い所」とか「低い所」という経験も、身体を媒介にした空間と結びついて経験されており、身体によって世界は空間的に分節化され、意味づけられている。このように身体は単に物質的機械的な構成体として、精神と切り離されているのではなく、「私」によって生きられた私の身体である。

このような「生きられた身体」は肉体的な空間の限定を越えて、他者・自然・事物へと広がりをもつ。例えば、長いあいだ車を運転していると、そのうちに車両の占める空間へと身体が広がり、狭い道路で対向車とすれちがうときにも、自分の身体感覚として相手との距離を測ることができるようになる。車両感覚といわれるのはそうした車両空間が身体化していることをさしている。そのため車両が傷つくと、自分が怪我をしていなくとも、「私」も傷ついたような痛みをからだに感じるのである。あるいは、マイケル・ポランニーが例としてあげているように、足の不自由なひとにとって、杖や義足はその人の身体の延長にあって、健常者同様に杖の先や義足の底で地面の感覚をつかんでいる[10]。それは、中村雄二郎が指摘するように、私たちは誰しも生理学的身体の範囲内ではなく、「拡大された身体の隅々にまで自分の感覚を行き渡らせながら、生き、活動している」からである[11]。

では、生きられた身体と「居場所」とはどのような関係にあるのだろうか。

「私は大学での今現在の居場所が見つけられず、少し寂しいような悲しいような気持ちがあります。高校までは自分の席があり、たとえ周りに何もなかったとしても、自分の場所にいることができ、ほんの小さな面積でも落ち着ける場所があったことをとてもなつかしく思います。（二年Bさん）」

このとき「自分の席」は単なる客観的・物理的なモノとしてではない、生きられた身体のひろがりとして意味づけられて、そこに「私」が住み込んでいる。だからこそ、そこは「ほんの小さな面積」であっても、「自分の場所」となる。例えば、自分の家というのも、単にその中で生活する機能的物理的空間としてではなく、「私」と融合した「生きられた空間」である。そのため自分の意思に逆らって、他人が侵入してくると「じかにからだに打撃を受けたと感ずる」のである[12]。自分の大切にしていたものが、他人によって故意に破壊されたときなどにも、その痛みをからだに感じる、というのもその例である。

このように他者・自然・事物と「私」とは身体を起点としながら、関係づけられ、意味づけられている。すなわち「居場所」とは、観念的な場所であったり、客観的な物理的空間としてではなく、具体的な他者・自然・事物との関係において生起する関係概念なのである。

4 「私」が住み込む場所を制限するまなざし

では、なぜ若者たちは世界（他者・自然・事物）の中に住み込み、「居場所」を確保できないのだろうか。そこには若者と世界との関係性に問題がありそうである。

「学校では友達もたくさんいて、お腹をかかえて笑ったり、泣いたり、楽しいこともたくさんあった。でも家に帰るとどっと疲れてしまっていた。家と学校の私はすごく違っていたと思う。学校ではいつでもtension が高かった。学校も楽しいが、家にいるときがすごく落ち着いて、自分をとり戻せたような気になる。（三年Cさん）」

彼女は学校にいるときの「自分」と家にいるときの「自分」をふりかえって、「on と off の切りかえがついているような自分だった」という。それは、「私」が単に生きられた身体の拡大として空間に結びつきそれを意味づけるだけでなく、逆に空間や他者から規定されて「私」の変容をもたらすことを例示している。

すなわち「人間は空間内の滞留する位置に応じて別の人間になる」のである[13]。そうであるならば、「私」が「居場所」を失ったり、ない、と感じたりするのも、このような「空間内の滞留する位置」を規定している方向や意味や価値が関係していると言えそうである。

一九九五年に地下鉄サリン事件を起したオウム教団の元信者（当時二七歳）は「（会社に）勤めていたときは営業成績だけでいつも比べられてつらかった」経験を語っている。そこでは企業の中にいる「私」が「生産力主義に由来する効率と能率の要請[14]」という意味づけと価値づけによって位置づけられて、「居場所」がなかったことがわかる。このような対象への意味づけや価値づけを含み込んだ意識の志向性を「まなざし」と名付けるならば、このようなまなざしは子ども・若者に容赦なく突きつけられている。

「学校でも家でも責められて、塾でも成績が悪いって怒られる」。こうした「できるかできないか」という方向性と価値づけを含んだ有用性と生産性の論理は、子ども・若者たちの「私」を支えている意味世界を削り取る。彼ら／彼女らが滞留している様々な位置が、そのような大人のまなざしによって一方的に規定されていくとき、彼ら／彼女らは身体を開いて「私」を住み込ませていく場所を失っていく。それは逆に生きられた身体としての自己を閉ざす方向へと向かわせる。このように「まなざし」とは、感覚器官としての他者の眼から発せられる視線をこえて、あらゆる空間や物や表象などに浸透し、私たちの意識の母胎である生きられた身体に働きかけ、「私」を規定する機能を果たすのである[15]。

それでは、なぜ若者の命を奪うほどにそうした他者や社会のまなざしが圧倒的なのだろうか。

いまや学校・家庭・地域を包み込む生活空間も均質的・機能的空間への分化が進み、とくに学校においては客観的・直線的・分節的時間が浸透している。それは効率化と管理化という目的志向的で操作的なまなざしに支えられて現実化している。そこに、それ以外の意味や価値を差し挟むだけの隙間を見つけていくのは難しい。なぜなら、その背後で近代科学の知のコードである、「客観性」「普遍性」「論理性」が強力な後ろ盾をしているからである16。こうした近代科学の知の前提には主観と客観、主体と対象の分離・断絶がある。しかも客観や対象は主観や主体からの一方的な働きかけを被る受動的なモノとして扱われる。そうした前提に裏打ちされた近代科学の知と生産力主義のまなざしは「私」と他者・自然・事物との関係に深い楔を打ち込む。

「中学校が校則を厳しくし、何でも〝押し付け〟て、生徒個人をきちんと見ようとはしてくれなかったと思う。生徒を成績や授業態度で判断するところがあって、自分は優等生として扱われるようになった。だから周りの友達もそういう目で私を見るようになって、そういうことで私は自分が分からなくなっていってしまった。（三年Dさん）」

そこでは「私」は学校から校則を押し付けられる対象として一方的にまなざされる。さらに「成績」という序列化のまなざしが「私」と友人との関係を限局している。「私」は、「優等生」という成績でまなざされた存在、という経験をする。それは「私」とは関係の切れている教育主体からの基準によって序列化され、一方的に位置づけられていく経験である。言いかえれば、「成績」という名の差異を含んだ一般化に「私」という意味世界が取り込まれていく経験である。すなわち、「私」は匿名の誰かと交換可能な存在であるという意味の刻印づけである。こうした「一般化」というまなざしは、若者の日常の中で形をかえて顔を出す。

「トイレに行くのも一緒、どこへ行くのも何をするのも一緒、そうしなければ仲間ではない、という一種の脅迫的なものが、中学生の女子の間に流れていて、私はそのことが非常に苦痛でした。(中略)私はなぜか、その中になんとなく入ってはいても、心から落ち着き、心から楽しむことはできませんでした。(三年Eさん)」

「みんな一緒」というまなざしは、学校に潜在する序列化・管理化という一般化と野合し、むしろそれらを補強する形で「私」を漂白していくのである。

このように、「私」が不特定多数の一般世界の中に取り込まれていくとき、つまり「私」が交換可能なモノの世界に凌駕されていくとき、生きられた身体としての「私」はますます閉じられていかざるを得ない。

「人間は一人では生きていけないことは当然の事実だけれど、常に他人を気にして生活していたら自分を見失います。そして家庭は常に安らぎのある居場所になっていたかと言うとそうでもありませんでした。家庭にも教室にも居場所を見つけられなかった時はひとりで閉じこもるよりほかありません。(二年Fさん)」

このような他人のまなざしばかりが身体に刻みこまれていくとき、子ども・若者は自分の身体にさえ住み込めなくなっていく。「ぼくはもうこの世からいません」。川に頭を突っ込まれ、肉体的精神的ないじめの中で自ら命を絶った大河内君の遺書に綴られた言葉からは、肉体としてのからだへの執着を感じさせない。それは、心の「生まれ故郷の空間17」である身体にさえ、住み込む余地が残されていなかったことを物語っている。

5　居場所とは何か

若者にとっての「居場所」の意味とは何か。本章では、ここまで様々な若者たちの生きられた経験に導かれて、「居場所」についての前理解を明らかにしようとしてきた。そこで、自覚化された「居場所」の意味を整理すると次のようになるだろう。

第一に、「居場所」とは、「私」と他者・自然・事物との相互規定的な意味と価値と方向の生成によってもたらされる「私」という位置である。

このような説明にはあるパラドックスが含まれている。居場所の生成は新しい「私」の生成を伴うが、その前提にはすでに「私」がすえ置かれてしまっている。「私」から出発して「私」になる、というのはトートロジーであるが、こうした事態は「私」を静的実体として捉えてしまうために生じる誤解である。むしろ「私」は他者・自然・事物との関係態であり、生成のプロセスとして見るならば、この居場所の意味は生き生きと捉えることが可能になる。

つまりこのような捉え方からわかることは、①他者・自然・事物と「私」が相互に規定しあい生成しあうという相補的な関係にあること、②「私」という意識に先んじて、生きられた身体において自己と世界の意味・価値・方向性の感受があるということ、③それらを包括して、居場所の生成は一個の「私」全体が新しくなっていく経験でもあるということである[18]。

第二に、居場所は他者との相互規定的関係において生成し、「私」において体感される。

それは居場所の生成が他者との関係によるものであっても、「居場所がない」という実感も「ここが居場所だ」という実感も、生きられた身体としての「私」において体感されることを意味している。逆に言えば居場所は、一方的な他者からの意味づけ、価値づけ、方向づけにおいて失われてしまう。つまり、「居場所づくり」の名において、大人が「期待すべき青少年像」や「あるべき人間像」を前提としたまなざしが隅々まで浸透した場においては、自己の生成プロセスが堰き止められて、居場所が剥奪される事態が生じてしまうのである。それは居場所が「私」と切り離されたところで客観的に措定される事、すなわち大人の側・教育者や指導者側が一方的なまなざしにおいて「居場所づくり」をすることはできないということの裏返しである。

このように子ども・若者が「居場所がない」とつぶやくとき、そこには自己を確証しつつ、新たな「私」が生み出されてくる場がないと同時に、他者のかけがえなさも感受できない状況が横たわっているのがわかるのである。

第三に、居場所の生成において、生きられた身体としての「私」は、他者・自然・事物へと住み込み、他者・自然・事物のかけがえのなさを感受する。

とくに他者との関係においては、自己（私）との〈相互規定的〉という意味において、一方で「私」は他者・自然・

事物に住み込み、他方で他者・自然・事物が生きられた身体としての「私」に住み込む関係であることを示している。またそこには互いの存在のかけがえのなさ（交換不可能性）を感受する関係がある。

それは自己が一方的に他者・自然・事物へと伸び広がって浸透し、自己（私）の主観世界に他者や世界を取り込んだり、同化させることではない。〈相互規定〉という関係性は、他者に能動的に関わりつつも、相手から否応もなく被る受動的な側面もあわせもつ関係である。いわば能動と受動が入り混じった相補的関係性である。それは高橋勝や鷲田清一が指摘するように、根源的に自己と他者の共存性と、理解不可能で交換不可能な他者から痛みを被る他者性の二重の意味を含んでいることを表わしている[19]。

第四に居場所は「私」と世界の生成母胎であり、居場所は固定化しえない動的な場である。

これは「私」が世界構成の中心ではないことを意味していると同時に、客観的・物理的な空間と結びつきはするが、居場所が関係態である以上、恒常的にそこが居場所になるとは限らない、ということを意味している。

以上、ここまでの検討において、若者の生きられた経験における「居場所」とは、自己（私）の生成喪失と不可分なものであることが明らかとなった。いいかえれば、居場所とは現代を生きる子ども・若者の自己形成の在り様を別の側面から描き出しているとも言える。そこで次節では子ども・若者の自己形成という側面から居場所の意味を検討してみよう。

第2節　子ども・若者の自己形成の場としての居場所

1　発達段階の相互浸透と「大人」のゆらぎ

近年、青年期をどこで区分するかということは、ますます難しくなってきている。年齢区分による規定は、心理学的には一般的に一二歳から二〇代半ばが目安とされているが、それを一〇歳から三〇歳まで拡大して規定する見方も出てきている。さらに、ポスト青年期というこのような年齢による区分は、大人としての責任や義務を免責された猶予期間（モラトリアム）という内実によって規定されているわけで、モラトリアムの変容が青年期の年齢区分の拡大をもたらしている。モラトリアムとは、単に上述したような大人としての義務や責任の免責期間という意味だけでなく、自由な役割実験や遊び、大人社会への挑戦といった中から自我同一性を確立していく期間という内実が与えられてきた。ところでそのような内実を与えられてきた青年期が拡大しているのは、高度産業化社会による「豊かさ」に支えられて、免責期間が延びているからなのだろうか。

栗原彬は、現代の若者の経験世界を次のように描き出している[20]。

> 「今日の若者の「経験」は、学校、家庭、街頭といった身近な日常生活を包囲している産業社会化・管理社会化・情報社会化という動いて行く重層構造体からの抑圧の経験であり、同時にそれらからの超脱経験である。生産力主義・管理化・情報化が、むしろ教育、消費、医療のような日常生活次元で亢進したために、若者が私

生活に閉じこもれば閉じこもるほどに、政治社会の構造体に遭遇する。」

現代社会のこのような構造は、大人への「挑発」や「試行錯誤」といったモラトリアムの内実を若者たちに保障するどころではない。青年期の拡大の裏側にまわってみれば、豊かな暮らしにささえられた「甘え」の時間が増えたのではないことがわかる。むしろますます、社会的な役割と自分を同一化していくことが困難になっている状況である。栗原の指摘は逆説的だが、若者は日常世界において常に産業社会からの管理的で監視的まなざしをつきつけられているからこそ、本来のモラトリアムの機能は与えられていないのである。しかも、大学を出て企業に就職をしたところで、それは表向き社会的な役割を担うが、若者の心性においては自我の拡散は続いたままになる。こうした事態は現在の若者において顕著であるというだけで、大人も、その内面において「夢見る子ども」としての自分や子どもの頃に大人から受けた心の傷を隠しもっている。それは、企業社会でリストラを余儀なくされ社会的な自己像がゆらいでいる今日的状況だからこそ、ますます「大人」の衣もほつれやすくなっているのだろう。ウーマンリブならぬ、メンズリブを唱えるサークルの出現や、男性学の構想などによる成人男性の「男らしさ」の見直しはその表れのひとつとしてあげられる。そのような動きによって、「男はたくましくなければならない」と育てられ、自由に喜怒哀楽を表現できず苦しむ姿が浮かび上がってきている。また、幼いころの親からの虐待の記憶をからだに刻み込んだまま結婚し、同じように自分の子どもを虐待してしまうという児童虐待の構図が明らかにされるにつれ、大人も学童期・青年期の心性を共時的に抱え込んで生きている姿が見えてくるのである[21]。

若者は内にモラトリアムの心性を秘めて実社会へと押し出され、大人は学童期・青年期の心性をかかえながら生きていく。それは、青年期を子どもから大人へと発達していく道筋という直線上に位置づけてきた発達段階モデルやライフサイクルモデルでは捉えていない、各段階の相互浸透の存在様式である。そのように青年期を心性の様式として捉えなおしたとき、青年期の年齢区分はあいまいにならざるを得ない。

そのような意味において、直線因果論的な発達区分の中に位置づけられてきた「青年」と区別して、本章では「若者」という言葉をあえて使用している。それは、その心性において大人と異なるもの、また大人よりも若さを有しつつ、子どもよりも自立度が高いといった、ゆるやかに規定される存在としての意味であり、高橋が指摘するように共同生活者として、大人とともに社会をつくる関係的存在という意味も含んでいる22。

このように子ども・若者・大人の関係を捉えると、「居場所」というのは三者の心性を貫ぬき、直線因果論的で個体能力中心の発達モデルとは異なる別の生の側面を浮かび上がらせる志向性を含んだ言葉とも言えるだろう。

2　自己形成の場としての居場所と経験

それでは、子ども・若者の自己形成と「居場所」はどのような関係にあるのだろうか。

そもそも「自己形成」という概念はドイツ語でSelbstbildungといい、意図的、無意図的にかかわらず、自己の形成に関する広く社会、自然から様々な作用を意味している。それに対して、「自己教育」とはドイツ語でSelbsterziehungといい、一般的に自分自身に対する意図的で自覚的な自己形成へのはたらきかけとして捉えられている。ドイツ語での「形成」にあたるBildungとはその語源においては、旅や遍歴の過程における、人間の人格の発達を意味している。

高橋はこのような旅や遍歴の過程における自己形成の意味を、ドイツ語の経験概念と重ねあわせて次のように述べている。

「ドイツ語の「経験」を表すErfahrungという言葉は、もともとfahrenから派生している。fahrenとは、「旅をする」という意味であるが、このなかには、旅の途中で予期せぬ事態に「身をさらし」、さまざまな苦しみを「被る」という意味がつよく含まれている。つまり「経験」とは、「自分の身体で」被るものであり、本来的に受苦的なものなのである[23]。」

そして、「人間の自己形成においては、むしろ未知性、偶然性、受苦性を表す実存的なErfahrung（異界への旅）の有する豊かな人間学的意味を評価する必要性がある」と述べる[24]。それは自己形成が、実存的な意味における経験（Erfahrung）と深く結びつき、異世界に出会う本来の意味での〈旅〉において、新しい自己と世界の地平を手にしていく過程であることを教えてくれる。その意味で、経験とは新たな私に出会う旅、すなわち「自分探し」と言いかえてもいい。それは「私は何者なのか」、「私はどのように生きていけばよいのか」、「そのために何をすればよいのか」、といった「私」の意味や存在価値、進むべき方向への問いへの応答が、旅路において予期せぬ形でもたらされる側面が含まれている。それらはまさに、「私の居場所がどこにあるのか」、という問いとも重なってくる。

ところで前節において、居場所とは「私」の意味と価値と方向を同時に含みこんだ「私」という位置である、と捉えられた。それは「私」と他者・自然・事物との関係において生成し、「私」において体感される、と述べたように、意味と価値と方向は「身をもって」知らされるものである。しかもそれは「私」についての意味と価値と方向であると同時に、他者・自然・事物の世界についての意味や価値の体感、発見でもあった。こうした体感的な世界の次元は、客観的で観察的な科学的認識とは異なり、経験の次元を指している。

本章での居場所の問い方において、子ども・若者の経験から読み解くことを出発点に定めた時点で、居場所の構造は経験の構造と不可分に結びついている。言いかえれば、居場所の原初的構造を明らかにしていく試みは、経験の原初的構造そのものを明らかにしていく試みでもあったことになる。

そこで、もうすこし、経験の意味を自己形成との関連において掘り下げてみたい。経験については、様々な哲学者、現象学者が検討を加えているが、ここでは森有正による経験の捉えかたを手がかりに考えてみよう。

「経験というものが私自身の意味である。また、一人一人が自分の経験を持っていて、その経験はほかの人の経験と置きかえることができない。ある一人の人間ということと、ある一つの経験ということとは全く同じことであり、そのある一つの経験というものは、一人の人間というものを定義するもので、それ以外に人間というものは考えられない。（中略）ある一つの「経験」というものが内面的に与えられたときに、それがそこに一人の人間がいるということの事実を定義する[25]。」

このように森は経験そのものが一人の人間を定義するという。経験は「私」の内面において与えられるものであり、他者の経験と交換不可能なものである。経験の本質は「意味」であり、「私」全体が意味そのものである。そして経験において、「未来に向かって開かれる[26]」。それは未知なる世界に出会って、新たな地平が開かれることを意味している。私たちは経験に生きている限り「経験は絶えず変貌する」。つまり、未来へ向けての経験は更なる経験を誘い込み、経験全体が新しくなることで、またさらなる経験が誘い込まれていくのである。それを「変貌」と森は名づける[27]。

このように「私」全体の意味を定義するという点において、経験は意味の生成をもたらす。また「私」が「未来に向かって開かれる」という点において、新たな地平の生成をもたらす。そして、誰とも交換し得ないという点において、価値（かけがえのなさ）の生成をもたらす。

このような経験の理解は、ヘレン・ケラーが、初めて「物にはそれぞれ名前があること」を知るに至った経緯を例とすることで具体的にわかる。

ヘレンが満七歳になる三ヶ月程前、彼女の家庭教師だったサリバン女史は彼女を庭の井戸小屋へ連れていった。そこで勢いよく流れている冷たい水にヘレンの片方の手を触れさせながら、もう片方の手に「w-a-t-e-r（水）」という文字を綴った。するとヘレンの内側で、突然「何かしら忘れていたものを思い出すような、あるいはよみがえってこようとする思想のおののきといった一種の神秘な自覚を感じ」たという。そして彼女はこの経験を次のように語っている。

「この時初めて私はw-a-t-e-rは今自分の片手の上を流れているふしぎな冷たい物の名前であることを知りました。この生きた一言が、私の魂をめざまし、それに光と希望と喜びを与え、私の魂を開放することになったのです[28]。」

それはまさに、「水」という対象（自然）に生きられた身体としての手を通して関わり、そこで、「w-a-t-e-r」という意味を獲得するプロセスである。それは単なる記号ではなく、「ふしぎな冷たい物」そのものの世界に触れて、神秘な自覚にうながされ、「水」という意味を獲得している。また同時に彼女は、この生きた一言によって、「私の魂」がめざまされ、「光と希望と喜び」を与えられている。つまり、彼女は「水」と「私」の存在感受とともに、世界が未来に向かってひらかれたのである。そしてこのように経験について理解したとき、私たちはそこにある種の学びの契機が含まれていることに気づく。「水」という意味の獲得は、一般に知識理解という次元で「学習した」と理解される。しかし、ヘレンの知識獲得のプロセスをより丁寧にたどるとき、私たちは、経験を通した学びの意味深さに気づかされる。ここには、他者・自然・事物の意味と「私」の意味との獲得が同時になされる。加えて、「私」の「未来に向けての開け」という新たな地平との出会いと、「希望の光と喜び」という自己と世界がいまここで存在充溢するという事態が内包されている。それはサリバンという家庭教師のたゆまぬ関わりによってもたらされたものではあるが、ヘレン自身にとっては誰にも、何ものにも代え難いできごとである。このような学びの在り様をE・フロムにならって〈存在充溢としての学び〉(learning to be) と名づけよう[29]。

そこから私たちは、〈存在充溢としての学び〉についての特質を知ることができる。

第一に、存在充溢としての学びの方向性と展望は子ども・若者自身が感得する。それは、経験における「内面的促し」において自己主導的・自己決定的であり、「変貌」において新たな地平と未来が開かれる意味から導き出される。

第二に、学びを他人が操作することはできない。学びの契機は他者とのかかわりにおいてであっても、学びによる意味の獲得は本人の内側で起こるからである。

第三に、学びを価値づけるのは、本人自身である。学びにおける価値、交換不可能な意味の感得もまた子ども・若者自身の内側で起こるからである。

中村雄二郎も、経験が受苦受動を生み、それによって否応なく対象物から認識を迫られるために、事実の厳しさと高次の認識に達することを指摘する[30]。それは、経験によって生成した新たな地平に導かれ、さらなる経験を誘い込み、新たな意味や価値の生成がうながされていくことをさしている。

このように存在充溢としての学びは、子ども・若者の内側において新たな地平の生成が起こるという意味で自己主導的であると言える。

以上、居場所から経験、経験から存在充溢の学びへと、居場所が多様な意味を内包していることが明らかとなってきた。それらを一言でいうならば、**居場所は存在充溢としての学びを内包する経験を媒介とした自己形成の母胎である**といえるのではないだろうか。

ではそうした子ども・若者の自己形成の契機としての居場所や存在充溢の学びが生まれる場はいかに構想されればよいのだろうか。このことを明らかにするために、都市化・情報化・消費社会化が出現し始めた一九七〇年代に、社会教育研究や青年教育実践者から注目された「たまり場論」を媒介として検討してみたい。すでにそこには若者の自己形成空間としての〈場〉への着目があり、今後、地域社会に子ども・若者の自己形成空間を再構築していく知見が豊かに蓄積されていると思われるからである。

第3節　「たまり場」から「居場所」、そして経験の場のデザインへ

かつて社会教育分野の青年教育実践において「たまり場」の必要性と役割が注目され、たまり場論がさかんに論じられた時期があった[31]。このたまり場論は高度経済成長を遂げ、都市部を中心に情報社会、消費社会が出現し始めた一九七〇年代後半という時代を背景として誕生したものである。そこには、地域青年活動の行き詰まりと「青年がつかめない」「青年が集まらない」といった事態を越えて、「青年との接点がなく、手の施しようがない」といった社会教育職員や青少年指導者たちの危機感があった[32]。またそこには、「青年集団」をどのように再生させたらよ

いのか、という社会教育関係者の切実な思いと、それまで推し進めてきた社会科学の系統学習論や指導者論への傾斜、若者の学びの契機や他者との関係づくりを軽視してきたことへの反省も含まれていた。

当時論じられた「たまり場」の役割というのは、何よりも若者たちの心情を解放することであった。そのために、自己紹介やレクリエーション、「問わず語りのよもやま話し」といった、他者と関わることそのものを目的とした内容、方法が据えおかれていた。さらに、そうした内容、方法も若者自身の責任において自由に企画できるという場の保障も含み込まれていた。そうした当時の「たまり場論」の共通した特徴を整理してみると以下のようになる。

第一に、たまり場の機能は、自己と他者との関わりあいによって、自己の心情を解放し、他者や集団への信頼を回復させていく場として考えられていた。

第二に、たまり場における内容と方法には、自己紹介や、歌、レクリエーションといったグループワークや、「問わず語りのよもやま話し」といった多目的で多様な関わりあいの仕掛けが提案されていた。

第三に、場のデザインには、自由に出入りができる〈開放性〉、自由な企画ができるような〈柔軟性〉という、場のデザインの自由さを内に含みこんだ場のデザインといった観点が含まれていた。

第四に、たまり場活動で掘り起こされた若者たちの心情や体験を学習素材と動機としながら、次第に社会科学の系統学習へ結合させ、「正規の学習[33]」に若者たちを仕向ける志向性をもっていた。

このように当時の「たまり場」論は、最終的な目的地として、「正規の学習」なるものが据えられ、青年を組織化していくという方向付けが前提としてあった。そのため、若者が他者と多様に関わりながら、それ自体において学びと自己形成の契機が含まれていることが見落とされてしまっていた。居場所の生成構造からすれば、少なくとも若者の自己形成過程を、意図的操作的な教育意思によって教育課程に引き込んでいくことは、彼らの居場所を失わせる危険性をはらんでいる。おそらく、多くの若者はそのような「教育的まなざし」に満ちた場には寄りつこうとはしないだろう。そこにはすでに大人にとっての若者や子どもについての意味づけや価値づけや方向づけが強く働いているために、その中で若者は居心地の悪さを感じてしまうのである。

その意味で、もう一度たまり場論が提示した方法論を、居場所と自己形成の原初的構造の視点から批判的に継承しながら、自己形成空間として捉えかえす視点を整理してみたい。

第一に、お互いにかかわりあうことそのものを目的とすることこそ、子ども・若者の経験をうながし、自己形成の契機をつくりだすということである。「問わず語りのよもやま話し」やレクリエーションのような多様な関わりあいにこそ、相互規定的で多元的なまなざしの生成があるからである。もしこれが、指導者によって、あるいは特定の他者によって関わりの目的が決められてしまい、一方的なまなざしが浸透した場がつくられたときには、子ども・若者はその場に住み込むことが制限されてしまう。それは居場所の消失を引き起こし、経験が疎外されることになる。言いかえれば、子ども・若者の方から他者（大人・指導者）に向かってまなざし返し、積極的に〈場〉をつくる主体となれるのは、このような関わりそのものを目的とするときにおいてである。

第二に、場のデザインを子ども・若者自身にゆだねることができてこそ、〈場〉が彼ら／彼女らの自己形成を促進する。なぜなら、そのような場こそ、生きられた身体としての「私」を多様に住み込ませる〈隙間〉を保障するからである。つけくわえれば、「場の保障人」がそのような場を保障することによって、場を包みこむ「生きられた空間」そのものにも多様なまなざしを住み込ませることができる。その多様なまなざしに誘い込まれて、子ども・若者は生きられた身体をのびやかに開くことができるのである。ただし、勘違いしてはならないのは、**場のデザインにあたっての材料はふんだんに保障しておく必要がある。**ただ四角い無機質的な空間に閉じ込めて、「自由にやりなさい」というのではない。それでは空間のまなざしが一方的である。そうではなく、**多様な意味を含みこんだ場において、子ども・若者に場のデザインの自由を保障する**という意味である。

第三に、このような場を保障する「場のコーディネーター」として、また、「関わりあいの促進者」としての教育者（青少年支援者）が要請される。

教育が意図的な営みであることは否定しない。しかしそれは、子ども・若者の経験としての学びを大人の側が操作的、意図的にすりかえていくことであってはならない。ここでの**教育者**（**青少年支援者**）**とは子ども・若者の自己形成の場を意図的に保障する立場の人のこと**をさしている。それには、高橋が論じているように、教育者（青少年支援者）も子ども・若者とともに「自己形成の途上にある異世代として」の関わりが求められる34。それは指導者ではなく**子ども・若者とともに生きる「同行者」としての関わり**である。逆に厳密な意味での「指導」という関わりは、居場所の意味からして常に子ども・若者の自己形成を阻害する危険性をはらんでいるのである。

また、そうした関わりは必ずしも直接的で顔の見える触れあいをさすだけではない。それは、教育者自身のまなざしがその空間に住み込むことによって子ども・若者の生きられた身体に触れているからである。言いかえれば、空間デザインの在り方それ自体が教育者（青少年支援者）のまなざしを反映し、彼ら／彼女らの経験にたいして直接間接に働きかけているのである。

例えば、学校の教室でも、教師のまなざしが一方的であるか、多様であるかはその教室空間の使い方にも反映されている。子どもたちの作品や植物の配置や、連絡プリント、学級通信などのデザインの仕方ひとつとっても、そこに自由さと楽しさがあるのとないのとでは、子どもの生きられた身体が開かれたり、閉じたりする。

実際、子どもの居場所をコンセプトとしてオープンした神奈川県川崎市の「子ども夢パーク」では、建物内の仕切りを子どもたちが自在に組み替えて、自分達の空間をデザインできるよう、スケルトン建築が採用されている。もちろん利用している子どもたちが共同で運営し、参画していくための委員会も立ち上げており、子どもたちによる場のデザインの自由を保障した場づくりを自覚的に行っている。ここを見守るスタッフの言葉はそのことを端的に示している。「ここは子どもたちと共に、徐々につくりあげていく場所なんです。未完成でありつづけることが大事なのです」。このように子ども・若者が〈場〉に関わる余地、つけ入る隙、入り込める隙間を持ち合わせた〈場〉を彼ら／彼女らとともにつくりあげていくこと、それは〈場〉それ自体も、スタッフや子ども・若者の学びと成長とともに成長・成熟していくという相互循環的な関係でもある。

おわりに

ここまでにおいて、子ども・若者の居場所の意味を問いながら、自己形成空間の在り方を検討してきた。言いかえれば、本章で行ったことは、社会教育の青年教育においてすでに提唱されていた「たまり場」論の意味を、人間の存在論的な視点から問い直し、居場所を基底とする経験の場として、批判的に継承することでもあった。

ではあらためて「居場所」とは何であるのか。

それは「私」と他者・自然・事物との相互規定的な意味・価値・方向の生成で決まる「私」という位置であると捉えた。このように定義されるとき、そのことが多様な側面を帯びたものであるということが、その後の検討によって明らかにされることとなった。

すなわち、居場所を別の側面から言い直すと、それは経験によってもたらされる一個の「私」全体である、となる。そしてそのような経験の内には「学び」の意味深さが含まれていたのであった。すなわち学ぶということは経験することであり、それは「私」全体を定義する意味と価値と方向が「私」という場所において生成されてくることを指しているのだった。このように学びを存在充溢の学びとして再定義することによって、子ども・若者の自己形成そのものが経験を媒介とした存在充溢の学びによってもたらされているものであると捉えられた。居場所の側面から言いかえれば、居場所は学びを内包する経験を媒介とした自己形成の母胎と言える。

このような居場所の理解に至るには、まず「私」という意識主体を意識のみで捉えるのではなく、そこに身体が媒体となっていることへの気づきが必要であった。すなわち、身体とは私によって生きられた身体であり、身体は「私」という精神が肉化して現れている。このような身体理解はメルロ＝ポンティを初めとする現象学において明らかにされてきたものであるが、そうした身体は、肉体的な境界を越えて、他者・自然・事物へと広がりをもつ。「私」をこのような身体性を備えた存在として理解したときに、居場所が経験としての学びであるとともに、他者・自然・事物へ「私」が住み込んでいくことを意味していることがわかるのである。

ところで、他者・自然・事物といった世界への住み込みを制限することが居場所の消失につながることが明らかになった。そこには「私」の生成を抑圧してくる他者や近代社会を裏打ちしてきた科学の知のまなざしがあった。「まなざし」はそれ自体に意味と価値と方向を含んでおり、それが大人や社会の信念や権威によって絶対化されたとき、「私」という居場所を剥奪していくのであった。

このことは、社会教育や学校教育における系統学習にも内在化されており、そこでは外部からの権威によって子ども・若者を一方的に規定するまなざしが投げかけられていることを指摘した。これは近年の若者支援が、あらゆる若者への包括的な支援からかけ離れ、彼ら／彼女らの就労をもってゴールとみなしたり、「自立」という抽象的な目標に向けた大人社会からの、一方的な若者像への方向付け意味づけにおいても同様のことが言える。このような施策・事業の前提に立つ限り、子ども・若者の居場所は失われ、存在充溢と自己形成は果たされないだろう。

このような子ども・若者の実存から切り離され、外側から一方的に決定されてしまっている施策や学習は、経験によって支えられた「存在充溢の学び」の場づくりへと捉えかえされなければならない。子ども・若者の居場所を生み出し、他者や社会にかかわる勇気と信頼を育むのは、経験における子ども・若者自身による意味と価値と将来展望の感得においてである。

このような経験の生成は子ども・若者の自己形成そのものであり、それを積極的に保障する場が必要になる。それには、〈場〉が相互規定的なまなざしの生成の場となるように、多様な関わりあいそのものを目的とし、その場のデザインをできうるかぎり子どもたち、若者たち自身にゆだねることが求められる。それは教育者（青少年支援者）が子ども・若者の住み込んでいける〈隙間〉を積極的に作り出すことで、彼ら／彼女らの居場所を保障し、存在充溢の学びをうながすことになるからであった。そして最後に、このような「場のコーディネーター」として、「関わりの促進者」としての教育者（青少年支援者）が要請される。彼らは子ども・若者との相互規定的関係を積極的につくりだそうという意味において、自ら多様なまなざしをその場に住み込ませていくことが肝要となる。それは自らを「成熟」した大人であると見なすことではなく、内なる子どもの心性に訴えかけて、子ども・若者たちとともに自己形成の途上にある異世代としての関わりが必要となってくる。それは言いかえれば「同行者」としての教育者（青少年支援者）であると言える。このような場の保障は、存在充溢の学びが生まれうる場を意図的につくっていくという意味において、教育的な営みと捉えられる。

以上のような内実をもつことによって、「たまり場」は子ども・若者たちの居場所を基底とした経験の場、すなわち自己形成空間として捉えかえされるに至る。

そして、青年事業や子ども・若者支援事業の課題を自己形成空間の構想として積極的に引き受けていくとき、私たちは、すでに全国に展開しているフリースペースやプレイパーク、山村留学や自由学校、青少年活動センターやコミュニティカフェなど、豊かな実践の地平が広がりつつあることに気づかされるのである。

【注】

1 朝日新聞（一九九五年九月七日付夕刊）「ジャック・デリダ氏　哲学者（世界の混迷を超えて：2）――暴力観変えたサリン科学が闇と結びつく――」
2 H・ダンナー（浜口順子訳）（1988）『教育学的解釈学入門』玉川大学出版部
3 鷲田清一（1997）『現象学の視線』講談社、二九頁‐三〇頁
4 朝日新聞（一九九五年一一月二五日付夕刊）「居場所をください5――大河内清輝君の死から一年」
5 「少年Aの父母」（1999）『「少年A」この子を生んで……』文藝春秋、二二六頁
6 O・F・ボルノー（大塚恵一ほか訳）（1988）『人間と空間』せりか書房、一七一頁
7 一九九五年六月二九日にソウルのデパート、三豊百貨店が崩壊した事故。このような災害で生き埋めになった場合、生存可能性は七二時間を境目に急激に低下することが指摘されている。そのため、一〇日以上もたってから三人の男女が救出されたことは世界中のニュースとなった。
8 中村雄二郎（2001）『魔女ランダ考――演劇知とは何か――』岩波書店、四〇頁
9 M・メルロー＝ポンティ（1967）『知覚の現象学1』みすず書房、同（1974）『知覚の現象学2』みすず書房、市川浩（1992）『精

神としての身体』講談社、同（1993）『〈身〉の構造』講談社
10　マイケル・ポランニー（高橋勇夫訳）『暗黙知の次元』ちくま学芸文庫、三一‐三二頁
11　中村雄二郎（1992）『臨床の知とは何か』岩波書店、一〇八頁
12　O・F・ボルノー（1988）二七六頁
13　O・F・ボルノー（1988）二八一頁
14　栗原彬（1989）『やさしさの存在証明』新曜社、二二頁
15　多木浩二（1982）『眼の隠喩』青土社
16　中村雄二郎（1992）一二九頁
17　M・メルロー＝ポンティ（1966）『眼と精神』みすず書房、二七九頁
18　木村敏は居場所概念の検討を精神分裂病患者の事例をもとに行っている。そこで木村は「必然と偶然の、生成と存在の交差するネットワーク、それが自己の居場所である」と論じており、木村も居場所を関係において生成する概念として捉えている。木村敏「居場所について」『Any-Where 空間の諸問題』NTT出版、1994を参照。
19　高橋勝（二〇〇七）『経験のメタモルフォーゼ』勁草書房、一八頁‐二〇頁および一〇三‐一〇六頁、鷲田清一（1996）『じぶん・この不思議な存在』講談社、一二〇‐一二三頁、鷲田（1997）
20　栗原彬（1989）二三頁
21　矢野智司（1988）は「子ども期」（和田修二ほか編著『人間の生涯と教育の課題』昭和堂）という論考において、子ども期の意味をめぐり、近代の時間意識の分析から次のように指摘している。「近代自我の時間意識にとって、子ども期はノスタルジーとして取り戻される期であるとともに、未来の理想の時間を示す〈希望〉の時間である」と。ここでの近代自我とは「発

達を遂げた大人」のことであり、「子ども期」とは目の前の子どもであると同時に、「大人の内に存在する内なる子ども」をも意味している。それはすなわち「人生のすべての発達段階が相互に浸透し合うという発見」である。

22 本書、序章、一一頁
23 高橋勝（1992）『子どもの自己形成空間』川島書店、二八頁
24 高橋勝（2007）一一〇頁
25 森有正（1970）『生きることと考えること』講談社、四九－五〇頁
26 森有正（1970）九八頁
27 森有正（1970）一一五頁
28 ヘレン・ケラー（岩橋武夫訳）（1966）『私の生涯』角川文庫、三二一頁
29 E・フロム（佐野哲郎訳）（1977）『生きるということ』紀伊國屋書店
30 中村雄二郎（1992）一三七頁
31 例えば、那須野隆一や、小林平造、大橋謙策といった社会教育研究者による一九七〇年代後半から九〇年代前半の論文において論じられた。那須野隆一（1976）『青年団論』日本青年館、那須野（1982）「都市青年の組織化問題」青年団研究所編『はばたけ青年団』日本青年団協議会、那須野（1985）「青年教育研究の基本的視点」日本社会教育学会編『現代青年と青年教育』、小林平造（1985）「社会教育行政における青年期教育論史の総括と構想」日本社会教育学会編『現代社会と青年教育』、小林（1991）「社会変貌と青年の学習」小川利夫・新海英行編『新社会教育講義』大空社、大橋謙策（1973）「地域青年の学習活動と形態」碓井正久編『社会教育の方法』東洋館出版社、大橋（1979）「地域青年自由大学の創造」『講座　日本の学力14』日本標準など。

32　東京都立川社会教育会館（1983）「青少年教育実践の視点を求めて2」
33　那須野隆一（1985）七頁
34　高橋勝（2002）『文化変容のなかの子ども――経験・他者・関係性』東信堂、七三‐七四頁

付記：本章は拙稿（1997）「若者にとっての居場所の意味」（『日本社会教育学会紀要』№33、一九九七年）と立教大学大学院文学研究科修士論文（一九九五年度）『青年期教育における「たまり場」の問題――青年にとっての「居場所」の意味を基底として――』を大幅に加筆修正したものである。

第2章　子どもとメディア空間

荒井　聡史

はじめに

近年の情報機器の発達と、それに伴う情報化社会の進行によって、メディアと子どもの関係についての議論が進行中である。

ところで、「メディア」とは何であろうか。今井康雄は、『メディアの教育学』（今井 2004）の冒頭においてメディアについての概念史的研究を概観し、「メディア」という概念はほぼ一貫して「間を満たすもの」という意味と、あるものから別のものへと「作用を及ぼすための道具・手段」という意味の二つの意味をもたされてきており、この二つの意味が微妙にずれつつ重なり会うという点に「メディア」の特質があるとして、「メディア」を「中間にあって作用するもの」と広く捉えようとしている。と同時にこの二つの「メディア」の捉え方は教育学の中にも浸透しており、これまでの教育学における メディアに関する議論が、子どもの周囲に満ち溢れている(「間を満たすもの」としての)メディアの「悪」影響や、(「作用を及ぼすための道具・手段」としての)メディアの教育への利用可能性といった形で、表面的かつ異物的なものとしてしかメディアを取り扱って来なかった点に注意を促している[1]。

これに対して今井は、最も典型的なメディアともいえる言語をメディア一般のプロトタイプとして、これを手がかりに自明化された教育の観念を揺るがし、「教育」概念の再生を企図する[2]、刺激的で徹底的な議論を同書で展開しているのであるが、そこまでの広く、徹底的な議論は本章の手に余るテーマと言えよう。

そこで本章では、今井のメディアと教育の関係についての広く、根本的な射程をいわば「地」とし、近年の電子メディアの発達した環境の中での子どもの世界の問題をいわば「図」として議論を進め、テレビ、テレビゲーム、インターネット、携帯電話といった電子メディア、その中でもとくに携帯電話とインターネットをめぐる問題を中心に、メディア空間が浸透する中で子どもの生活世界はどのように変わりつつあるのか、それは個々の子どもが生きていく上でどのような意味をもつのか、大人はこの変化にどう向き合うべきか、を検討していきたい。

第1節　大人のまなざしから見た「子どもとメディア」

1　子どものメディア利用の実態

内閣府が実施した「第五回情報化社会と青少年に関する意識調査報告書[3]」(内閣府　2007)では、全調査対象者の八割を越える人が携帯電話、ＰＨＳ[4]を使っており、使い始めたのは何歳のころか尋ねたところ、「一三～一五歳」（三五・三％）と「一六～一八歳」（三七・六％）が三割台半ばとなっており（図2−1）、数年前まで主流であった「高一デビュー」よりも、携帯電話の「中一デビュー」が多くなりつつある[5]。また、情報メディア利用時間に関してはテレビが最も長く、次いでテレビゲームなどで遊ぶ時間、携帯電話やパソコンのインターネット利用時間等となっているが、二〇〇一年度調査との比較では、インターネットによる情報サイト閲覧およびメール利用回数は増える傾

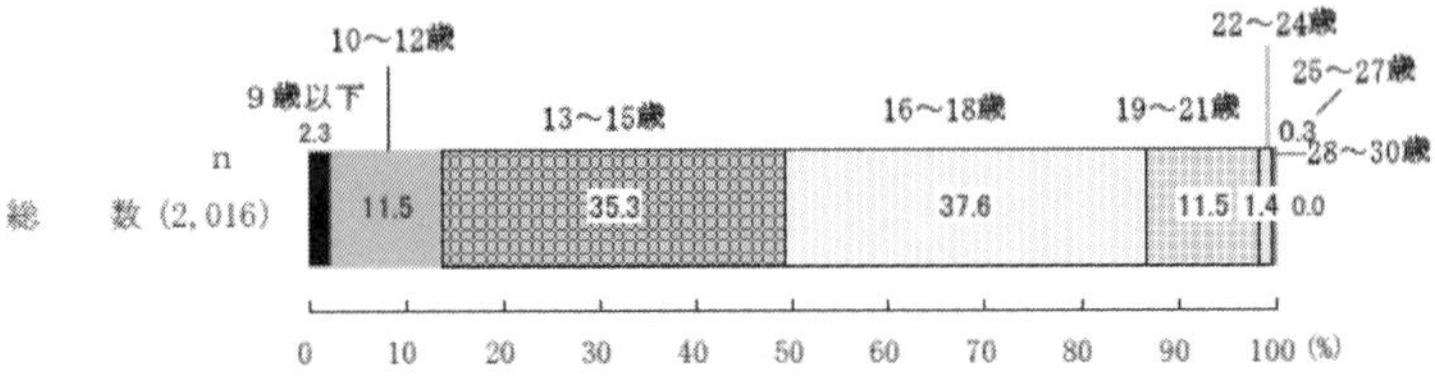

図2−1　携帯電話を使い始めた年齢

（文部科学省：2007）

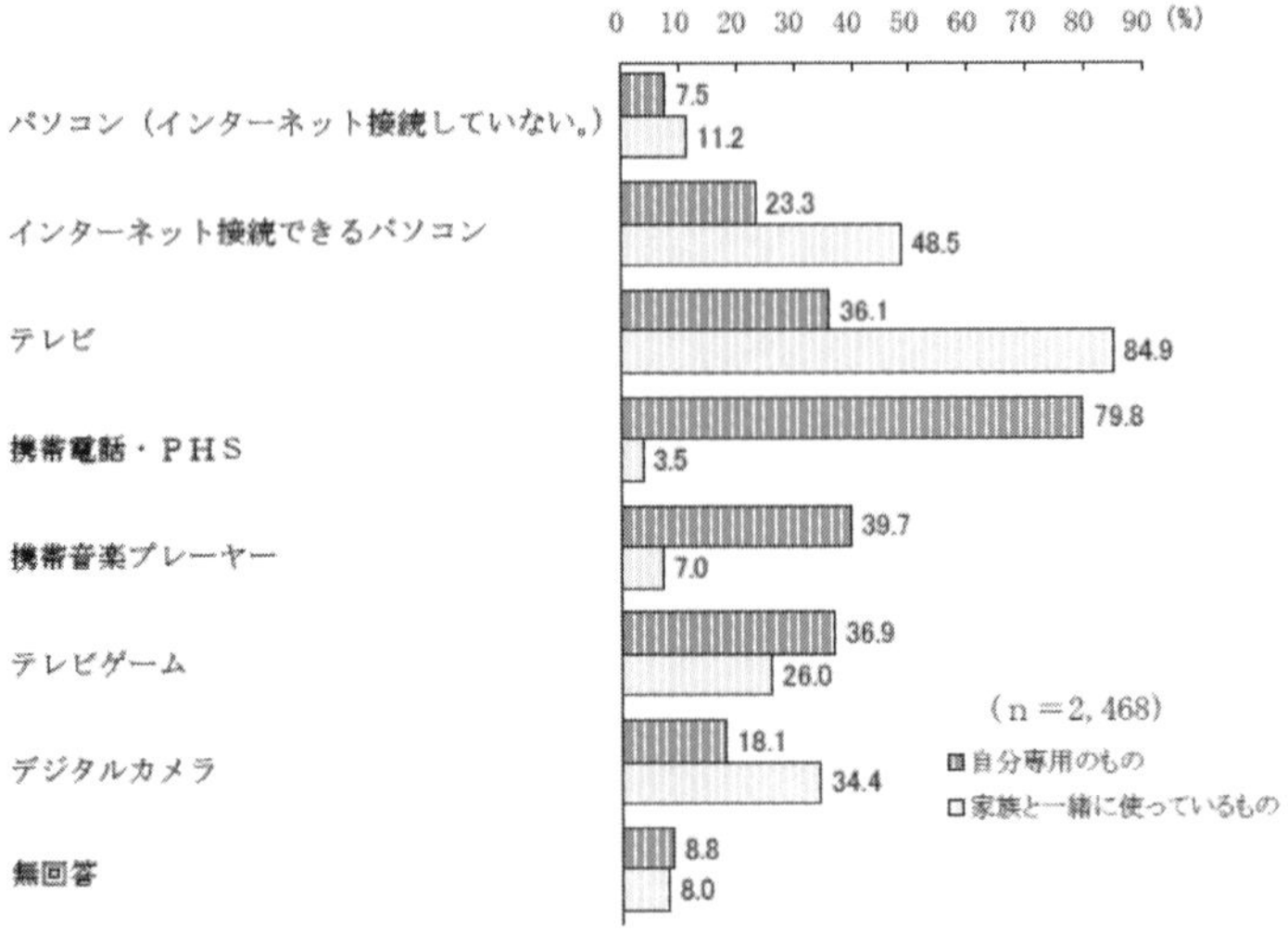

図2−2　利用している情報機器

（文部科学省：2007）

向にある。さらに、情報機器等で「あなたが使っているものについてお聞きします。次のなかからあてはまるものをいくつでもあげてください。」という質問に対して、自分専用のものでは、「携帯電話・PHS」（七九・八％）が最も多く、次いで「携帯音楽プレーヤー」（三九・七％）「テレビゲーム」（三六・九％）、「テレビ」（三六・一％）などとなっている。家族と一緒に使っているものでは、「テレビ」（八四・九％）が最も多く、次いで「インターネット接続できるパソコン」（四八・五％）、「デジタルカメラ」（三四・四％）などとなっている（**図2-2**）。子どものパーソナルな情報機器として携帯電話が中心的なアイテムとなっており、しかもその中心的な利用形態はインターネットの利用となっていることがわかる。

実際、携帯電話を使用している子どものほとんどがメール利用しており（**図2-3**）、七割が情報サイトを閲覧している（**図2-4**）実態がある。子どものインターネットの利用目的は、携帯での利用の場合は第一位が「メールのやり取りをする」である点は小学六年生、中学二年生、高校二年生で変わらないが、学年が

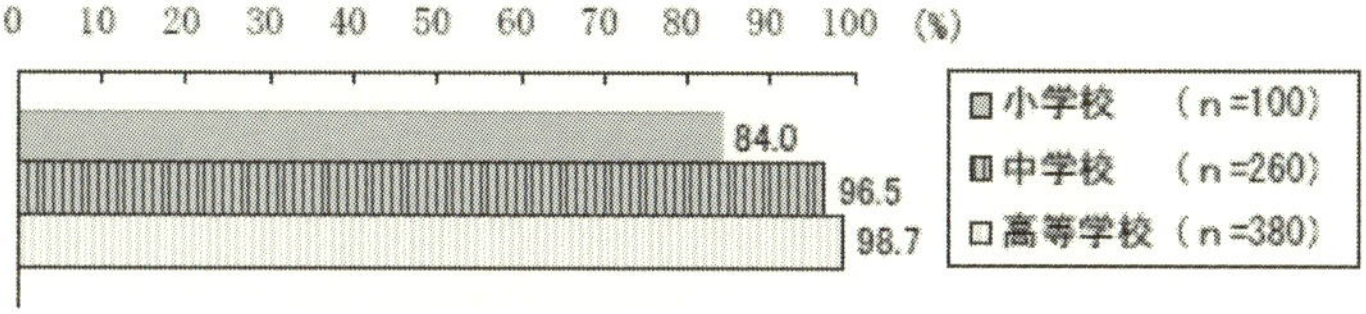

図2-3　携帯電話によるメール利用の有無

（文部科学省：2007）

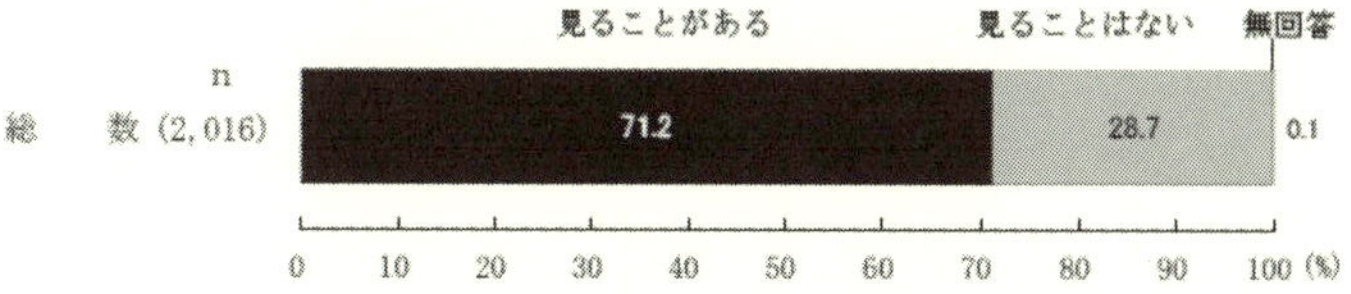

図2-4　情報サイトへアクセスして画面を見ることの有無

（文部科学省：2007）

あがるにつれ、多様な目的で利用するようになる。とくに、顕著なのは「他人のプロフやブログを見る」、「他人のプロフやブログに書き込みをする」、「自分のプロフを公開する」、「自分のブログを公開する」などの目的でのインターネット利用の増加である。[6]

このような子どもの世界への、携帯電話を媒介とした急速なインターネット環境の浸透は大人たちに得体の知れない不安を抱かせるに十分であったと言っていいであろう。子どもたちが出会い系サイト等を通じて面識のない大人と接触して、援助交際やその他の犯罪に巻き込まれるのではないか、いわゆる「学校裏サイト」等によって子どもが陰湿ないじめに会うのではないか、子どもが有害情報に容易にアクセスして悪影響を受けているのではないか、ネット依存、ケータイ依存になるのではないか、等々の様々な不安がマスコミ報道等を通じて話題となった。

●子どものメディア利用を規制する動き

このような不安の声の高まりに対して、子どものネット環境に対する規制の動きが出てきた。以下に主なものを列記してみる。

○出会い系サイトの規制

・二〇〇三年「インターネット異性紹介事業を利用して児童を誘引する行為の規制等に関する法律」（いわゆる「出会い系サイト規制法」、二〇〇三年成立、二〇〇八年一部改正）

一八歳未満の児童が出会い系サイトを利用することが禁止された。

○「フィルタリング」普及の動き

ウェブ上に氾濫する「有害情報」を子どもが容易に入手できてしまうという問題に対する対策として、アダルトサイトなどにアクセスできないように携帯電話のインターネット閲覧機能に制限をかける「フィルタリング」を求める動きが出てきた。

・中央教育審議会「次代を担う自立した青少年の育成に向けて（答申）」（二〇〇七年）

「（携帯電話の）青少年との契約においてはフィルタリング機能装備を標準設定とし、保護者の申請を受けてその設定変更や解除を行う等のサービス提供を業界で統一して実施するといった実効性の高い対策を行うことが強く求められる。」

・「青少年が安全に安心してインターネットを利用できる環境の整備等に関する法律」（二〇〇八年六月成立、二〇〇九年四月一日から施行）

同法によって、携帯電話会社、プロバイダ、パソコンメーカー等にフィルタリング提供等義務、フィルタリング開発・提供業者に開発の努力義務、サーバー管理者に有害情報閲覧防止努力義務、保護者などからの問い合わせを受け付けるための窓口を整備するなどの努力義務、その他関係者に啓発等の努力義務が定められた。

○学校への携帯電話の持ち込み禁止の動き

・文部科学省「学校における携帯電話の取扱い等について（通知）」（二〇〇九年一月三〇日）

小・中学校への児童生徒の携帯電話の持ち込みの原則禁止、高等学校生徒の携帯電話の授業中または校内での使用禁止、あるいは、学校への持ち込み禁止を求めている。

これらの規制の動きと並行して、教育界からの対応として、子どもとメディアの関係についての具体的な提案が最近になって行われ始めている。主な提案としては、家庭、学校に携帯電話やインターネットのメディア特性等をしっかり学び、理解を深めることを求め、家庭内でしっかり話し合い、ルールを作ることや、学校が子どもたちの携帯電話やインターネットの利用実態を十分に把握すること、学習指導要領に基づき、情報モラルの指導をより一層充実することなどがあげられる7。

これらの規制や子どもへの対応は、メディアとの接触時間の長時間化によって、他の有益な時間が侵害されている、という発想に基づき、子どもをメディアから隔離しようとする動きが中心であると言えよう。しかし、いくら隔離しようとしても社会にはメディアが氾濫しているし、子どもたちはやがてメディアと関係をもちながら生きていかねばならない。したがって、このように子どものメディアへの接触を制限しようとするだけでは十分な対応とはいえまい。子どもといわゆるニューメディアとの関係についての社会的議論はまだまだ端緒についたばかりで成熟していないと言えるであろう。問題なのは、これらの議論の背後に、メディアは子どもの教育にとって悪であるという認識が潜在しており、この認識から拙速に具体的な対応が導き出されるという教育のメディアに対する言説の構造である。この点について、次に教育のメディアに対する言説の構造をメディア教育における子どもの経験の捉え方に注目して考えてみる。

2　メディアと教育の関係についての言説の構造

教育社会学者の大多和直樹は戦後教育においてメディアの問題がどのように扱われてきたかを分析している[8]。大多和によると、戦後教育の中でメディアは、そのメディアを通じての経験のあり方をめぐって価値づけられてきたが、この経験の位相は現実の直接的な経験として位置づけられる〈リアル〉の領域、読書などに代表される心的なイメージやシンボルの経験として位置づけられる〈イマジナリ〉の領域、テレビ等の新興メディアによる疑似体験として位置づけられる〈ヴァーチャル〉の領域としてテーマ化されてきた（図2-5）。その際、教育界ではまず直接体験に価値が与えられ、また、豊富な直接体験で得た心を揺さぶる経験をイメージとしてストックすることによって、読書をしたときにそのイメージが再度喚起されるのだ、というように直接体験と心的イメージの有機的つながりの価値も主張されてきた。すなわち、〈リアル〉および〈イマジナリ〉の領域は教育的見地からポジティブな価値が与えられてきたのに

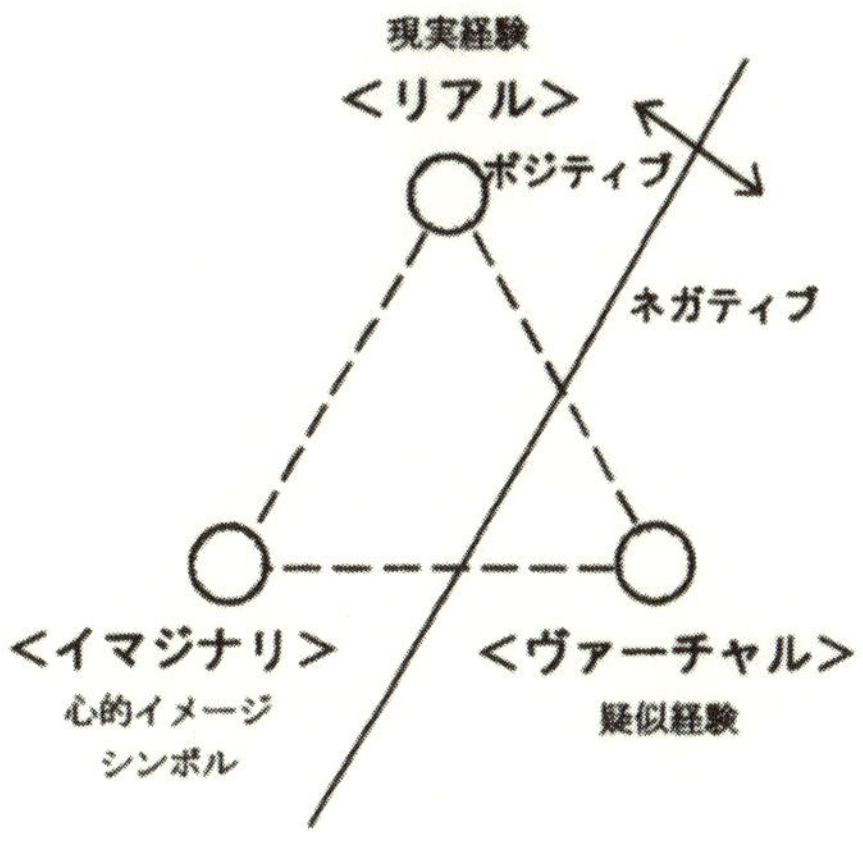

図2-5
（大多和 1997：105頁）

対して、〈ヴァーチャル〉の領域は直接的な経験の裏付けのない――現実を歪曲する可能性のある――経験としてネガティブな価値が与えられてきているのだという。

一九八〇年代半ばからパソコンが急速に学校教育に導入され始め、メディア教育が手厚い補助を受けながら普及することとなったが、では、日本のメディア教育の中で、〈ヴァーチャル〉な領域はどのように位置づけられたのであろうか。大多和はメディア教育の先駆的実践を行っている戸塚滝登の『コンピュータ教育の銀河』(戸塚 1995)の中で、メディア教育における経験をどのように捉えているかを分析している。まず、授業「火事をふせぐ」で実際には経験できない消火活動を、消防士になったつもりでマルチメディアを使って疑似体験する、という活動があるが、これは直接経験を最も重要な経験として位置づけ、戸塚自身の言葉を借りて言えば、直接経験が不可能な場合の「次善の策」として「擬似経験」ないし「仮想環境」が有効であるとする位置づけであり、〈ヴァーチャル〉を〈よりリアル〉なものへと近づけることによって教育的価値を与えようとする試みである(図2-6)。また、算数の授業実践では、図形を自由に変形させるソフトを用い、今まで生徒が頭の中でやっていた作業をコンピュータ上で形にすることによって「思考の外化」を行う、という活動に典型的に表れているように、これは〈ヴァーチャル〉をより〈イマジナリ〉

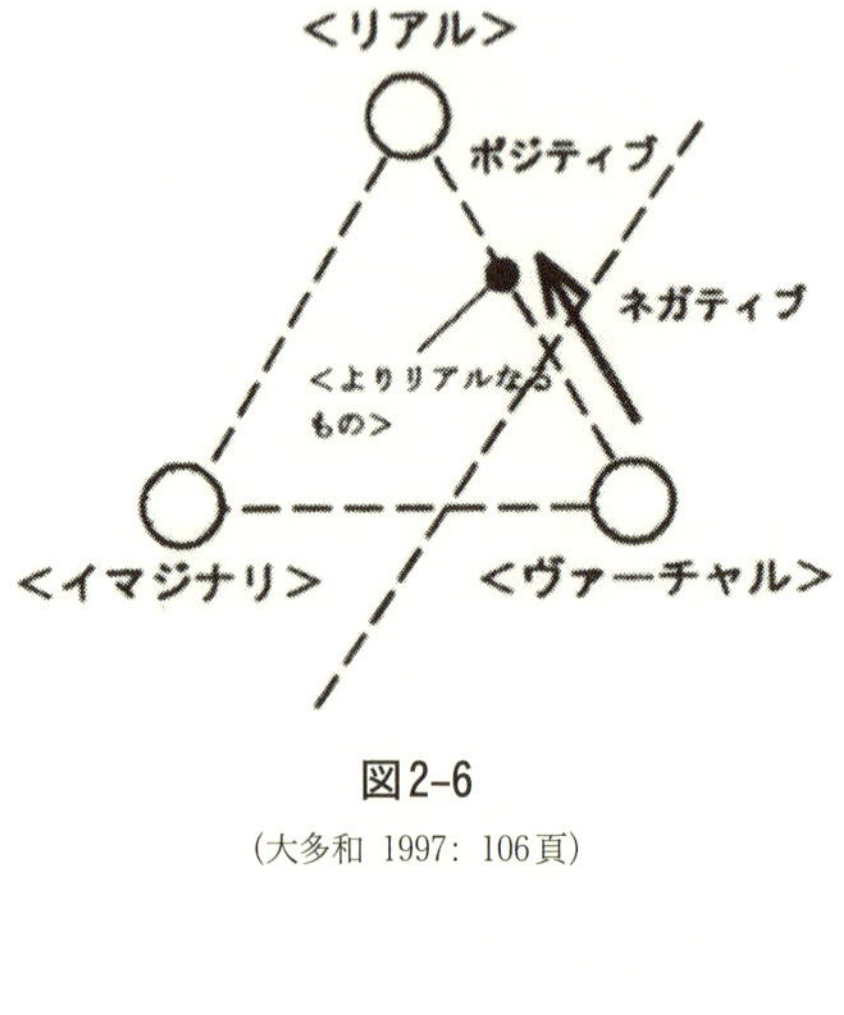

図2-6
(大多和 1997: 106頁)

に近い存在として利用する試みである（図2-7）。日本のメディア教育における電子メディアの導入はこのように「〈よりリアル〉、〈よりイマジナリ〉という中間領域を設定しつつ、それに教育的価値付けを賦与していくプロセス9」である。

大多和は、このような作業は「教育が社会にたいして先導的にメディアをコントロールする動き」とも見ることができるが、その一方で「教育が社会から乖離し、社会の状況の変化に取り残されながら旧来から存在する〈リアル〉・〈イマジナリ〉に固執する動き」とみることもできる。というのも、メディアの変化は教育の外からもたらされ、すでに子どもたちの世界に満ちているのであって、「社会的土壌の醸成に従って内在的に普及してくるメディアに対して状況の変容を無視し、過去の原理を当てはめてこれを統制することを試みているに過ぎない」という見方も可能であるからである。これは「大きな社会変化を前にしたときに、教育が社会変化自体をコントロールするのか、それとも、その社会変化に応じた姿に教育を再編していくか」という問題であり、大多和は「メディアが氾濫する現代社会を生きる子どもたちにとって、後者の考え方も意味を持ち始めてきているのではなかろうか」と指摘している10。

しかし、先にも見た通り、教育界のメディアに対する取り組みは依然と

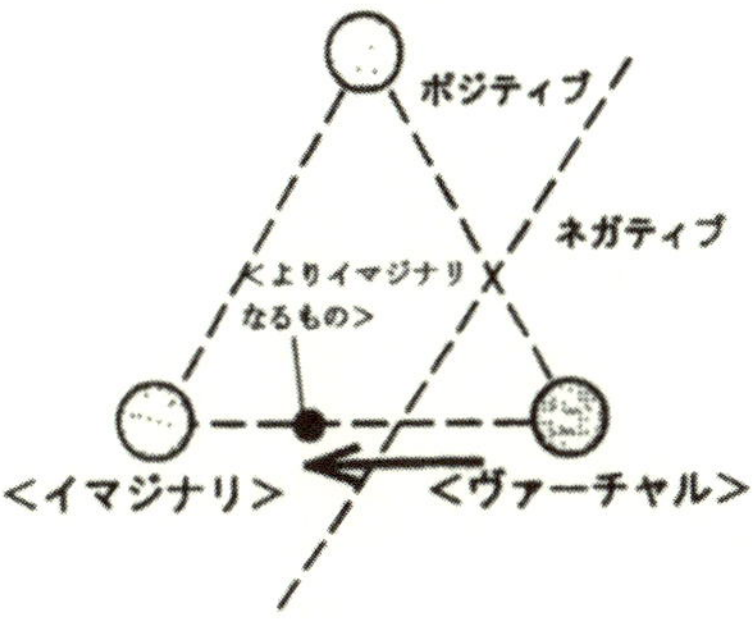

図2-7
（大多和 1997: 107頁）

して〈リアル〉を重視して〈ヴァーチャル〉を規制しようとする動きに止まっている。注意して欲しいのは、これらの規制が間違っているとか、全くの無駄であるということを主張しているのではないということである。しかし、これらの規制を推進する背景には子どもの生活の変化、子どもの〈リアル〉の変化に対する視点が全く抜け落ちていると言わねばならない。学校に携帯電話の持ち込みを禁止し、フィルタリングを実施して有害情報を子どもたちから遠ざけ、また家庭内でルールを決めて携帯電話を使う時間を制限しても、子どもたちの生活はメディアで満ちている。このような環境の中で子どもたちはどのように生きているのか、また、どのように成長していくのか、が問われねばならないはずである。この問いは「社会変化に応じた姿に教育を再編していく」端緒となるであろう。筆者は大多和とともに、この動きは避けられないものであると考えている。

この問いの意味を考えるためにも、次に二〇〇四年六月に起きた長崎県佐世保市での小六児童同級生殺害事件について検討してみたい。なぜなら、この事件に対する社会の、また大人の見方、対し方が、その後現在まで続く子どもとメディアの関係に対する私たちの捉え方の問題点を典型的に表していると考えるからである。

第2節　子どもの生活世界から見たメディア空間

1　佐世保同級生殺害事件の衝撃

二〇〇四年六月一日長崎県佐世保市立大久保小学校で、同小六の女児Aが同級生の首をカッターナイフで切り殺害した。殺害動機にインターネットの掲示板におけるトラブルがあること、加害女児が小説『バトル・ロワイアル[11]』に耽溺しており、殺害方法も小説内の場面を参考にした可能性があることなどで注目されると同時に、急速に進められてきた学校へのコンピュータ教育の導入が見直されるきっかけともなった。

長崎家庭裁判所佐世保支部は二〇〇四年九月一五日に最終審判の内容を「決定要旨」として公表したが[12]、このような、少年事件としては異例の対応が必要とされた状況自体が事件の社会的反響の大きさを物語っていると言えるであろう。この決定要旨では主に女児の人格特性と生育暦に事件の原因を探ろうとしている。人格特性としては認知・情報処理特性、情緒的特性、対人関係の特性などが未熟で、怒りの対処方法として怒りを抑圧するか攻撃的に発散するかという二極化の傾向がある点に求めつつ、精神病性の障害はないとした。また、生育暦に関しては、女児の両親の養育態度を「女児の身の回りの世話など通常の養育のほか、教育面にも関心を持って接してきたと認められるものの、情緒的な働きかけは十分でなく、おとなしく手のかからない子として、女児の問題性を見過ごしてきた」として事件の要因とした。

この決定要旨については公表された当時から批判の声が多かったが、精神鑑定が採用された冤罪事件に多く関わってきた精神分析学者の浜田寿美男が『子どものリアリティ　学校のバーチャリティ[13]』で展開している批判はとくに説得力のあるものである。

この決定要旨とその根拠となった精神鑑定について、浜田は、発生した事件の結果に強く影響されてそこに至る経緯を描く「逆行性」の錯誤に陥っていると批判するとともに[14]、少女がネット上に掲載していた自作の詩を取り上げ、「対人関係や社会性、共感性の発達も未熟」、「主観的・情緒的なことを具体的に表現することが苦手」、「言葉や文章の一部にとらわれやすく、文章の文脈やある作品がもつメッセージ性などを読み取ることができない」、「他者の視点に立ってその感情や考えを想像し、共感する力や、他者との間に親密な関係を作る力が育っていない」などの精神鑑定の内容に疑問を投げかけている[15]。たしかに、加害女児が五年生の終りころに荒れはじめ、六年になってから暴力的な行動が出はじめていたことは、様々な取材を通じて確認されている[16]。浜田は、「むしろその頃の彼女の生活状況になんらかの変化があったと見るべきではなかったか」、「女児は二〇〇四年六月一日の凶行におよぶまで、どのような状況を生きてきたのか。家裁決定がまったく触れなかったこの点こそが、実は問題[17]」ではなかったかと指摘している。

●加害女児の生活世界

では、加害女児には小学五年生の終わり頃から何が起こっていたのか。限られた資料をもとに、浜田の分析に依拠しつつ概観してみよう。

加害女児は小学校四年生から被害者となった女児と同じミニバスケット・チームに所属しており、二〇〇四年二月頃の女児のホームページ上にアップされていた日記からは、その活動に充実感を感じていたことが見て取れる（「日記@バスケの試合ですた☆」、「日記@続き」、「日記@県下招待新人戦」）。また、同じ頃、掲示板には小学生とは思えない詩（「詩@嘆きの賛美歌」、「詩@夕暮れの影」、「詩@不揃いな棒」、「詩@許せない」）を掲載している。

しかし、二〇〇三年一二月ごろから加害女児の学業成績を心配する親によってミニバスケット・チームを退部する話が出ており、二〇〇四年三月には半ば強制的に退部させられている。その後小学六年生となった二〇〇四年四月頃からホームページ上には女児が暇を持て余している様子がうかがえる日記（「日記@暇すぎ。」、「記憶たどり。」「ポイント稼ぎ㊥」）、攻撃的な書き込み（「日記@あの食べ方、まじでキモイ」、「うぜークラス」）、『バトル・ロワイアル』等のホラー小説への傾倒をうかがわせる書き込みや自作の小説（「BR（バトル・ロワイアル）法　内容」、「BATTLE ROYALE ——囁き——」）が登場する18。そしてホームページ上の変化と並行して、加害女児は小学校六年生時のクラスで孤立を深めていく（もっとも、この時はクラス全体が荒れていたという情報もある）。そのような状況の中でネット上での被害女児とのトラブルが起き、事件へと至ることになる。

加害女児の生活の変化についての浜田の分析からは、現在の生活に充実感を感じる機会を失って鬱屈し、次第に周囲の人間関係につまずいていく加害女児の姿が浮かび上がってくる。浜田自身が自覚しているように、実際の女児のおかれた状況が浜田の分析どおりであったのかということについては資料上の限界がある。しかし、浜田が描いて見せた女児の姿からは、加害女児が特異な特性を持っていたわけではないこと、インターネットやホラー小説が事件を加速化、深刻化させた一つの要因であるということはできても決して事件の主要原因とは言えないであろうことをうかがい知ることができる。もちろん、同級生の命を奪った加害女児の行為が許されるわけではない。しかし、浜田の分析と問題提起は、現在の子どもなら、いや、青年や大人でさえも、誰もがこのような事件の加害者になる可能性があることを感じさせずにはおかない19。

●大人のまなざしにもとづく対応

ところで、長崎県教育委員会はこの事件後に対策委員会を設置して事件の調査および再発防止のための具体的対応策を検討し、計三回にわたっての報告書を公表している。対応策が具体的に提起されているのは第二次報告書(二〇〇四年一〇月五日)で、「緊急に取り組みたい施策」として「①子どもたちの心の状態を的確に把握するシステムの確立、②子どもたちの心に届く道徳教育の推進、③インターネット・マナー向上対策」を挙げているが20、これぞ、まさに大多和の言う「教育界が社会にたいして主導権を発動し、メディアを先導的にコントロールしていく」試み21の典型とも言えるものであろう。この対策について浜田は「子どもたちを『心の面談票』で見張り、問題が見つかれば専門家の協力を求めるという発想の貧困さ(①)、これまでの道徳教育の失敗の理由がどこにあるかを根本的に見ることなく、ことばの上だけで『確かな推進』を強調する無神経さ(②)、子どもたちがネット世界にはまり込む状況の根がどこにあるかを見ることなく、ひたすら有害情報をチェックし危険性から子どもを守るべきだという提案の非現実性(③)。そのいずれの中にも、いま子どもたちがどのような学校の現実を生きているのかの反省はない22」と厳しく批判している。

私たちは「裁判所は女児の人格特性をあげつらい、親の監護養育態度を責め、教育委員会は心の教育と監視を提唱する。しかし、不思議なことに、いずれも、問題の子どもたちが学校の中でどのように生きてきたかを見ようとはしない23」という浜田の指摘とともに、「その社会変化に応じた姿に教育を再編する」という大多和の提起した問題に取り組むべきであろう。そのためにも、次節において、現在の子どもたちの生活世界の変化に注目し、「子どもたちがネット世界にはまり込む状況の根」を探ってみたい。

2　子どもたちの〈リアル〉の変化

皮肉にも、佐世保事件を境にそれまで積極的に推進されてきたメディア教育は一気に後退する。子どもたちの世界はますますニューメディアに満ちたものになっているにも関わらず、教育界ではニューメディアは子どもの人格をゆがめる悪であるかのような風潮が強まることとなった。このような風潮の背景には「メディアの発達が若者のメンタリティを変化させた」、「メディアが発達しすぎたために、かえって子どもたちのコミュニケーション能力は低下した」という発想があるように思える。しかし、結論を先取りして言えば、パソコン、インターネット、携帯電話の普及が一方的に子どもたちに変化を及ぼしているわけではない。そこで、現在の子どもたちのコミュニケーションの実態について詳しく見ることによって、子どもとメディアの関係の背後にある、子どもたちの〈リアル〉の変化を探ってみたい。

宮台真司は『制服少女たちの選択』の中で高度消費社会と高度情報社会の進行が若者世代のコミュニケーションの断絶を生み出し、いわゆる「団塊ジュニア」世代以降、若者たちは「同じノリ」を共有する小集団に閉じこもり、他の集団には全く無関心な状況を生きているとして、これをコミュニケーションの「島宇宙化」と呼んだ[24]。これは高橋勝が指摘する「親しい仲間以外はみな風景」といった風情の現在の子どもたちの対人関係の実態[25]とも重なるものである。このコミュニケーション回路の限定は「自己像を維持するべきコミュニケーションを特定の回路に限定することで、『予想外の行為の帰結』から身を守り、自己像の撹乱を防止すること26」を意味しているという。

●多元化する自己像

しかし、批評家でブロガーでもある荻上チキは、ネットいじめの実態を見る限り、例えばいわゆる「学校裏サイト（荻上はあえて「学校勝手サイト」と呼ぶ）27」などを通じたネットいじめには教室内の人間関係の序列（荻上の言う「スクールカースト」）が反映されているなど、そこで生み出される人間関係は単なる「島宇宙」ではなく、いまだクラス、学校といった中間集団の拘束力が強い点を指摘している。つまり、子どもたちにとって携帯やインターネットは「不特定多数」とのコミュニケーションのためにではなく、「身近な少数の友人」と「不特定少数」とのコミュニケーションのためのツールになっているのである28。したがって、現在の子どもたちはある程度のコミュニケーションの「棲み分け＝分断」を作法とする一方で、複数のコミュニケーションに対して横断的に「同時＝常時接続」することが求められており、必ずしも「島宇宙」にとどまり続けているわけではないとして、このような「棲み分け―横断」様式を「コミュニケーションの網状化」と呼ぶとともに29、現代の子どもたちのコミュニケーションが「状況に応じてキャラを選択し、使い分け」るスタイルへと変化してきていることを指摘して、「キャラを使い分ける」限定的コミュニケーションの網状化の中で生活する子どもたちの自己像を「キャラ型自己モデル」と呼んでいる30。

このような「キャラ型自己モデル」は一見すると「関係性の希薄化」と考えられ、現在の子どもたちのコミュニケーション能力の低下として見られやすいが、必ずしもそうとは言えない、という分析が提起されてきている。社会学者の辻大介は「〜とか」、「〜っていうか」、「〜みたいな」といった用語法に代表される若者語の使用実態に関する調査研究から、若者の対人関係は希薄化したのではなく、場面場面に合わせて気軽にスイッチを切り替えられるような対人関係の「切り替え（フリッピング）」志向が強まってきているのだと指摘している。このように対人関係に大きく拘束されたくない、オンオフの切り替えを容易に保っておきたい、という部分的な対人関係が好まれる傾向が表層的で希薄化した対人関係に見えるのは、**図2-8(a)**のような自律的な自我、同心円状の自我構造を前提にするからで、実は自我構造も変化しており、現代の若者たちの自我構造は**図2-8(b)**のような複数の中心を持つ複数の円が緩やかに束ねられたものとして考えるべきではないか、という仮説を提起している（図2-8）。それぞれの円と円の対人関係は部分的であるものの、互いに中心と中心の結びつきとして、表層的なものではない。こうした対人関係のフリッパー化は虚無感・孤独感とは逆に、むしろ充実感を招いているという実態が若者世代のコミュニケーションにはよく見られる[31]。また、このような関係切り替え志向のコミュニケーションは、携帯電話、パソコン、といった電子メディアを利用した

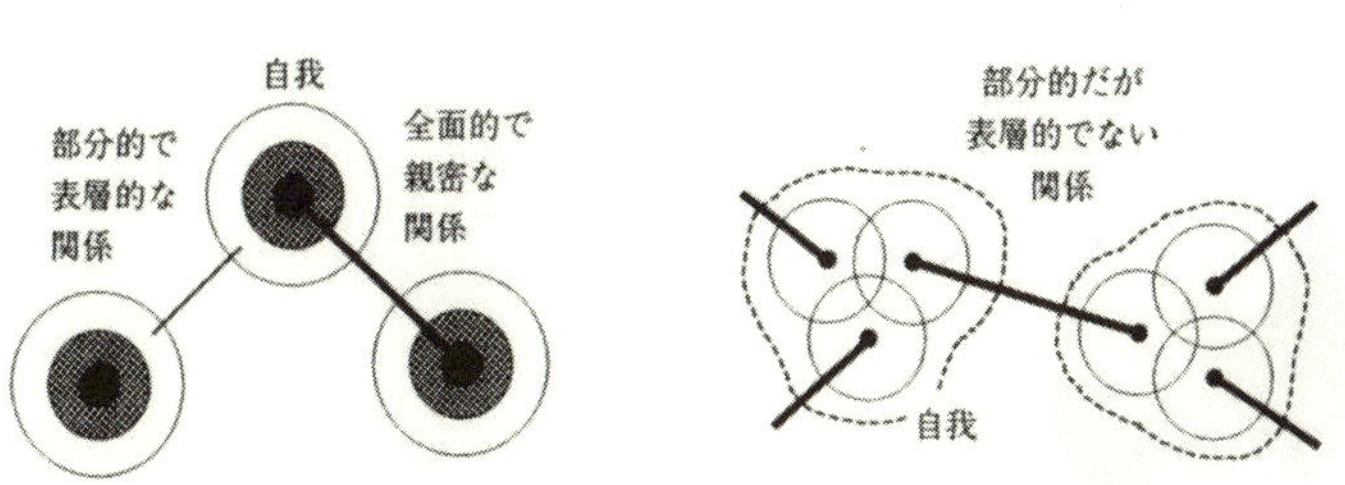

図2-8　自我構造の2つの模式図

(辻 2004: 150頁)

コミュニケーションツールと親和性が高いという[32]。

●学校文化とニューメディアの親和性

荻上は自身の「コミュニケーションの網状化」、「キャラ型自己モデル」を辻の多元的自我構造モデルと重ね合わせたうえで、これは人々のアイデンティティがメディアによって変容したという話ではないと指摘している[33]。少女たちがメールやネット上に書き込む際によく用いる「ヘタウマ文字」、「ギャル文字」、「デコ文字[34]」に着目すると、「プロフ」文化の以前に一九七〇年代後半から流行していた「サイン帳」や、その後「プリクラ帳」でも用いられていた「丸文字」や「変体少女文字」がその前史となっていることがうかがえる[35]。サイン帳やプリクラ帳が自分自身のキャラや自分の周囲のキャラを管理し、メンテナンスするためのツールとして用いられるとともに、「未特定少数」へのアプローチ手段としても用いられ、多元的なつながりを志向するコミュニケーションを支えるアイテムとなっていた[36]ことを考え合わせれば、「ケータイがコミュニケーションを変化させたという『技術決定論』的な見方ではなく、むしろ、ゆるやかなコミュニケーション・スタイルの変化の方が、ケータイやネットという技術の出現を望んだと考えた方が妥当[37]」であり、『学校勝手サイトやプロフ文化といった『若者のネット文化』と呼ばれるものの多くは、これまでの学校文化とウェブ社会が遭遇することによって、ウェブ上に自生的に生まれた集団現象[38]」であると考えるべきというのである。

メディアが子どもたちのコミュニケーションを変化させたのではなく、子どもたちのコミュニケーションの変化にインターネットや携帯電話の機能が寄り添う形で現在の子どものメディア文化が進捗してきたのだ、という分析は、子どもとメディアの関係に関する論者の共通する見解であるといってよいであろう。子どもたちのコミュニケーションの実態から浮き彫りになるのは、多元化するアイデンティティと切り替え可能なゆるやかなコミュニケーションの様態という、子どもの生活世界そのものの変化である。したがって、荻上の指摘するように「ケータイやネットは、これら『キャラ分けニーズ』を的確にサポートしてくれるがゆえに、私たちのパートナーメディアとして重要な地位を占めて[39]」いる。携帯電話やインターネットが、現代の子どもたちのコミュニケーション・スタイルにとって欠かすことのできないメディアになっている以上、その実態を無視して、単純に子どもからメディアを引き離すことで子どもたちの生活を豊かにすることができるとは到底思えない。むしろ、ここで根本的に考えるべきなのは、教育界における〈リアル〉―〈イマジナリ〉―〈ヴァーチャル〉の関係の中で教育学が看過ごしてきたわれわれの社会の現実、すなわち、「〈リアル〉な領域そのものが変化し、〈ヴァーチャル〉な領域に即応したあり方をとるようになっているという現実[40]」である。

しかし、この点で「ケータイやネットは、その技術によって記憶やキャラを記録することで、『一貫性の確保作業』自体を『外部媒体化』することを可能にしてくれた。そのため、網状化したコミュニケーション空間を豊かにメンテナンスしていくためのツールにもなりうる[41]」という、荻上のメディア観は少々楽観的であるように思える。なぜなら、携帯電話とインターネットを駆使しつつも、友達関係に悩む子どもたちの姿や、どうしようもない閉塞感を抱え、自尊感情を持てないでいる子どもたちの姿を、私たちは目の当たりにしているからである。

●親密圏に閉塞する子どもたち

土井隆義は『個性を煽られる子どもたち[42]』および『友だち地獄[43]』の中で、現在の子どもたちの間では周囲の友だちとの人間関係に繊細なまでに気を配る「優しい関係」が成立していると指摘している。相手から反感を買わないようにと常に心がけることが学校での日々を生き抜く知恵として強く要求され、子どもたちはかつてよりもはるかに高度で繊細な気配りを営んでいる。この「優しい関係」の重圧、親密な人間関係の濃密化に悩む子どもの姿は、現在、学校の教師たちのほとんどが目の当たりにする風景であろう。子どもたちは常に親密な周囲の人びととつながっていたいと欲求し、かつ、そのつながりを壊さないように繊細な気配りを強いられている。土井は、現在のいじめも、この「優しい関係」の産物であり、子どもたちは自らの存在を安泰なものにするために、かえって関係性の中で互いにすくみあい、その反動として潜在的な集団規範に過剰に同調せざるをえなくなっているのだと指摘している[44]。

携帯電話がとくに若年層のコミュニケーション・ツールとして受け入れられ、単なる「携帯電話」ではない「ケータイ」文化が広まったのは、上記のような、子どもたちの人間関係の濃密化の所産と言ってよいであろう。辻の言う「切り替え指向」も、「つながり指向」と一体となった「べたべたした関係」なのだと、土井は指摘している[45]。したがって、携帯電話は狭い範囲の人間関係における自らの位置を知るための手段として、そして、その場その場でどうふるまうべきかを見極めるための物差しとして用いられているのであり、皮肉なことに、世界へと無限に開かれたネット環境の中で、「彼らのネット・コミュニケーションは、人間関係の範囲を広げるよりも、すでに存在する人間関係の密度をさらに高める方向へ動いている[46]」、というのが土井の指摘である。

メディア空間が子どものコミュニケーションを豊かなものへと発展させるのか、それとも、子どもたちをますます濃密な人間関係の中へと閉塞させていくのか、現時点で明確な結論を出すことはできないが、日々若者世代と向き合う者としての私見を交えて言えば、後者の可能性が高いように思われる。しかし、現段階ではそのような予想よりも、なぜ子どもたちの世界にこのようなコミュニケーションの網状化が生まれてきたのか、なぜ子どもたちはキャラを演じ、使い分けてまでつながることを求めるのか、を問うことが重要であろう。そのためにも、土井の言う「優しい関係」が成立する文化的・社会的背景を検討してみたい。

第3節　メディア空間から見た子どもの自己形成空間

1　生活の美学化という趨勢

メディア空間に典型的に見出すことのできるアイデンティティの多元化、人間関係の濃密化、という子どもたちの変化の背景には、情報・消費社会への社会構造の変化があるという点で、現在多くの論者が一致している。

高橋勝は『文化変容のなかの子ども　経験・他者・関係性[47]』の中で、この変化を社会構造の変化に伴う人間形成のパラダイムの変化として分析している。高橋はまず「人間形成空間」(Menschenbuildungs-raum)、すなわち、「『場所への象徴的な愛着』を中核として成り立ち、人と人、人と自然、人と事物との〈関わり合い〉の糸を通して織り成される空間」に着目し、この社会構造の変化を農耕型社会から工業型社会へ、さらに現在の消費型社会への変化として描き出している。農耕型社会には、共同体の子どもを「小さな村人」「小さな大人」と見立て、大人の仕事に参加し、模倣行為（ドイツ語の見様見真似、模倣行為《ミメーシス》を意味するMimesis、ギリシャ語のμίμησιςを語源とする）を通して「一人前の村人」を形成していく社会的装置が仕組まれていたのに対して、高度経済成長により出現した工業型社会では、「子どもはいまここで役に立つ人間として教育を受けるのではなく、将来の完成体に向けて限りなく開発され続ける」ことになったと指摘している[48]。その結果、ミメーシスの場は急激に解体されるとともに、子どもたちは具体的な「大人」の世界から隔離され、学校に通い、「全人的な発達」という抽象化された「望ましい大人」の理念系をモデルにした「発達」という抽象化された理念の下に教育されるようになった。しかし、一九七〇年代以降、工業型社会は次第に頭打ちとなり、子どもたちの世界に情報・消費社会が浸透しはじめる。とくに一九八〇年代以降、社会生産システムが生産優位から消費優位に移行すると、自由主義経済の自己選択と自己責任を基軸とする社会の中で、子どもは消費行動の最先端を走るようになる[49]。こうして、子どもたちは大人と同様に私的欲望を無限に膨らませた「消費人」として、再び「小さな大人」となる[50]。

高橋はこのような農耕型社会、工業型社会、消費型社会それぞれに支配的な人間形成のパラダイムを〈模倣パラダイム〉、〈開発パラダイム〉、〈自己選択パラダイム〉として特徴づけ、現在の日本の子どもたちの生活の問題点を、工業型社会に代わって消費社会が出現し、「大人」のモデルそのものが多様に拡散する新たな社会状況が出現したたにもかかわらず、学校では、相変わらずこの〈開発パラダイム〉が支配的であるというズレが顕在化してきた点、すなわち子どもたちの人間形成空間が〈開発パラダイム〉と〈自己選択パラダイム〉の二重化という矛盾にさらされている点にみている[51]。

消費型社会の〈自己選択パラダイム〉における生活の中で価値が置かれるのは、千石保の言う「コンサマトリー」(consummatory)であると言えるであろう。千石は『まじめの崩壊[52]』の中で、「そのとき、そのときをエンジョイしようというのが、コンサマトリーである。何かの目標のための手段であることを拒否している、そう考えてもよい。コンサマトリーの対極語はインスツルメント(instrument)である。『道具』とか『手段』と訳される。つまり、何かの目的のためのインスツルメントを拒否し、そのときそのときを楽しく生きようとする。それがコンサマトリーである。やがて、このコンサマトリー自体が日本を風靡するコンセプトになるに違いないだろう[53]」と説明しているが、この千石の予見は現実のものとなっている。今井はこの千石の指摘を引き合いに出しながら、「高度経済成長以後の消費化・情報化の進展の中で、『目的』や『必要』を指向した道具的な行為に代わって、『過程そのもの』や『生の直接的な歓び』を指向する自己充足的な行為に次第に大きな価値が置かれるようになった。このような価値設定がなされる場合の基準を探るとすれば……〈美〉にそれを求める他ないであろう[54]」として、消費型社会がもたらした「そのこと自体」、「そのときそのとき」の充足が重視される状況をゲルハルト・シュルツェの言葉を借りて、「生活の美学化」(Ästhetisierung des Alltagslebens)と呼んでいる[55]。

この生活の美学化という価値志向の変化は一九八四年の臨時教育審議会(臨教審)の設置から現在に至るまでの教

育改革の流れの中にも色濃く反映されているといってよい。周知のように、この教育改革の流れは、文部省（当時）の第一五期中央教育審議会（中教審）答申「二一世紀を展望した我が国の教育の在り方について」において現実的な方向性を決定づけられたのであるが、この答申では押し寄せつつある情報化社会への対応として、「自ら学ぶ意欲」や「社会の変化に主体的に対応できる能力」を目標とし、「生きる力」を育てる「新しい学力観」が打ち出された。「総合的な学習の時間」の新設に典型的に見出せるように、体験の「楽しさ」、「充実感」を重視する、この「新しい学力観」の中には、生活の美学化という趨勢の対応物を見出すことができる[56]。生活の美学化に順応する方向性をもった一九八〇年代からの教育政策の中心となったのは画一的な教育の批判である。この批判に呼応する形で、臨教審の最終答申では、「変化への対応」、「生涯学習社会への移行」とともに「個性重視の原則」が打ち出され、中教審の議論の中では「一人一人の能力・適性に応じた教育の必要性と基本的な考え方」として、「教育は『自分探しの旅』を扶ける営み」という言葉が登場した[57]。

2 「自分探し」という「地獄」

実は、この「自分探し」というキーワードの中に、子どものアイデンティティの多元化、人間関係の濃密化（土井のいう「優しい関係」）が生み出される「状況の根」があると言える。子どもたちが親密圏の中で加速度的に閉塞していくのは、自己のアイデンティティに対する外的な指標がないままに、個性へと煽りたてられているためである、と土井は指摘している。現在の子どもたちは、自己の個性を探索するにあたって、個性を生来的属性として、すなわち自己の内面に固有な実在として感じており、内面からふつふつと湧き上がってくるような、生理感覚的な「自分らしさ」を希求している[58]。土井は、このような子どもたちのアイデンティティ探索の状況を「内的個性志向」と呼んでいるが、内的個性志向においては他者との関係の中で切磋琢磨するような「社会的個性志向」はかえって自己の内面にある純粋な自己を損なうものと感じられ、その結果、学校空間に代表される子どもの公共圏での社会化は効力を失う[59]。子どもたちが自己の内面に求める「自分らしさ」は、公共圏の客観的な根拠を持たず、移ろいやすく、脆弱な生理的感覚を根拠としているために、子どもたちは親密圏の中で、自分と感覚を共有できるような身近な他者にその根拠を求めざるを得ない。しかし、趣味嗜好が多様化している現代では、この他者との感覚の共有によって成り立つ関係もいつ崩れるかわからないために、子どもたちはお互い繊細な注意を払い、この関係を維持しようとする。こうして、ますます子どもたちは親密圏の中に閉塞し、「ヤマアラシのジレンマ」を想起させるような葛藤状態を生きることになっている[60]、というのが土井の描き出す現在の子どもの姿である。

　臨教審が「個性重視の原則」を打ち出す際には、「個性とは何か」が問題となったのであるが、今井が指摘するように、この議論は「他者との比較において個人が認めることができるような差異として『個性』を理解するという方向に落ち着いた」。その結果、「今や若者は、『自己』を探索すること、しかも前もって与えられた『自己』の存在をなんら前提にしえないままに『自己』を探索することを求められているのである[61]」。臨教審から始まる現在の日本の教育界における個性観が、土井のいう「優しい関係」を生み出す状況と同根のもの――生活の美学化という趨勢――であることは明白であろう。この「自分探し」、「個性への煽動」は、臨教審や中教審が作り出したものというよりも、情報・消費社会の一つの帰結——生活の美学化の浸透——と見るべきである。子どもたちはまるで合わせ鏡のような親密な他者への濃密な依存関係の中で自己のアイデンティティをつなぎとめている。しかし、この合わせ鏡は、移ろいやすい多元的で感覚的な「ノリ」によって維持されているに過ぎず、子どもたちは確かな自尊感情を持てずにますます親密な人間関係の中に閉塞していくことになる。今井は、現在の教育政策における「自分探し」と、オウム真理教事件や、若者に人気のあったアニメーション『攻殻機動隊』、『新世紀エヴァンゲリオン』などのサブ・カルチャーの分析を関連づけて、真の自己の探求は「むしろその地獄的な側面をあらわにしている。というのも、求められた自己構成は、『個性』をめぐる議論の帰結が明確にしているように、常に他者に依拠せざるをえないからである62」と述べているが、この「地獄的側面」という強烈な表現も、土井の議論を通して、親密な他者との多元的で濃密な関係に閉塞する、現実の子どもの姿として理解することができるであろう。

おわりに——展望

以上、近年の子どもとメディアの関係をめぐる問題の背景にある、情報・消費社会における子どもの生活世界の変化を見てきた。今後、メディアであふれる現在の生活の中で、子どもたちがどのように育っていくのか、についての検討は、ますます重要になってくるであろう。というのも、インターネット・メディアにおけるコミュニケーション自体も変化していく可能性もあるからである。土井はネット上のコミュニケーションの中ですら「優しい関係」が浸透し、かろうじて確保されてきたアイデンティティをつなぎとめる居場所が子どもたちから失われつつある、という事実を指摘している63。

このようなメディア空間の子どもたちの姿からうかがえる最も大きな問題は、親密圏の中に閉塞する子どもたちに〈他者〉が存在しないことであると筆者は考えている。「優しい関係」の中で出会う他者は、自分と同じ感覚を共有する合わせ鏡のような相手であり、本当の意味での〈他者〉とは言えない。子どもたちの閉塞する関係を拓く〈他者〉となるのは、まず大人の役目であろう。しかし、子どもを管理・統制の下に置き、大人の想定する〈子ども〉像へと囲い込もうとする関わりをすれば、子どもたちはますます大人に背を向け、親密圏に閉塞することになろう。また、だからといって、いまのありのままの子どもを受容するというカウンセリング的な関わりも、子どもたちの閉塞的な関係を拓くことにはなるまい。大人には、子どもの生活世界を公共圏へと拓きながら、大人の考える枠組みに囲い込まずに、子どもたちの自己形成を許容し、発展させるような関わりが求められているのである64。

そのためには、公共圏の中に子どもを位置づけること、高橋が提言するように、子どもを「生活者」の一人として社会の中に位置づけることが重要であろう65。学校という空間に囲い込まれた子どもを、より広い社会の中に位置づけることは、子どものメディア空間の外での生活を充実することにつながると同時に、メディア空間における子どもの生活をも変化させる可能性があると考えられるからである66。［文化変容という大きな動きを背景とした「生活の美学化」という趨勢によって子どもたちのコミュニケーションとアイデンティティにもたらされた「地獄的側面」、すなわち子どもたちの自己形成にもたらされた困難を解消することは一朝一夕にかなうものではないが、］

われわれは、子どものメディア空間も含めた生活世界から発想することによって、拙速な対策ではない、根本的な対応――子どもの自己形成空間の再生――を構想することができるのではないだろうか。

【注】

本章では、引用した著者名の敬称は省略させていただいた。

1 今井康雄（2004）『メディアの教育学「教育」の再定義のために』東京大学出版会、二〇〇四年、一 - 五頁。教育学の議論におけるメディアに関する言説の問題については本章2を参照。

2 今井（2004）七頁。

3 内閣府「第五回情報化社会と青少年に関する意識調査報告書」二〇〇七年一二月。
（概要）http://www8.cao.go.jp/youth/kenkyu/jouhou5/gaiyou.pdf
（全文）http://www8.cao.go.jp/youth/kenkyu/jouhou5/index.html
ちなみに、調査期間は平成十九年三月九日～三月三十日で、調査対象は満十歳から満二十九歳までの男女二、四六八人（①満十歳から満十七歳まで：一、一九一人、②満十八歳から満二十九歳まで：一、二七七人、うち、小学生四～六年生三一九人、中学生一～三年生四五一人、高校生一～三年生三九六人）と、上記①の保護者：一、二四五人を対象に実施された。

4 「第五回情報化社会と青少年に関する意識調査」では一貫して「携帯電話・ＰＨＳ」という表現が使われているが、以後、本章では狭い意味の携帯電話と通信方式の異なるＰＨＳについても、とくに区別せず「携帯電話」と表記することとする。

5 文部科学省の「子どもの携帯電話等の利用に関する調査」（文部科学省：2009）では、小学校六年生の二四・七％、中学校二年生の四五・九％、高等学校二年生の九五・九％が携帯電話を所有しているという。

6　「プロフ」とはウェブ上に自分のプロフィールを紹介できるインターネットサイト、「ブログ」は自分の日記をウェブ上に公開できるインターネットサイトである。基本的にどちらも他人がコメントを書き込む機能をもっており、ウェブ上での不特定多数との接触が可能であることから、ＳＮＳ（Social Networking Service）サイトとしても位置づけることができる。例えば、以下のホームページを参照されたい。

7　文部科学省『ネット上のいじめ』から子どもたちを守るために―見直そう！　ケータイ・ネットの利用のあり方を―子どもを守り育てる体制づくりのための有識者会議まとめ【第二次】」二〇〇八年。http://www.mext.go.jp/b_menu/houdou/20/06/08061612/002.htm

東京都教育庁「ネット・携帯電話に係るトラブル等に関する対応について」二〇〇八年。http://www.kyoiku.metro.tokyo.jp/press/pr081009s.htm#taisaku

8　大多和直樹（1997）「メディアと教育のパラドクス――メディアの教育への導入と悪影響批判の同時進行状況をめぐって――」『東京大学大学院教育学研究科紀要』第三七巻、一九九七年、一〇一―一一一頁、

9　大多和直樹（1997）一〇七頁。

10　大多和直樹（1997）一一〇頁。強調は引用者による。

11　高見広春著の小説。一九九九年太田出版より刊行された。あらすじは、島に集められた四二人の中学生たちに対して、政府から殺しあって最後に残ったものだけを助けるとの絶対的指令が出され、かつての同級生たちが互いに殺しあうというもの。加害女児は自身のホームページ上で「昨日までのクラスメートと殺し合う。生きるためには殺さなければならない現実。誰もが生き残りたいと思っている以上、誰が自分を殺しても不思議ではないという現実。疑惑が疑惑を生み、猜疑心は自分以外の全ての者への殺戮になる」とその世界を説明している（朝日新聞西部本社編（2005）『一一歳の衝動　佐世保同

級生殺害事件』雲母書房、二一五頁)。
12 朝日新聞西部本社(2005)一四七頁以下。
13 浜田寿美男(2005)『子どものリアリティ　学校のバーチャリティ』岩波書店。
14 浜田寿美男(2005)二五頁。
15 浜田寿美男(2005)三八頁以下。
16 例えば、朝日新聞西部本社(2005)や、岡崎勝、保坂展人(2005)『思春期をむかえる子と向き合う　佐世保事件からわたしたちが考えたこと』ジャパンマシニスト社、を参照されたい。
17 浜田寿美男(2005)二九頁および五六頁以下。
18 これらの女児のホームページ上の日記、詩等は朝日新聞西部本社(2005)の「第二部　資料編」に掲載されている。
19 ここで筆者は秋葉原通り魔事件のことを念頭においているが、この事件について考察するのはまたの機会に譲りたいと思う。しかし、本章第3節2の内容がこの事件と関係の深い考察となっていることは読者にご理解いただけると思う。
20 朝日新聞西部本社(2005)一七六頁以下。
21 大多和(1997)一〇八頁。
22 浜田寿美男(2005)九八頁。強調は引用者。
23 浜田寿美男(2005)九八頁。
24 宮台真司(1994)『制服少女たちの選択』講談社、二四三頁以下。
25 高橋勝(2006)『子ども観改革シリーズ№1　情報・消費社会と子ども』明治図書、高橋、三八頁。
26 宮台(1994)二五八頁。

27　「勝手サイト」とは携帯会社の用意するメニューに載っている「公式サイト」以外のことで、いわゆる「学校裏サイト」はすべてこの勝手サイトである。荻上は、最初から危険性を強調して否定的な意味を持たせた「裏サイト」という表現は、かえってネット上での実態を見えにくくする危険を指摘している（荻上（2008）『ネットいじめ　ウェブ社会と終わりなき「キャラ戦争」』ＰＨＰ新書、三一頁以下）。なお、「学校裏サイト」というネーミングは群馬大学情報社会学部教授の下田博次によるものであるが、その経緯については（渋井（2008）『学校裏サイト　進化するネットいじめ』晋遊舎ブラック新書、一四六頁以下）を参照されたい。荻上は下田の取り組みを批判し、学校勝手サイトの特徴と「学校勝手サイトの裏化」を区別して論じる必要性を指摘している（荻上（2008）四九頁および一一八頁以下）。

28　荻上チキ（2008）、二〇一頁。

29　荻上チキ（2008）二〇一頁以下。

30　荻上チキ（2008）二三〇頁。

31　若者のコミュニケーションの実態とアイデンティティの様態についての辻の研究はその後も続いており、二〇〇二年に行ったアンケート調査でも、多元型アイデンティティは従来想定されてきたアイデンティティの拡散や動揺とは区別されるべきものであることがうかがえるという（辻大介（2004）「若者の親子・友人関係とアイデンティティ――一六～一七歳を対象としたアンケート調査の結果から――」関西大学『社会学紀要』第三五巻第二号、一五八頁、また調査の概要については、辻大介（2003）「若者の友人・親子関係とコミュニケーションに関する調査研究概要報告書――首都圏在住の一六～一七歳を対象に」関西大学『社会学紀要』第三四巻第三号参照）。

32　辻大介（2004）一五〇頁以下。

33　荻上（2008）二二三頁。

34 たとえば、「おはよう」を「ぉはょぅ☆」と書く「小文字書き」や「ぉレ£∋↓」と書く「ギャル文字」など、様々なパターンがある。
35 荻上（2008）一九四頁以下。
36 プリクラは子どもにとっての社交ツールとして用いられ、交友関係の管理ツールや独自の紹介ネットワークを構築していた。荻上（2008）一九二頁。
37 荻上（2008）一九九頁。
38 荻上（2008）一九三頁。
39 荻上（2008）二二四頁。
40 今井（2004）二一三頁。
41 荻上（2008）二二四頁。
42 土井（2004）『「個性」を煽られる子どもたち　親密圏の変容を考える』岩波ブックレット No.633。
43 土井（2008）『友だち地獄――「空気を読む」世代のサバイバル』ちくま新書。
44 土井（2004）二〇頁、また、土井（2008）第一章を参照されたい。従来のいじめに関する議論では、このような子どもたちの人間関係の濃密化の意味については語られてこなかった。いじめ研究の古典とも言える森田洋二・清水賢二（1994）『新訂版　いじめ　教室の病い』（金子書房）では、現代型のいじめの特徴として「スティグマの拡大」があげられ、小集団の強制力について言及されているが、この強制力を画一化の圧力として分析しており（森田・清水（1994）二三頁以下）、また、子どもたちの人間関係の小集団化についても言及されているが、子どもの集団帰属が学級関係に一元化されていると同時に、個々の子どもは個別化されており、濃密な人間関係が築けなくなっていると特徴づけている（森田・清水（1994）一三一頁以下）。これらの指摘は画一的な教育に対する批判に大きな影響を与えたが、その背後で子どもたちのアイデンティティの多元化と人間関係の濃密化という、子どもたちの生活世界の変化が進行しつつあることは見過ごされてきたといってよいであろう。

45　土井（2008）一七二頁以下。

46　土井（2008）一五九頁。

47　高橋（2002）『文化変容のなかの子ども　経験・他者・関係性』東信堂。

48　高橋（2002）一二一―一六頁参照。

49　任天堂「ファミリーコンピュータ（通称ファミコン）」の発売が一九八三年、バンダイ「たまごっち」の発売が一九九六年、そして、現在、電子ゲーム産業が日本の産業の主要部門の一つになっていることを想起されたい。一方で、一九九〇年代半ばのコギャル・ブームではルーズソックス、ラルフローレンのカーディガンなどを通じて女子高生が格好の消費のターゲットであったことも記憶に新しい。このような、子ども・若者を消費行動へと煽りたてる動きは、現在のいわゆる「ケータイ文化」へと流れ込んでいる。

50　高橋（2002）二七頁。

51　高橋（2002）一六頁。同様の見解は、例えば、浜田寿美男の前掲書の後半部分にも見られる。学校教育は子どもの生活のリアリティから遊離してヴァーチャルなものになってしまっているにもかかわらず、テストという強制力で子どもの将来を支配しようとしている。この、子どもの生活のリアリティと学校のヴァーチャリティとの齟齬が現在の子どもの生活の最も深刻な問題である、というのが同書のタイトルにも表れている浜田の主張である（浜田　2005：ⅡおよびⅢ参照）。しかし、学校教育空間を「テストクラシー」として描き出す浜田の分析は、学校教育という社会システムを単純化しすぎているし、消費社会における子どもの生活の問題点の分析も構造的に徹底しているとは言いがたい。そのため、浜田は「子どものいま」をどう取り戻すか考え直すべきだ、という課題の指摘にとどまるのであるが、この、「子どものいま」を単純に重視することは、「コンサマトリー」な価値観の中に子どもたちを囲い込んでしまう危険をはらんでいる。浜田もその点については自覚的なのであるが、この危険を回避する方向性を示しているとは言いがたい。つまり、浜田の批判は学校教育批判に終始しているがゆえに、学校化社会を前提としてしまっており、学校化社会という近代的社会構造、およびその基底にある消費社会に囲い込まれた子どもの自己形成空間をどのように再生すべきか、という点まで議論が徹底されているとは言い難いのである。

52 千石保（1991）『「まじめ」の崩壊　平成日本の若者たち』サイマル出版会。

53 千石（1991）四頁。

54 今井（2004）七九頁。なお、ここでの「美」とは、芸術の問題としてだけではなく、カントが趣味判断（Geschmack Urteil）の対象とした、直接的な「目的」や「必要」から切り離されたところに成立するもの、と広く捉えられる必要がある（今井（2004）七九頁）。

55 今井（2004）七七頁以下。また、シュルツェについてはSchulze, Gerhard: Die Erlebnisgesellschaft Kulutursoziologie der Gegenwart, 2. Aufl., Frankfurt/New York, 2005. を参照されたい。なお、第一版は一九九五年に出版された。

56 今井（2004）八四頁。

57 この言葉は第一次答申（一九九六年）では、「教育は、子供たちの『自分さがしの旅』を扶ける営みとも言える」という、やや婉曲的な表現で登場し、第二次答申（一九九七年）では、第1章冒頭で「教育は、『自分さがしの旅』を扶ける営みと言える」と表現されている。筆者はこの言葉を目にした時、その情緒的な表現に戸惑いを覚えたが、この感覚は、教育学研究者の多くが共有するものであったようである（例えば、高橋（2006）五五頁）。

58 土井（2004）二五－三三頁参照。

59 土井（2004）三八頁。

60 土井（2004）四八頁。「ヤマアラシのジレンマ」とは、二匹のヤマアラシが身を寄せ合おうとするが、お互いのハリが体に刺さって相手を傷つけてしまうので二匹は試行錯誤を繰り返し、やっと適切な互いの距離を見出す、というもの。哲学者ショーペンハウアーの寓話に基づいている。アニメーション『新世紀エヴァンゲリオン』（1995）では、中学生である主人公の内面を象徴するものとして、度々この寓話が登場し、同作品の主要モチーフになっているが、この作品が子どもたちの絶大な支持を得てブームになった点からも、土井の言う「優しい関係」による人間関係の濃密化がいかに子どもたちの生活に浸透しているかをうかがい知ることができよう。

61 今井（2004）二五一頁。強調は引用者による。

62 今井（2004）二五一頁。強調は引用者による。

63 ブログ文化の興隆期、フェイス・トゥ・フェイスの関係では建て前でしか自己を表現できず、そのような関係性を「虚構化された現実」としてしか感じられない子ども・若者は、素の自分をさらけ出せる「より現実らしい現実」へと逃避する手段としてインターネットにアクセスし、自己を表現していた。しかし、電子メディアにおけるコミュニケーションの多元化はメディア空間における現実らしさを奪い、インターネットはコミュニケーションの虚構化を推し進めるものとして作用している。その結果、現実世界における「優しい関係」がいまやネット上でも強く求められるようになっていると、土井は指摘している。例えば、リストカットを繰り返す少女たちの掲示板やブログの書き込みには「自分がリストカットを繰り返すのは、周囲の誰が悪いわけでもなく、自分自身が至らないからだ」というような自罰傾向を示す語りが急速に増加しているという。これは、自己肯定感の低さを表すものであると同時に、そのような書き込みしか許されないと感じてしまう彼女たちのマナー意識の反映でもある。そこからは、少女たちが相手に負担をかけない「優しい関係」を営む上で、それが相互に期待された語りであることを自覚しているとともに、自らを守る最善の策であることを熟知していることがうかがえるのである(土井(2008)二二〇頁)。つまり、現実世界における人間関係の多元化と重層化をさらに進める方向にインターネットが機能しはじめている(二一八頁)のである。

64 このような教育関係の可能性について、教育的コミュニケーションにおいては「すれちがい」が不可避であり、この「すれちがい」自体が意味ある過程として現れる場が「教育」なのではないか、として、不透明なものとしてのメディアに着目した教育学の可能性を提起する今井の議論を参照されたい(今井(2004)二八三頁以下)。

65 高橋勝(2006)『子ども観改革シリーズ№1 情報・消費社会と子ども』明治図書、二〇〇六年、一五頁以下。

66 筆者はこの点で、近年の幼児教育と保育の世界で浸透しつつある「子育て支援」の動きの中に可能性の一つを見ている。今後日本は少子・高齢化の進行の中で、家庭・地域・学校(および幼稚園、保育所)が連携して、すなわち、社会全体で子どもを育てる方向へと進んでいくことが予想される。その中には、子どもを社会の欠くことのできない一部として考える発想も含まれている。もちろん、この動きの中に子どもを乳幼児期から管理・統制しようとする眼差しがますます浸透してしまう危険もある。しかし、学校や保育機関の空間に止まらない、地域、社会の広がりの中に子どもの居場所を広げる試みが展開されることによって、子どもの生活世界を機能主義的な統制から解放する可能性がある。現在、子育て支援の現場では、主に保育機関と保護者との連携のあり方が議論の中心となっているが、保育機関には、地域の子育てのコーディネーターとしての機能も期待されており、今後、地域との連携のあり方についての議論が活発化することが期待されるし、学齢期の子どもに対しても同様の議論が展開されていくべきであろう。

【引用文献】

・朝日新聞西部本社編『一一歳の衝動　佐世保同級生殺害事件』雲母書房、二〇〇五年。
・今井康雄（2004）『メディアの教育学　「教育」の再定義のために』東京大学出版会。
・大多和直樹、北田暁大編著『リーディングス　日本の教育と社会⑩　子どもとニューメディア』日本図書センター、二〇〇七年。
・岡崎勝、保坂展人編著『思春期をむかえる子と向き合う　佐世保事件からわたしたちが考えたこと』ジャパンマシニスト社、二〇〇五年。
・荻上チキ『ネットいじめ　ウェブ社会と終わりなき「キャラ戦争」』ＰＨＰ新書、二〇〇八年。
・渋井哲也『学校裏サイト　進化するネットいじめ』晋遊舎ブラック新書、二〇〇八年。
・千石保『「まじめ」の崩壊　平成日本の若者たち』サイマル出版会、一九九一年。
・高橋勝『文化変容のなかの子ども　経験・他者・関係性』東信堂、二〇〇二年。
・高橋勝『子ども観改革シリーズNo.1　情報・消費社会と子ども』明治図書、二〇〇六年。
・辻大介「第1章　若者のコミュニケーションの変容と新しいメディア」橋元良明、船津衛編『シリーズ情報環境と社会心理3　子ども・青少年とコミュニケーション』北樹出版、一九九九年、一一-二七頁（現在は大多和直樹、北田暁大編著『リーディングス　日本の教育と社会⑩　子どもとニューメディア』二七六-二八九頁に所収）。
・辻大介「若者の友人・親子関係とコミュニケーションに関する調査研究概要報告書――首都圏在住の一六〜一七歳を対象に――」関西大学『社会学紀要』第三四巻第三号、二〇〇三年。
・辻大介「若者の親子・友人関係とアイデンティティ――一六〜一七歳を対象としたアンケート調査の結果から――」関西大

学『社会学紀要』第三五巻第二号、二〇〇四年。
・土井隆義『「個性」を煽られる子どもたち　親密圏の変容を考える』岩波ブックレット№633、二〇〇四年。
・土井隆義『友だち地獄――「空気を読む」世代のサバイバル』ちくま新書、二〇〇八年。
・戸塚滝登『コンピュータ教育の銀河』晩成書房、一九九五年。
・内閣府「第五回情報化社会と青少年に関する意識調査報告書」二〇〇七年一二月。
（概要）http://www8.cao.go.jp/youth/kenkyu/jouhou5/gaiyou.pdf
（全文）http://www8.cao.go.jp/youth/kenkyu/jouhou5/index.html
・浜田寿美男『子どものリアリティ　学校のバーチャリティ』岩波書店、二〇〇五年。
・宮台真司『制服少女たちの選択』講談社、一九九四年。
・森田洋二、清水賢二『新訂版　いじめ　教室の病い』金子書房、一九九四。
・文部科学省「子どもの携帯電話等の利用に関する調査」二〇〇九年五月一五日。http://www.mext.go.jp/b_menu/houdou/21/05/attach/1266542.htm
・文部省、中央審議会「二一世紀を展望した我が国の教育の在り方について」
（第一次答申：一九九六年）http://www.mext.go.jp/b_menu/shingi/12/chuuou/toushin/960701.htm
（第二次答申：一九九七年）http://www.mext.go.jp/b_menu/shingi/12/chuuou/toushin/970606.htm

第3章　グローバル社会と若者の傷つきやすさ

――看護学生の経験が生成される臨床の場から見えてきたこと

前川　幸子

はじめに――時代の変貌と、かかわることの原点

科学技術および情報化社会の発展は、情報と経済のグローバル化を促進し、瞬時に地球を網目状につなげる多様で複雑な情報の流通を可能にした。利便性が高く合理的なインターネット社会が作り出したのは、眼前には居ないが、しかし確かに存在する不特定多数の人びとやことがらとの交流である。その世界では、直接対面しなくとも、「ひとりではない」「つながっている」という感覚が味わえる。一方で、自分の空いた時間に自分のペースを崩すことなく相手と交流でき、また相手に応じることが嫌になれば独断でその交流を断つことができるという簡便性がある。そのため、交流が途絶したときには、つい先ほどまであった「ひとりではない」という感覚は、一瞬にして「孤立感」や「絶望感」へと変貌する。そしてまた、新たなつながりを求めて、交流を始めることになる。このように自ら交

流を開始し、放棄することができる関係のとり方は、容易で合理的だが、相手をモノ化し操作の対象とする危険性を孕んでいるともいえる。

翻り、わたしたちが実際に人とかかわるときはどうだろう。その人の状況を配慮し、場の空気を読み、話す間《ま》を伺いながら関係を生成していく。その道程において、曲がり道や窪んだ路面を歩むたび、関係を生きることの閉塞感を味わったり、孤独を感じたり、身体を閉ざしたりすることもある。しかし、わたしたちはそれを乗り越えることで、自己の可能性が拓かれていくことも了解している。

わたしたちは関係をつくる新たなツールを得たことは確かであるが、基本的に人と関わるということは、自分が傷つくかもしれないし、傷つけてしまうかもしれないというリスクを負っていることに変わりはない。それでもなお、私たちが関わりを求めるのは、普遍的価値観が崩壊し大きな物語が過去となった現代社会において、自己存在の根拠を他者との関わりにおくことで、自己が漸く浮き彫りになることを、経験的に知っているからである。

このような日常は、グローバルな視点から見れば極めて些細なこととして扱われ、その出来事は零れ落ちてしまうことが多い。しかし、グローバルな視点はパーソナルな視点を含みつつその世界を成り立たせているのであり、生活世界がないグローバリゼーションは存在しない。すなわち両者は対極に位置するのではなく、わたしたちの生きられる世界は、グローバル化した社会と完全に切り離されているわけではないのである。

社会における多様なかかわりの中で、わたしたちの体験される空間は生成され、意味空間が形成される。その空間とは、自己の身体を基点にした生きられる空間であり、わたしの身体は、他者の身体をも含みこんだ空間に絶えず働きかけると同時に、空間もまた、わたしに働きかけてくる。その意味で人が空間を作り、空間もまた人をつくるといえよう。情報化社会の中にいる若者たちは、身体を介さない空間、すなわちその場に身を置かず、ヴァーチャルとしての空間を持つこともあり得る。その場合、その空間が身体との相互浸透的な関係であることは難しい。なぜならば、その空間に働きかけるわたしの身体が不在なため、人やことがらと出会う具体的な関係世界が派生しないからである。直接的な関わりでは、理解し合うほどに相互は異質な存在として了解し、操作不可能な他者であることを実感せざるを得なくなる。その過程で重要な役割を果たすのは、身体の表情といえよう。その人への思いや意思は、言葉の音色、身ぶり、手の表情、振る舞いなどに載せて届けるため、記号化した内容だけでなく、その人への「情感」を差し向けることができる。

社会のグローバル化は、科学技術が可能にした緊密性と、市場が必然にした世界化との結合[1]であり、包括的で均質化の体をなす技術を媒介にした規格の世界が、市場という流れの中で空間的な同質性を生んでいる。直接的な関わりあいの喪失と、人工空間の浸透、そしてデジタル化されたメディア空間。これが現代の子どもや若者に特有な、経験の母胎となっている。しかし、このようなグローバル社会の中にあっても、自己形成空間の原点は、身体を介した関わりの中にあると思うのである。

そこで本論では、身体を介して他者や空間に働きかける場としての「臨床」に着目していくことにする。臨床という場では、わたしと他者との直接的な交流が前提であり、且つその身体は相互浸透的な関係から逃げることができない。なぜなら他者は、自己と切り離された別個の存在としてあるのではなく、ただ一つの全体においての系の部分としてあることを意味しているからである[2]。身体固有の始原的な次元の存在から、まずわれわれの存在の在り方を問い直すこと。そのまなざしの延長線上に、わたしをめぐる自己形成空間の原点を見出すことを試みるものである。

第1節　臨床という「場」に引き寄せられる人たち

わたしたちは、様々な人、もの、ことがらとの関わりを通して、受苦的存在としての自己を受け容れていく。例えば、人生において必然ともいえる「病む」という経験もそのひとつであろう。誰もが避けることのできない出来事とわかってはいながらも、実際にその当事者となってみれば、「なぜ、わたしに病いが襲い掛かるのか」、それは「なぜ、今なのか」、「なぜ、わたしを苦しめるのか」、「なぜ、わたしでなければならないのか」。理不尽とも言える出来事の到来は、こうした閉鎖的な問いかけによってわたしの身体を支配しはじめる。「もしかしたら、何かの間違いかもしれない」。祈りにも似た思いは、しかし、「痛み」という実感によって病む身体という現実から逃がしてはくれない。この現実は、これまでの日常が断絶されたかのような感覚に陥らせ、もはや非日常と化してしまった身体がわたしを包囲してしまうのである。

病むという経験は、人が生まれ、老い、病み、そして死を迎えるという、わたしたちが生きる自然ないとなみである。しかし、その原風景は科学技術の進歩に伴い、日常から限定された場所に移されていった。病む人は病院へ、老いた人は老人ホームへと社会から遮断される形で場所が移され、いつしか特別なことがらとしてその姿を変容させていったのである。

その非日常的な空間に身を置く人たち、つまり病む人と向き合い、老いていく人と共にある人たちがいる。病み、衰え、死に逝くその現実の最中《さなか》に在る人びとを、支える側として期待されている医療の現場に居る人たちである。医師や看護師は、患者を「支えること」を期待されているわけだが、「病むこと」「衰えること」「死を迎えること」に慣れた人びとであるのかといえば、そうではない。それまで見知らぬ人であっても、その人と「出会って」しまえば、普通名詞で括られる「患者」から、眼前に在る固有名詞の「意味ある人」として、わたしの中に位置づくようになる。病むその人は、生きることを切望しながらも、病いに抗《あらが》うことのできない現実に立ち向かっている。看護師は、その人の痛みを「同じようにわかることはできない」ことを前提としながらも、その人と「共にある」ことからしか看護が始まらないことを知っている。看護師のその姿は、周囲から見れば病む人を支えているように映るかもしれない。果たして渦中の看護師は、病む人と関わることをどのように経験しているのだろうか。

看護師の参与観察を行った看護社会学者N. James（1989）は、死を迎えようとしている人やその家族から求められる看護師の感情ワーク[3]は、肉体労働や技術的な労働と同じくらいハードな場合があることを指摘し、「（看護師の）感情の管理には生産的な仕事という意味での労働に含まれる内容が多く存在する。しかもまた、困難で努力を要し、ときに痛みを伴うという意味での労働でもある。それは単なる決まったセリフのやりとりにとどまらず、働き手が自分自身の何かを（相手に）与えることを要求する[4]。」と述べた。看護師と同じく医療現場にいる六〇歳を過ぎたある医師は、「夜になって、考えはじめるわけです。……中略……個々人の悲劇の現実や自分の行為の社会的な影響が、複雑にからみあって、治療者の敏感な心を脅かすのです。夜半過ぎには、職業的な防御装置はもうありません。とても孤独で、傷つきやすい気持ちです5。」と語っている。このように、深い悲しみ、怒り、喪失を見守ることを求められている医療者たちの、疲弊《ひへい》し、傷つきながらも病む人と共に在ろうとする姿がそこにある。

看護師は、病む人の苦痛を受け取るほどに、苦悩し、涙が止まらず悲嘆にくれることがある。その人の苦痛は、何とかならないものかと思案し続けることもある。その人が回復の途を辿れば喜び、逆に人生の幕を下ろしたときには絶望感に襲われもするし、もっと出来ることはなかったのだろうかと無力感に打ちのめされたりもする。こうした傷つきやすさを孕みつつも、それでもなお看護師は臨床へと身体が向き、その場に臨んでいく。これほどまでに看護師を引き寄せる臨床とは、どのような力があるのだろうか。

それを読み解いていく端緒を、看護学実習を経験した看護学生の姿に求めてみようと思う。ここで看護学生に着目するのは、看護師は臨床という日常化した住まう場所にすでに馴染んでしまっている感覚を持ち合わせているからである。看護師が当初抱いていた臨床という場への感覚は、その場に馴染む過程の中で忘れ去られてしまったり、意識下に追いやられてしまうことがある。しかし、その場に馴染んでいない看護学生の臨床現場への視点は、看護師が経験を積む中で見て見ぬ振りをしてきたこと、抑圧してきたこと、その時期だからこそ病人との間で取り結んでいたことがいったい何であったのか、意識の奥底に追いやっている事柄が何であるのかに気づく機会を与えてくれる6かもしれない。

第2節　ある看護学生の経験――初めての看護学実習

三ヶ月前まで高校生活を送っていたAさんは、看護系大学一年生（一八歳・女性）である。Aさんの初めての看護学実習は一年次前期の四日間の実習で、市井の病院で行われた。この時期の学生は、教養科目しか学んでおらず、看護の専門科目は履修していない。学生が看護の専門科目を学ぶ前に病院に赴くのは、「看護」を如何に実践するのかという以前に、「患者」であるその人が、「病院」という場所でどのように生活を営んでいるのかを理解するためである。学生は、病院という場所で生活する患者の姿を、実際に見て聞いて感じることを起点に、その人を知り理解していく。そして患者とのコミュニケーションを中心にした直接的なかかわりを体験的に学びながら、人が「生きること」「病むこと」について熟考する。

看護を専門的に学んでいない学生の大半は、「何もわからないわたしが、患者さんの傍に行ってもよいのだろうか」「患者さんや看護師さんの邪魔にはならないだろうか」。そんな思いを抱えながら実習に臨む。その中のひとりであるAさんは、実習で、ある患者と出会った。

1　河童を飼っている患者との出会い

Aさんが受け持った患者は、木村さん（仮称）という七〇歳代の女性で、脳血管障害のために軽度の認知障害と左半身麻痺があり、自立に向けてリハビリテーションを行っている人だった。Aさんは実習初日に、木村さんと話をしていく中で、戸惑う出来事があったことを次のように語った。

「初めから、木村さんの勘違いというか……、現実には無いことを話されて。木村さんが、『わたし、今日、川で河童を捕まえたの』『おじいちゃんの家で飼っているのよ』って。それを普通に言われたんです。わたし、『木村さん、なに言ってるんだろう』って。だって、河童なんていないのに、なんでそんなことを言うのか、って。わたし、それを聞いて、『そんなこと、あるわけないじゃないですか』って言いそうになったんですけど、木村さん、真顔でわたしに話してくれていて……。（木村さんが）嘘を言っているとは思えなかったんです。だからそれを否定するのは、患者さんを否定するように思えて、『それはしてはいけない』って思ったんです。たとえそれ（河童の話）が本当のことじゃなくても、わたしは、『ちゃんと聞かなくちゃいけない』と思ったんですね。でも、わたしが実際、認知症の人と話しをしたことがなかったんで、このまま聞いていても良いのか、どうしたらいいのかわからなくって……、迷ってばかりで……。（中略）……とにかく木村さんの話を聞こうとしたんです。なんか、……（木村さんを）もっと知ってからでないと、この人を知らないと、何もわからないと思ったんですよ。だから、『うん、うん』って、一応、頷きながら聞いているんだけど、わたし、『どうしよう、どうしよう』っていう気持ちもあって……。わたし、木村さんの話を聞いているようで、結局聴いていなかったんです。（話を聞き）流していたっていう感じです。」

想像上の生物といわれる「河童」の話を耳にして、Aさんは木村さんにどう答えればよいのかわからない。しかし、木村さんを見ると、「河童を捕まえて飼っている」ということがあたかも普通にあったように、嬉しそうに話している。その話は現実的にはありえないのだが、木村さんは真顔で、しかも「わたしに向かって」話しており偽りを言っているようには聞こえない。その姿からAさんは、「それを否定するのは、患者さんを否定する」ように思えて、とにかく木村さんの言葉を受け止めようと試みた。しかし、やはりAさんの中で「木村さん、なにを言っているんだろう」という思いは払拭できない。こうしてAさんは、絶えず揺れ動きながらAさん自身に生じた〝違和感〟を自覚していった。

翌日（実習二日目）になると、木村さんから河童の話が出てくることは無かった。「河童の話は、突然思い浮かんだ話だったのかもしれない」。Aさんはそう思った、と加えた。

2　つながっていた現実

実習三日目の朝、Aさんは木村さんから、ある出来事を告げられた。

「（Aさんが朝ベッドサイドに行くと）木村さんが、すごい悲しそうな顔をして『河童が死んじゃったのよ……。』『河童、一緒に川に埋めに行ってくれる？』って。そのときは、びっくりしたんですよね。『あ……、河童の話の続き、あるんだ……』ってすごい驚いて……。木村さんの中で、河童の話、ずっとつながっていたんですよ。」

Aさんは、「このときの会話が印象的だった」と振り返っている。

「その時、(死んでしまった河童を埋めるのに) どこの川がいいかしら、みたいな話になって。『やっぱり、生まれたところの川がいいわよね』って木村さんが言って。なんか、そこでわたし、木村さんの人間性をみたというか……。生まれた川に返してあげようと思うなんて、すごい優しい人だなぁって思って。」

さらにAさんは、「会話って、話す内容がどれだけ正しいか、とか、話す内容がわかるかで相手に伝わるのではなくって、もちろんそれも大切なんだけど、その人の人間性がみえてくるっていうか、言葉だけではなくって、人間性みたいなことが (相手に) 伝わるのが、会話なんだっていうことに気づかされました」と語った。

それは、これまでAさんが、木村さんという患者が話すことの何が事実で、何が事実ではないのかという判別に自分の関心があったことを自覚した瞬間でもあった。もはやAさんには、木村さんの話していることは事実なのか、そうではないのか、という評価の視線は消失していた。

3　その人の人生が散りばめられている経験世界

Aさんは、「今まで勝手に、木村さんを捉えていたことに気付かされたんです」と語った。

「わたしはこれまで、木村さんが言うことは唐突で、単発にポンと出てくることが特徴だと思いかけていました。でも、もしかしたら、木村さんの話しのひとつひとつに、木村さんの大切なこととか、好きだったこととかが、散りばめられているのかもしれないと思ったんです。木村さんの話の中に、木村さんの人生があるような……。だからやっぱりそれを否定してはいけないって。」

Aさんが語る「それ」とは、木村さんの生活世界に他ならない。つまり、木村さんの「今」を彩る世界は、木村さんの人生を指すのであり、Aさんは、木村さんの「今」を原点に、それに応接するように木村さんのこれまでを含みこみ、その姿をみつめようとしていた。さらにAさんは、河童が再び登場したことによって、「気がついたら、木村さんがつながって」自分の前に現れたことも述べていた。そのつながりとは、「今、ここで」の木村さんの表現は、唐突で単発なことがらなのではなく、木村さんのこれまでの人生経験に拠っていることかもしれない、ということであった。

その日の午後、木村さんはAさんに、「わたし、交通事故にあって身体がこんな風（左半身麻痺）になってしまったのよ」と話した。Aさんは、看護師から、木村さんは自宅で、脳卒中で倒れたことを聞いていた。しかし、「なぜ木村さんは、交通事故だと話すのだろう」。その疑問を看護師に伝えると、看護師は次のように答えたという。「木村さん、これまでずっとサスペンスドラマが好きだったんですって。今もそうでしょう。だから、もしかしたら(自分の状態と)ドラマの世界と一緒になっちゃったのかもしれないわね、ほら、良くドラマで交通事故のシーンとか出てくるから」。

「そうか……、そうかもしれない」。Aさんは、素直にそう思えたという。木村さんが生きる世界が確かにある。そう感じとったAさんは、「木村さんが生きる世界」へと関心を寄せ始めていた。それは架空の世界ではなく、「これまで木村さんが辿ってきた人生と関連がある」木村さんの経験世界があるということにも、Aさんは気づき始めていた。

Aさんの、木村さんに対する関心の寄せ方は、身を乗り出して木村さんと向き合おうとしたり、自己中心的に出来事を関連付けるというような操作的な仕方ではなかった。あえて自分が木村さんのことがらをつなげようとせずとも、ことがらが自然とつながっていく。それは、例えば〝河童の死〟という木村さんの告白を通して、その人の世界の成り立ちがAさんの前に現れる、といったように。同時にAさんにとっては、自分が木村さんと同じ場に在って木村さんが見ている風景を垣間見、その世界を感受しているという自己への覚知だったのかもしれない。

「河童の死」という出来事は、木村さんにとっては何らかの象徴との惜別の瞬間であり、Aさんにとっては、木村さんが、木村さんという輪郭《りんかく》を持った他者として映し出されてきた瞬間ではなかっただろうか。それは、Aさんがこれまで抱えていた孤立した困惑が砕かれたことを意味し、木村さんとの新たな相互的地平として見え始めているようだった。

このことを契機に、Aさんは木村さんの人生を紐解く糸口が見えるようになっていく。そして木村さんの浮遊していたことがらが、Aさんという織り手によって編まれていくことになる。

4　唐突な言葉から木村さんの〝ストーリー〟へ

実習最終日、木村さんはリハビリ室の一角に設置してある流し台で、食器を洗う練習を行っていた。木村さんの身体は、麻痺側の左側に少し傾いて、シンクに身体を任せながら立っている。下垂した左手は思うように動かず、右手でスポンジに水を浸し、食器用洗剤で泡立ててお皿を一枚、また一枚と丁寧に、しかし手際よく洗い濯いでいく様子を、Aさんは木村さんの横に一緒に立って見ていた。それを終えた木村さんに気づいた医療スタッフは、木村さんの後ろ側から「木村さん洗い終えましたね、こっちに戻って来てください、次の練習をしますよ」と声をかけた。しかし木村さんはその声に振り向きもせず、食器を置いたあと腰を少しかがめてシンクを磨き始めた。それはリハビリメニューには無い行動だった。担当者はもう一度声をかけたのだが、木村さんは振り向くことがなかったという。その場に居たAさんは、次のように語っている。

「シンクを洗い始めたとき、木村さん、昔、専業主婦だった（と話してくれた）ことを思い出しました。シンクを磨いている木村さんを見て、いつもお家では食器を洗い終えた後、ああやって磨いていたんだろうなって。……（中略）……記憶が混乱したり、認知の障害があったとしても、その人の性格とか習慣とかそういったことは、消えないんだなあって思いました。」

木村さんの姿は、一見すると「呼んでも応えない人」、あるいは「現状に対する認識が混乱している人」として映るかも知れない。しかしその行動は、木村さんが専業主婦であったという人生の来歴がそうさせている。Aさんが唐突とさえ受け止められた木村さんの「今」の言動から浮上してきたのは、木村さんの人生の一片だった。木村さんの「今」を原点に、その一片のひとつひとつが自ずと融合していき、Aさんの中で木村さんの人生という文脈が前景化されたようだった。

Aさんは、「患者さんが、今話すことは、患者さんのこれまで生きてきた背景っていうのが関係していたりするんだなっていうのが、ちょっとずつ分かってきたんですね。それは少しなのかもしれないけれど、気づいたらつながっていることが分かった感じがしてきました」と語った。木村さんの行為には意味がある。そのつながりは、これまでの生活や経験であることが、Aさんに見えてきたようだった。続けてAさんは、「それからは、木村さんの発見だらけという感じなんです」と笑顔で語った。

Aさんは、木村さんとの出会いを次のように述べている。「わたし、はじめは自分の偏見みたいなものがあったと思うんですよ。(認知症の)この人に言っても伝わらないんじゃないかって」。これまでAさんは、認知症を患った木村さんの話す内容は、正しいのか間違っているのかにこだわっていた。Aさんは、自分の経験世界から見出した枠組みに疑いを持つことなく相手をその規準に照らし合わせることで、その人を理解することを試みていたわけである。それを自覚してしまった自分を称して、そのような表現となったようだった。何に対する自覚であるかといえば、自分の見方、感じ方という感受性への自覚であり、それは木村さんという存在によって浮き彫りになったのだった。

第3節　患者をまなざす行方

Aさんの語りから見えてきた、臨床という「場」の風景、そして「関わる」ということを踏まえて、ここでは医療者の患者に対するまなざしについてみていくことにする。Aさんは木村さんと出会った当初、「実際、認知症の人と話しをしたことがなかった」ので、木村さんがよくわからなかったと話していた。このことから、Aさんの中で木村さんは「認知症の患者」という認識があったことが伺える。しかし、もしAさんが木村さんを「認知症患者」という括りで捉え続けていたら、患者から発せられた問いは持ち続けられただろうか。患者の言動は脳血管障害に拠るものであるという因果論で結びつければ、木村さんは「現実が時折混乱する人」以外の解釈の広がりはなかったかもしれない。

1　因果論では見出せない問い

Aさんは、木村さんの話している内容と、木村さんの真剣な態度から生じる不一致という感覚、その違和感にこだわっていた。それはAさんが、木村さんという患者の言動を、疾患モデルに当て嵌めることなく、「ひとりの人」として出会ったからこそ芽生えたこだわりだったといえる。その時のAさんのこだわりともいえる関心は、木村さんの言動を引き起こした原因としての疾患ではなく、木村さんが「わたし」に伝えようとしていることとは何か、そしてそれを受け取るにはどうしたら良いのか、という、ここにおいて本来的に生起しているのは何か7、という問いであった。

患者と向き合ったとき、その人の経験世界を一方的にみつめること、例えば相手を対象化し、分析する視点だけで解釈しようとすることは、Aさんの言葉を借りれば、「その人を否定するかのような経験」に陥る危険性があるといえよう。確かに医療では、患者に生じている症状を分析しその原因を突き止め、診断名を明らかにすること、そのうえで治療の方向性を決定していくことは重要であり、その視線を欠くことはできない。その視線で書かれた医学等の専門書に目を向ければ、症状や疾患、診断基準について詳細に記載しており、極めて分析的に説明されている。それとは対照的に、患者となった経験や病むことの苦悩、日常から離れることの辛さについて述べられることはなく、それとは距離を隔している。閉ざされた身体の成立を促すのは、医学モデル（疾患モデル）が身体に対するその他の見方を許容する余地をほとんど持ちえないことを示している。あえて、病む人の当事者性、その人の主観的経験を合理化し収束したからこそ、近代医学は発展し、現代医療の可能性を拡大させたのである。

他方、医療者が因果論的に患者に注ぐ視線の前に、患者という「他者」は現れるのだろうか。これらの視線の延長線上に病む人がどのように現れるのか、加えて病む人に向き合う自己とはどのように現れるのだろうか、という問いが浮んでくる。視線の行き先は、時間の流れの中で関係の変化を伴うため、もちろん固定的に議論できるものではない。しかし、わたしという主体が、患者という他者を客体化させ、観察可能な対象者として規定する態度において、他者はわたしの認識的関心の操作対象としてのみ存在することになる。そこには、視線をおくる医療者と、視線をおくられている患者、という役割のもとに生じた権威的な関係しかないのであり、双方が交叉することはない。それはM・ブーバーが指摘した「我とそれ」という操作的関係が見え隠れする。

では、木村さんの言動にこだわったAさんはどうだったのか。実習最終日、木村さんは、食器を洗い終えた後シンクを磨き始めるという行動をとった。このときAさんは、障害を負う前の木村さんのそれまでの日常へと思いを巡らせていく。「専業主婦だった木村さん」、「食器を洗った後に、シンクを磨く習慣があった木村さん」。Aさんは木村さんと共に過ごす時間と空間の重なりの中で、木村さんが木村さんたり得ることとして、見えはじめたのだった。それは、木村さんが変化したのではない。これまでも同じように、木村さんはAさんの前に姿を現わし、そしてAさんにかかわっていた。しかしAさんには、「少しおかしなことを言う木村さん」が前景化してしまい、Aさんのかかわりを受け止められずにいたのである。それでも木村さんは、これまでと変わらずAさんの前に姿を現わすという形でかかわることをやめず、Aさんに対峙《たいじ》したのだった。木村さんのAさんへの変わらぬかかわりによって、Aさんは木村さんの表現を受け取り、意味へと紡いでいくいとなみがなされていたことが伺えた。

木村さんが、自宅で脳卒中で倒れたにもかかわらず「交通事故に遭ってこのような身体になった」と話す理由を、Aさんや看護師が「サスペンスドラマが好きだったからかもしれない」と思うこと、また、シンクを磨く木村さんの姿に、専業主婦であった木村さんの習慣を読み取ることは、看護師（看護学生）の主観であり、根拠のない臆見に過ぎない、という見方があるかもしれない。しかし、木村さんのこれまでの生活を根拠として、「今、ここで」の木村さんの言動を看て取ることは、果たして看護師（看護学生のAさん）の思い込みと言い切れるだろうか。それらは、看護師（看護学生のAさん）が、患者との関わりの中で得たことである。看護師（看護学生のAさん）と木村さんという他者の経験の交差点で、それら諸経験のからみ合いによって現れてくる意味8、そこで交差する地平において現れた木村さんの生活世界とは、相互の経験が浸透し融合された世界といえよう。

看護師にとって現場での習慣化は、自己存在を無自覚にさせ、自身を強者に据えてしまう危険性がある。それは個別的で独自性のある患者を、疾患名で区分するなどのモノ化した操作可能な存在として認識してしまうことを意味する。その視線の行き先には、固有の生活をもった生きる主体としての患者は、看護師の視界に入り網膜にその像を結んでも、看護師の前には存在し得ない。看護師にとって患者が存在するとは、その声に耳を傾けているか、その声はわたしたちに何を伝えようとしているのか、ということに関心を寄せることである。

看護師は患者にとっての「善いこと」、「最善のこと」を目指しているつもりが、いつの間にか看護師にとっての最善、つまり自分は何ができるのかということがらに移行することがある。それは患者を操作的関係に押しやることで、強者の論理だけが通用する閉鎖的な回路に自己を追いやることにもなる。その結果として、生きる主体としての「その人」を見失うことすら、あるのである。

第4節　「他者」の現れと「自己」の出現

看護師が、患者との関係について説明するとき、患者という人がいて看護ができる、看護師としていられる、と言うことがある。それは、患者と看護師の関係が相互補完的であることを意味するものだが、そもそも〝看護〟という営みとは、どのようなことがらなのだろうか。

看護とは、科学的思考が生まれる以前から、人間本来が持つ配慮的行為（ケア）として存在する極めて日常的な人間の実践である。例えば、母親がいつもとは違う子どもの様子に気づき、とっさに手をあてて発熱を感じ取り、常識的な判断のもとに対処していく行為は、看護の象徴的な姿として映る。では、これらの日常的な看護といわれる行為と、専門職である看護師の看護行為とは、どのような差異があるのだろうか。

看護師の場合、その人の異変を察知する根底に、これまでの看護の経験に裏づけられた知識や科学的根拠があり、必要な事態に即応するかたちで看護行為へと移行させていく。看護行為は、看護師が患者に対して行う能動的な援助行為と見受けられがちだが、その前提には病む人を受け止める受動的行為がある。その人の状態を受け止めつつかかわるという看護行為には、看護師の直観的な理解力や判断力が求められるわけである。したがって看護とは、その人を分析的で合理的に判断するというよりは、むしろ大局を見通した洞察力に近い、看護師の感覚に裏付けられているといえる。このように看護師が看護の専門家であり得るのは、専門的な知識や技術を如何に保有しているかではなく、看護が必要な状況に直面したときに、看護師の経験において専門的な知識や技術がその人との関係の中で立ち現れてくることといえる。

先に、看護が病む人を受け止める受動的行為であると共に能動的行為であることを示したが、それは、看護が被るところの主体性としての受動性があること、すなわち受動的な仕方で主体的なこととしての看護が生起するということを意味する。受動性とは、相手の話を傾聴するとか、相手を受け入れるといった看護師の「態度」ではなく、存在の自歩を固めつつ、自己定立的に主体としてのわたしが出現する以前のわたしの在りかたなのである。それは、他者である患者の呼びかけが確かにあるのであって、その応答として、看護師であるわたしの出現が許されることになる。例えば、目の前の患者と話している看護師が、隣のベッドから注がれる視線に促されてその人の視線以上のことがらを察知して応えるということ。咳き込む患者を見たときに、咄嗟にその人の背中を擦るという行為が促されること。このように、誰かに見つめられているということ、その姿が訴えていること、あるいは近さとしてしか感じえない接近においても、看護師への呼びかけに他ならない。いずれも、他者の呼びかけによって、はじめて「他者の他者としての自己」という在り方が与えられる。しかも呼びかける他者は、出会ってしまった「わたし」へと、声なき声を響かせる。

他者としての患者は、看護師としての「わたし」に生命を吹き込むのであって、「わたし」が独自にそこに在ることはできない。したがって、患者によって見出される「看護師」という存在に他ならないのである。

1　木村さんという他者の現れ

ところでAさんは、木村さんという他者とどのように出会ったのだろうか。Aさんは、患者から、嬉しそうに、そして真面目に、実在しない「河童」を飼っている、という話をされた。当初Aさんは、自身の現実を規準にしながら、患者が話すことの何が事実で何が事実ではないのかという話の内容を評価していた。さらにAさんは、そのように話す患者に対し、「どんな言葉を返せばよいのか」という、自己の関心にも縛られていた。その関心の強さが事象を見る枠組みと化してしまい、Aさんは目の前にある木村さんを見出だすことができない。このときのAさんにとって患者は、「実在しないことを言う人」としか認識されていなかった。つまり、この時期のAさんには、「他者」としての木村さんが不在だったことが伺える。

他方でAさんは、〝違和感〟という感覚が身体に残っていく。患者の言葉は、「現実とはかけ離れている」。しかし、自分に向けられる木村さんの表情は真剣で、とても「嘘を言っているようには思えない」。Aさんの前に呈する木村さんという人、その身体からあらわれてくる表情は、その人から発せられた言語以上のことを自分に伝えているように感じ取れるようにも思える。Aさんが木村さんに対して抱く現実離れしている人という認識と、木村さんの真剣なまなざしによって与えられる認識以前の感覚の狭間で生じる不一致。そのちぐはぐな感覚が、自分の身体に残った違和感となったようだった。

次第にAさんは、自己の問いを変容させていく。Aさんは、これまで「なぜこの人は、そういうことを言うのか」「この人は、わたしにどうしてほしいのか」など、自分を木村さんが生きられる世界の外側に置きながら、木村さんを眺め、問いを発していた。患者は、「わたし」に何をして欲しいのか、「わたし」は何をすればよいのか、それを直裁的に示さない患者への疑問である。Aさんはその時のことを「眠れないぐらい考えたんです、でもわからなかった」と言うように、閉ざされた循環における疑問の答えを見出すことができない。

答えのない孤立した空間の中で、Aさんは木村さんの「人となり」に触れる機会が与えられることになった。突然訪れた、河童の死。その河童を埋めるのに「やっぱり、生まれたところの川がいいわよね」と語る木村さんに、Aさんは「木村さんの人間性」を見、河童を生まれた川に返してあげようとする「優しい人」として、Aさんの中で位置づくようになっていく。それは言いかえれば、これまでAさんに向けられていた木村さんの呼びかけが、漸くAさんに届くようになったとも言えよう。

Aさんが住まう世界の尺度からみれば、異質でしかなかった木村さんを取り巻く様々な出来事は、木村さんの世界においては自ずと意味が付与され、つながっていく。それは木村さんという「他者」の現れを意味するものであり、Aさんの、「患者さんが、今話すことは、患者さんのこれまで生きてきた背景っていうのが関係していたりするんだなっていうのが、ちょっとずつ分かってきたんですね。それは少しなのかもしれないけれど、気づいたらつながっていることが分かった感じがしてきました」という言葉からも見て取れる。

では、なぜAさんは、木村さんの声を受けとめられたのだろうか。それはAさんが、木村さんと向き合うことで生じた感覚、その〝違和感〟を、「自らの問い」として探求していったからではないだろうか。患者が生きられる世界の外側から見た問いを、患者に投じるのではなく、「わたし」に生じた〝この違和感〟を手がかりにした当事者としての探求である。答えを相手に求めたり、相手を責め立てたりするのではなく、「わたしの身体に生じた感覚」を探ること。それは、「木村さんによって引き起こされたわたし（Aさん）の感覚」であり、Aさん独自の感覚とも、木村さんの感覚とも区別できるものではない。その感覚とは、お互いのあいだ、あるいは第三の空間で生起したのであって、双方が当事者としてそこにあるといえよう。Aさんは、そのことがらによって木村さんという他者に招かれたことに気づき、その人となりに触れる機会を得、木村さんを理解する間口にたどり着くことができたのである。

Aさんが、木村さんの声を受けとめられた背景には、それに先立って、木村さんがあらゆる方法で、Aさんに関わり続けた姿が隠されている。このように、先に他者という存在の現れがあって、その呼びかけや接近に応答するというかたちで、わたしが現れてくるということになる。

2　病む人によって生かされる看護師

Aさんの姿から見えてくることは、他者と出会う際、初めから自己が受苦的な存在としてその人の前に在るわけではない、ということである。受動を前提とした能動ということを、理論的には認識していたとしても、現実には自らの固有性を自己主張するわたしと、他者によって見出されるわたしとの閾ぎあいの中で、被る存在としてのわたしを受容せざるを得ない状況に置かれていく。そして、その人の呼びかけに応じることができなかったこれまでのわたしをも含めて、他者であるその人は、わたしに呼びかけてくれるのである。

ところで木村さんは、医療スタッフからは、「木村さん、また勘違いをしちゃったね」といわれることが少なくなかった。わたしたちの現実から見れば、木村さんの行動は「勘違い」や「間違い」に映るかもしれない。しかし、木村さんの経験世界に寄り添えば、それはなぜ「勘違い」といわれるのか、何が「間違い」であるのか。木村さんは、その都度医療スタッフから説明を受けていたようだったが、それが木村さんの納得できるものだったかどうかはわからない。その木村さんからすれば、物事の勘違いや間違えを説明される前に、木村さんという唯一無二の存在として無条件に承認してくれる、手をとり、ただ抱きしめてくれる人は存在したのだろうか。そして病院という非日常的な空間において、他者は存在したのだろうか。また、他者の他者として木村さんは存在し得たのだろうか。

今回、木村さんは、Ａさんという看護学生と出会った。それは木村さんにとって、少なくともＡさんにとっての「他者」であることを許された経験とはいえないだろうか。それは同時に、Ａさんが木村さんによって看護学生であることを許された経験でもあったといえよう。すなわち、互いが他者として承認しあうことで、その場に「共にある」ことが互いに許されたことを意味している。それは、看護において病む人の存在が、看護の力を促すことにもつながっていく。なぜならば看護という行為が、相手の状況に応じて無意識に動かされたわたしのからだが、相手に見られて我に返るという反省を通して、次なる動きを生み出してくる[9]という過程に通底しているからである。

相互の身体のあいだに生起することがらについて、模索の途を辿ることが看護であり、先に患者－看護師という人間関係の成立があって看護が為されるわけではない。共にありながら消長と生成、縫合と剥離といった出来事が、相互の経験に沈殿していくときに、事後的に患者－看護師の関係が成り立っていたことに漸く気づかされるのである。

3　共にあるということ

「共にあること」とは、物理的な空間に一緒にいるということをさすのではない。A・フランクは、J・ハルパーン10を引きながら、共にあることについて以下のように述べている11。伝達する身体が本当に求めている生き方、すなわちそれが本当に大切にしていることは、他者との分かち合いを生きること、つまり、前言語的共鳴を通じて振幅を共有することであり、「あなたは何が言いたいのか」と問うのではなく、むしろ「あなたと一緒にいさせてください」ということ、それが共にあること(being with)なのである。Aさんがこの言葉を知っていたのかは知るところではないが、Aさん自身に生じた〝違和感〟を辿った道程を結果的に見ていけば、認識以前の前言語的共鳴に耳を傾けていたといってもよいだろう。

では、前言語的共鳴とは何か。それは、身体をもったその人が在るということ、その身体の声を、表情を、受け取ることではないだろうか。メルロー＝ポンティは、身体12を前意識的な層とし、通常は意識的な層に覆われている、とした。わたしたちは日常のいとなみにおいて、その手前ですでに動きだしているために、始原的な次元を自覚することさえできない。しかし、前意識的な層における身体と世界との対話は、何らかの障害を受けた場合、意識的層にわずかながら隙間が現れ、先に述べた前意識的な層がある程度露わになってくる13という。このとき、身体とは、その一部分のみが機能しなくなるのではなく、実存の全領野が大きく揺るがされている14のである。

木村さんは脳血管障害という病いを抱え、その身体は、世界との関わり方に戸惑いながら、手探りで、その対話を見出そうとしていたようにも感じられた。その木村さんと「共にある」ということは、客体化された患者としてではなく、脳血管障害という疾患（disease）を熟知するということでもなく、木村さんという人（身体）の経験に寄り添うこと、言いかえると木村さんの世界を分かち合うこと、すなわちそれをAさん（身体）が感受し感応することといえるだろう。身体としてのその人がそこにあるということ、その人の前に身体としての自己があるということ。それがまずあって、孤立した空虚な空間が、相互性の場所へと変化し、臨床という癒しの「場」になるのではないだろうか。

第5節　傷つきやすさと癒しへの導き

わたしたちは、この身体で感じ、思考し、実践的に生きている。硬い身体に閉じ込められて他者から孤立した内面の精神だけがわたしだという近代的な身体観、自我観から解放されれば、それは当然のことといえよう。わたしたちが言葉を交わしているときに、ほんとうは互いの身体の全体が感応しあっている。ことばとは、古語では言《こと》の葉《は》といわれ、見田は身体の言の葉を、間身体の呼応のことのはであり、事の一端をなすにすぎない[15]と述べた。そして、その身体が語るとき、身体は言葉を利用するのではなく、身体はそれを生み落とすのである。この生み落とす言葉の中に、病む人の経験という物語も含まれるわけだが、その物語は、語り手の苦しんでいる身体そのものが証言であり、その証言を受け取るためには、聴き手が潜在的にせよ苦しむことのできる身体としてそこにいなければならない[16]。すなわち看護師は、こうした人と向き合いながら、語り手の苦しんでいる身体の証言を受け取る身体であることが求められている。

他者の苦しみに触れることは、他者のそれでありながらも自らの痛みとして、その理不尽さを嘆き、哀しみ、悼む。それは、「看護師」という役割がそうさせるのではない。結果的に出会ってしまった「患者」の苦しみを、その人個人の苦悩として孤立させることはできない、看過できないことがらとして、看護師であるわたしの身体に浸透してしまうのである。そこで出会う患者は、これまで出会ったことのない人である。例え見知らぬ人であっても、その苦しみに無関心ではいられない。それは他者の苦しみを背負うのではなく、その苦しみを苦しむことであり、晒されることである。

他者の苦痛に対してわたしが苦痛を感じずにはいられないこと、それが「傷つきやすさ」であるとしたレヴィナスは、傷つきやすさが人間的な倫理という展望を、苦しみに対して開くことになることを述べた[17]。つまり、わたしたちは他者の苦痛であっても、それを感じずにはいられないという倫理の根源的次元を、「その人の苦しみ」に見出すのである。その人に不意に襲いかかる苦痛は、理不尽である。わたしは赦しがたく認めがたいものとして、他者の苦しみにふれる。わたしは、その苦痛を感じないではいられないし、無関心ではいられない。わたしが苦しむ謂れは無いにもかかわらず、わたしが他者の苦しみを感じないではいられない[18]のである。傷つきやすさとは、他者に無関心ではいられないわたしが他者に語りかけることであり、人間が生きていくということとほとんど同義[19]といえよう。それは認識に先だつ人間の倫理的な在り方に他ならない。

ところで「傷つきやすさ(=可傷性)」とは、二つの意味、可能性[20]があるといわれている。ひとつは、他者に晒され、傷つけられるという可能性、ふたつは、他者が負う傷に、その苦痛に、悲惨に傷つき、苦しみ傷つく可能性としての感受性である。このように可傷性は可能性であるが、他者の苦しみに苦しまないことができる、という能力ではなく、「他者の苦しみに、他者のために苦しまないことはできない」という感受性を事実とし、他者の苦痛から逃れずに在ること、それが倫理なのである。なるほどわたしという存在は、他者の悲惨に傷つきやすくとも他者の悲惨を前にして、極限においては、苦しむことも苦しまないこともできるかもしれない。わたしは後になって、他者のこの傷から目を背けること、見てみぬふりをすることもあるかもしれない。しかしそういう選択以前に、わたしはその傷にふれ、その傷に感応している。そういう選択以前の応答（response）、そういう他者の苦しみに苦しむわたしの〈傷つきやすさ〉の中に、〈責任〉（responsabilite）というものの根がある[21]。つまり、他者の苦しみに晒されるということそのものが、既に他者の苦悩に応答しているのである。

看護師は、確かに他者の苦しみに晒されている。患者の苦しみの接近は、もはやその人のものではなく、わたしの身体に浸透している。架橋不能である他者とわたしとの関係以前に、他者とわたしを繋ぐことがらと言っても良いだろう。したがって看護では、その人と向きあったときの自身の身体に生じた感覚が重要なのである。それは看護が、人と人との関係や状況に依拠するため、一般化され普遍化された知識や技術をその人に適用するだけでは、看護になり得ないからである。人びととの個別性を重視し、他者を配慮する実践とは、論理を超えて、経験や感情の濃やかな襞のその内側にまで浸透していくような繊細なまなざしをもっていることであり、あらかじめ用意されているる思考の図式にこだわらないで、ものの現われのその折り目の一つ一つに震えるような微細なまなざしを深く送り込んでゆくという意味である[22]。形式知を含みつつも、それを超えたところのケアリングという倫理的行為こそが、看護実践といえよう。苦しむ人がそこにいる、それに晒されているわたしがいる、苦痛に伏せるその人を何とかしたい、何とか助けたいという、衝動に類似した思いに理由はない。それはわたしが判断する以前に、すでにわたしの身体は、その人へと向けられているのである。

苦しみを癒す術を心得ている看護師は、だからこそ、その傷に晒されながらも自らの痛みに我執することなく、癒しの行為へと自らを差し出す。それは、看護師が晒された痛みを道標としながら、非対称であるあなたという交換不可能な他者への癒しへの誘いといえよう。このように看護とは、その人の呼びかけに応じることで、苦しみに対して自らを開き、倫理的展望への可能性を他者への配慮的行為として発露させる。こうした行為の連続が、看護師としてのわたしの存在の連続となっていくのである。

1　共鳴する苦しみ

では、木村さんはどうだったのか。Aさんが知る限り、木村さんは、苦痛な表情を見せたりすることはなかったようだった。時折、河童の話や、昨日まで旅行に行っていた、などの話がでていたが笑顔だった。「今日リハビリ室に行ったら、○○さん（タレントの名前）が居たのよ」なども言ったりした。確かにリハビリ室には、その人と同じような髪型をしている医療関係者がおり、そういわれれば「似ているような、似ていないような」雰囲気がある。そしてある時は、病院に入院していることを忘れてしまうこともあった。それを正されると、木村さんは「わけがわからなくなってしもうた」と呟くこともあったという。

医療関係者は、木村さんの話を無視することは無かったが、木村さんから発せられる言葉は「いつものこと」として、受けとめられないままに日常化していったようだった。Aさんが抱いた木村さんに対する問いは、医療関係者からみると、「木村さんは、よくそういう話をする」といった具合に、「流されてしまう」ことが多かった。そのような日々をすごす木村さんは、毎日微笑んでAさんを迎え入れたという。一見、穏やかな日常のように感じ取れる木村さんには、苦しみは無いといえるのだろうか。

木村さんの経験世界において、「交通事故で」思うように動けなくなってしまった以前とは違った身体の感覚、時折今どこにいるのかさえわからなくなる恐怖、感じたことを表現しても十全に受け止めてもらえない寂寞たる思い。これらは、木村さんの認識能力という問題から生じるものではない。むしろ、木村さんの住まう世界を受容する、人と場の不在が、木村さんをそうさせていることもあるだろう。そうであれば、木村さんは、他者の中に他者としての自己を見出すことができず、「ここに、わたしがいる」という存在にさえ傷ついている木村さんが溢れていると感じ取ることはできないだろうか。

Aさんは、木村さんの行動から、身体から剥がれずにいる習慣的行為を見出すことで、生活する人としての木村さんに、向き合おうとした。そこには、患者であるとか、看護学生であるとか、そうした役割以前の、言いかえればそうした役割を超えた者同士としての出会いがあった。それは木村さんとAさんが、相互に浸透しあい、新たな経験世界を創りながら理解をしていくという過程であった。他者の身体的な痛み、その苦痛に気づかされるのは当然かもしれない。しかし、存在としての「痛み」、その醸し出される雰囲気、その気配についてはどうだろう。それは、その人の「苦悩」に関する表現能力や、機能的な問題を意味するものではない。なぜならば、その人の身体が語りかける声が、わたしの身体を通して、その苦しみを浮き彫りにするからである。言いかえれば、その場にある他者とわたしの相互身体的な拡がりと重なりという感受性に帰結するのであろう。

存在的な辛さも含めた他者の苦痛に、感応せざるを得ないこと。そうした身体であることが、「傷つきやすさ」であり、それによって看護という癒しの行為を可能にする。このように、痛みを負うその人の同胞性としての身体感覚こそが、お互いに開かれた身体として表現し得るのである。

2　傷つきやすさをもたらす臨床という場

関係性の形成という観点から、ボランティアとは何かという問いを見つめてきた金子[23]は、その関わり方を、相手や事態に関わることで自らをヴァルネラブル（vulnerable, 名詞形ではヴァルネラビリティ vulnerability）にすることと述べている。このヴァルネラブルとは、傷つきやすさを意味しており、ボランティアは困難な状況に立たされた人に遭遇したときに、自分とその人との問題を切り離さず、傍観者ではいないこと。それがこのヴァルネラビリティという言葉に凝縮されているとした。すなわち、ボランティアは、自分自身を弱く他者から攻撃を受けやすい立場にあえて据えることで、自らを問題と切り離さないようにしているのである。

Aさんとは違うのだが、やはり看護学実習で、Bさん（二年生、看護学生）がこのような表現をしたことがあった。「先生、臨床って、流れるプールみたいですね」。唐突なその表現の内容を聞いていくと、自分は学生であり、「病院では何もできないだろうから、看護師の行っている援助を見ることが実習」だと思っていた。人生の経験を積んだ患者に、自分は「どう接してよいのかわからない」し、「『こんな、わたし』が患者の傍に（ベッドサイドに）行くことも迷惑ではないか」と思っていた。だから、「『こんな、わたし』ができることは、看護師の援助を見ること」、それを今後に役立てることが看護学実習だと「実習に行く前はそう考えていた」のだった。

しかし臨床の場に出て見ると、その現実は違った。病室に行くと、患者はBさんに話しかけてくる。「わたしは患者さんにどう話しかけてよいのかわからない、だから患者さんの話をきくことしか、できない」。Bさんは、患者との会話が途切れてしまうと、その沈黙に耐えられなくなり、「何度も病室から出ようとしました。でもどうやってその場を切り上げればよいのか、そのタイミングもわからなくって……」。Bさんにとっての病室は、身の置き場がないような、居心地の悪い空間だった。ためらいながら、それでも「患者さんに、明日も来るって約束をしたから」と言ってひたすら患者の傍に行こうとするBさんの姿があった。そんなBさんと接していて、患者は何かを感じたのかもしれない。Bさんにとっては祖父母の年齢に近いその患者が、闘病生活の苦しみをBさんに話すようになっていた。周囲に闘病の辛さを漏らすことのない、我慢強い患者として認識されていたその人が語った内容は、医療関係者を驚かせるものでもあった。

今度は患者からBさんに、また明日も来てね、と言われるようになった。Bさんは、「一人前に看護ができなくて申し訳ない」と、引け目を感じながらも、患者から「この、わたし」が必要とされているという感覚を覚えて「単純に、嬉しい」という喜びと、「この、わたし」が必要とされていることの責任も感じ始めた。

Bさんは、少しでも患者が安楽にそして安寧《あんねい》な時間が過ごせないものか、と具体的に「看護」を模索し始めた。その時の状況を、Bさんは「患者さんの話を聞けるのは嬉しいし、有難いとも思ったんですけれど、知れば知るほど患者さんのところに行くのが辛くなってきて……。見ていることも辛くなってきて、どうしていいのかがわからなくなってきて……。（中略）……わたしが辛いのは、自分の辛いという感情に巻き込まれて辛いのか、患者さんのことを思って辛いのか、それさえもわからなくなっていました。わかることは、当事者の患者さんは、わたしよりもっと辛いっていうこと。だから毎日、祈るような思いで傍にいて、何か出来ることはないかと思っていました。……（中略）……今になって、そんな自分に驚いているんです。これまで、家族のことでもこんなに悩んで一生懸命考えたことなんて、なかったですから」と語った。Bさんは、実習当初は患者の世界の外側にいようと思っていた。それが自分の学習とさえ思っていた。にもかかわらず、気づいたら「流れるプールのように」無抵抗に患者の世界へと押し流されていた感覚を、照れたように微笑みながらそう表現したのだった。

Bさんの経験からいえば、「自らをあえてヴァルネラブルな位置に据える」のは、自らの意志、あるいは能動的な力ではないだろう。目の前のその人の姿、その状況が、わたしをヴァルネラブルにさせ、その位置に据えさせてしまう。そのことを学生のBさんは、気づいたら、その渦中に入っていたと表現したのではないだろうか。自らの意志を越えたところにある力、その力を他者という存在が拓いてくれる。その可能性とは、リスクを犯しながら自己をあらわにすることのうちに、真摯《しんし》さのうちに、自己の内面性の砦を壊し、あらゆる避難所を放棄することのうちに、外傷に晒されることのうちに、脆弱性《ぜいじゃくせい》のうちに[24]あるのかもしれない。

3 自らがひらかれる臨床という場

気づいたらヴァルネラブルにさせる臨床とは、本論においては病院という限定された空間である。非日常とされる病院は、患者を中心とした医療関係者との関係の重なり、連なり、交叉によって、その場がわたしにとっての生きられる意味空間として形成されていく。この病院（Hospital）とは、主人が客をもてなす所という原義を持ち、他者を歓待するというホスピタリティ（hospitality）と同じ語源からきている。現代の病院において、さしずめ患者は訪れる客であり、その患者を迎え入れる看護師とは主人とでもいうのだろうか。主人とは、また客とは、一体誰なのだろうか。

鷲田は、ルネ・シェレールの「歓待」の概念を引きながら、客を迎え入れる者をその同一性から逸脱《いつだつ》させるもの、すなわち「社会的分類の中での範疇化《はんちゅうか》された」自己をつきくずすきっかけとなるもの[25]と説明している。他者（客）はわたし（主人）の理解を超えたものでありながらも、わたしのうちに取り込まず、他者の経験を、まるでわがことのように受け入れ理解をするということ。したがってそれは、自分が自分自身にとってよそよそしいものに転化することであり、それは傷つくこともいとわずに、自らを差し出すことで、他者は歓待（hospitality）されるのである。

その場における主人は、ともするとわたしのようにも見える。しかし、他者は範疇化されたわたしに綻《ほころ》びをもたらし、わたしの枠組みを倒壊させ、新たなわたしへと招き入れてくれる主人にもなりうる。つまり、主人と客は固定化されたものではなく、反転しながらその様相を変化させていくのである。それは「臨床という場」で生成される関係において、他者とわたしが規定されるといえよう。したがって、「臨床という場」には、日常化された現実そのものを反転させ、それまで見えなかった「新しい現実」を開示するはたらきが仕組まれている[26]のである。

例えば、Aさんに、「はじめは（認知障害に対する）自分の偏見みたいなものがあった」と言わしめたのは、木村さんの存在に他ならない。その偏見とは、認知症を患っている人に意思は伝わらないのではなかという自身の見方、捉え方であった。しかし、木村さんと共にあることで、Aさんの在りようは否応なしに変わっていくことになる。意思が伝わらない、理解できないのは認知障害のある患者ではなく、木村さんに対する見方、受け止めが出来ていない自分自身ではないか。その覚知に迫られることとなったわけである。

Aさんは、この体験を通してこれまでの自己の知覚を見つめなおしている。そのまなざしは、二つの側面を照らしているように見受けられた。ひとつは、これまで不可思議にさえ見えた木村さんの行為の中に、その人の人生が浮上し始め、木村さんの生きられる世界、その文脈を含みこんだ交叉的理解へと進展していったこと。ふたつは、そのような現実と関わりあう経緯において、Aさん自身の囚われ、すなわち自己の経験を成り立たせている価値観や規範といった無意識のフレームを通して、自身の経験を意味づけていたこと。Aさんにとって木村さんは、新たなわたしへと招き入れてくれる患者という名の「主人」となった。そしてAさんは、木村さんという他者に招かれたことで、自己の生活世界の成り立ちを突破する形で、新たな自己の到来、あるいは経験の更新が享受されたといえよう。

当然のことながら、他者との関わりとは「その人」だけに限定されず、その人の生きる生活世界を含めた関わりとなる。他者の生活世界は、これまでわたしが見えなかった、ものやことがらを刷新させてわたしに及ぼし、わたしの生活世界にくぼみやゆがみをもたらす。それは、わたしの経験世界のもろさを露呈させるものではあるが、その辛苦を呑み込むことで、新たにそしてゆるやかにわたし自身の端緒が更新されていく経験を享けるのである。

経験について、高橋27はハイデガーを引きながら、経験とは、わたしが成り立つ根拠、言いかえれば「わたしが立ち現れるあり方」であると論じた。それまで見ていながら見えなかったものが、ある出来事を介して、突然見えるようになること。意識の外部にあったものが、引かれる存在として眼前に浮上すること。まさにその生起が、経験と呼ばれるものである。ゆえに経験とは、新しい地平を獲得し、世界という意味が生起する母胎なのである。生活世界を固定化させようとする力を危ぶみながら、交錯する現実へと引きこむ流動的な世界、それが生起する「場」こそ、臨床と呼ぶに値するのだろう。

病院では、医師、看護師、患者などの社会的役割はあったとしても、人と人との関係においてそれらが絶対視されることはない。そして、主人と客という反転する様相も限定されない。他者であるその人を、わたしたちの日常性に引きつけたり、所有したりすることを目論むのではなく、わたしたちの日常性の限界を被るかたちで突破すること。こうした受苦的存在とは、他者との関わりに揺り動かされ、自らを開きながら、破れ、変成しながらも、その関係性と共に未来に開かれていく。

おわりに――時代の変貌と自己形成空間

自己形成空間の原点を見出す試みとして、看護学生の臨床における経験を軸に、身体を介した関わりと事後的に現れる相互浸透的な関係、その過程における傷つきやすさを孕んだ経験、そしてそれらが生成する臨床という場について述べてきた。高橋28は、子ども・若者の自己形成空間について、物理的な空間であると同時に、社会的・関係的に構築されていく空間であると述べ、その特徴を三点挙げている。第一に自然、他者、事物と直接に関わりあうことのできる空間であること、第二に五感による直接経験が生まれる場所であること、第三に現実を超えた他者と交わり、異世界に放り込まれたり、そこから脱出したりすることを経験することである。Aさんを通して見てきたように、看護学生にとって病院は、年齢も職業も役割も異なった複数の主体が相互接触へと晒される場であり、身の置き場がないような不自由な場所であった。すべてが非日常的な空間で、これまでのわたしの経験世界では通用しない異質な空間なのである。看護学生はそうした世界に投入され、異質な空間として周囲を見渡しながらも、いつしかその当事者として位置づくようになっていく。それは、患者という他者の呼びかけによって自己を見出していく、被る存在としての自覚という経験の組み換えと更新という実感である。Aさんの場合でいえば、他にひらかれるということ、言いかえれば、他者を受け入れ、他者と共にあるという経験であり、それが結果的に自己変容へと誘ったといえるだろう。看護学生にとっての臨床の場は、上記の特徴を含みつつ、個々の経験によってそれ以上の意味をもたらすのである。

このような経験は、病院という場所だけで生じる特別なことがらではない。医療現場における病む人との出会いは、あらゆる情動を引き起こすため、わたしたちの身体が無痛ではいられないような他者の現実が現れやすい。しかし、それは病院という場に限らず、わたしたちが生きる日常も同じように成り立っている。例えばわたしたちの目の前に困った人がいれば、自ずとその人へと関心が向き、手を差しのべようとしている自分に気づくことがあるだろう。そこに見てとれるのは、行為の手前にある、人と関わることの根本にある倫理的な原義といえよう。

ところが、科学技術の進歩や社会のグローバル化は、身体を介した直接的で傷つきやすいわたしたちの関わりを覆い隠すようになった。他者との交流は合理化され、時空間を操り、他者をモノ化させる装置を持ってしまったのである。他者との親密な関わりを喪失しつつある若者たちは、身をもって関わるという経験が希薄になり、わたしの世界に他者は現れず、結果としてわたしという存在が透明になってしまいかねない。それは他者と共に自己の喪失にもつながるのであり、生きるということの、切実なる必要性さえ見失いかねない。

筆者が向き合う二〇歳前後の看護学生は、患者の生きられる時と場を共にしながら、その人の人生に共鳴していく。それは、時に「看護師を目指す学生だからできること」として括られることもあるのだが、果たしてそうなのだろうか。看護学生は皆、看護師を志すために大学で学んでいるかといえば、そうではない。もちろん最初から看護師を志願する学生もいるが、他学部に進学したかったが、保護者や周囲の人びとに「これからの社会は、資格を持っていたほうが良いと勧められて」看護を専攻したという学生は少なくない。これまで登場してきたAさんやBさんを含んだ看護学生たちも現代社会に生きる若者のひとりであり、現代社会の特質として語られている消費化・情報化・管理化社会の中で生まれ育ってきている。そして進路に悩み、携帯メールのレスポンスが無いことに不安を感じ、透明化する存在に怯える若者たちであり、真空と化した空間で、純粋培養されている若者たちではない。このように動機は様々な学生たちが、「看護師になりたい」という意志が萌芽するのは、臨床の場で患者と出会ったという経験の後が多い。それは先に述べた臨床という場がそうさせるのであり、人と関わることの醍醐味と、生きることへの可能性に拓かれる経験によるものではないかと考える。

　若者の自己形成は、若者が生きられる場と不可分の関係にある。それは自己の身体を基点にした生きられる空間である。他者と共に生きるという日常を自然に体得することで、実物にじかに触れることによって得られる現実感覚において、すなわち身体感覚の基底において、他者と応答することができる。この身体感覚の形成は、個々の経験に由来する。それは、現代社会に生きる若者を問題にしているのではなく、直接的にひとやことがらと関わる場、その経験を奪っている現実が、彼らの身体の喪失へと追いやっていること、それが問題なのである。わたしたちは、今こそ生きられる日常に目を閉じることなく、生きることの原風景を見なおしていくことの必要性に迫られている。

　メルロー＝ポンティは、わたしたちの今日的課題について、「世界を見ることを学びなおすこと[29]」、つまりわたしたちを取り巻く諸事象を見ることを学びなおし、自ら諸事象に新たな意味を与え解釈しなおしていくことを指摘した。主観の内部だけで成立する確信の条件とは何であるのか、また自分と世界をつなぐその結び目とは何なのか。それらを見ていくことが、諸事象を解釈し、意味づけの更新を可能にする。わたしたちの日常は、ことのほか独断や思い込みに取り囲まれており、気づかないままにいる。そのため、確かにわたしはその場にいるのだが経験は為されず、わたしの世界は更新されない。それは、わたしたちが思っている以上に事態のありのままへと近づくことの難しさを意味している。

わたしたちを取り巻く諸事象を見ることを学びなおすとは、静止し固定化した状態では在りえず、常に動的な様相として経験されることである。したがってそれに完結はなく、わたしたちは生きるうえで必然となる、関わりという未完の営為を実践することで、経験は絶えず組みかえられ新たな地平が拓かれるといえよう。そのためには、身体を介した関わりを通して見えてきたこと、そこから始めるしかないのではないだろうか。

受苦的な存在としてのわたしは、弱者として現れた他者に応答することで、傷つきやすい自己を自覚する。それでも応えることを止めないのは、人間が生きているということと同義だからである。この傷つきやすさは弱点ではないし、克服できるものでもない。わたしたちはそれによって倫理的関係を作り出すことができるのである。他者を回避することなく、傷つきやすさを手放すことなく、他者を迎え入れることによって、弱さという強さ、強さという弱さが結びつく。現代社会の脆弱性においても、敢えてその脆弱性を克服するのではなく、その脆弱性を抱え、社会の弱さを自覚することで、柔軟で、たおやかな強さを求めることができるのかもしれない。

わたしたちの科学技術への欲望は、天井を知らない。情報や消費をすでに入手したわたしたちは、それを手放す社会に魅力を感じないのかもしれない。そうであれば刻々と推移していくグローバル化社会は、加速することはあっても消退することはないだろう。こうした時代にあって、わたしたちが生きられる経験とは、時代と共に変貌する様相を呈しつつも、他方でどの時代にあっても変わることのない原義もあるだろう。それは、わたしたちが、ひと、もの、ことがらと関わることによって、生きられる世界を生成し、内破しながらも未知なる地平へと探り拓く力を得ていく、不断の営みではないかと思うのである。

【注】

本章では、引用した著者名の敬称は省略させていただいた。

1　J・アタリ（柏倉康夫、他訳）（1999）『二一世紀事典』産業図書、一五一頁。

2　M・メルロー＝ポンティ（竹内芳郎・木田元・宮本忠雄訳）（1974）『知覚の現象学2』みすず書房、二一八頁。

3　社会的で文化的なことである感情とは、感じるということを含めて規範的なものである。しかし、人はいつも社会や文化が求めるように感じることができるとは限らない。そのため、心から感じるように努力をしなければならなくなる。例えば看護師や保育士、フライトアテンダントなどは、現場において愛想良く振舞うだけでなく、心からその気持ちを抱く、ということが仕事となっている。このように、感情が労働の大きな要素となっているものを、A・R・ホックシールド（「感情社会学」という分野を打ち立てた社会学者）は、感情労働と呼んだ。

4　P・スミス（武井麻子訳）（2000）『感情労働としての看護』ゆみる出版、七頁。

5　A・クライマン（江口重幸・五木田紳・上野豪志訳）（1996）『病いの語り――慢性の病いをめぐる臨床人類学』誠信書房、二八六‐二八七頁。

6　西村ユミ（2007）『交流する身体　〈ケア〉を捉えなおす』NHKブックス、二〇頁。

7　L・ビンスワンガー（山本巌夫・宇野昌人・森山公夫訳）（1972）『うつ病と躁病――現象学的試論』みすず書房、二三頁。

8　M・メルロー＝ポンティ（竹内芳郎・小木貞孝訳）（1967）『知覚の現象学1』みすず書房、二三頁。

9 池川清子（1991）『看護　生きられる世界の実践知』ゆみる出版、一〇三頁。
10 Jodi Halpern, "Empathy: Using Resonance Emotions in the Service of Curiosity," in Spiro et al. Empathy and the Practice of Medicine : Beyond Pills and the Scalpel (New Haven Yale University Press, 1994) 169.
11 A・W・フランク（鈴木智之訳）（2002）『傷ついた病いの語り手』ゆみる出版、二〇〇頁。
12 M・メルロー＝ポンティにおいて、身体は器官の集合でもなければ、ここにおいて起こる物質的で因果的な事実の束なのでもない。意識でも物でもない存在、対自でも即自でもない両義的な存在として、人間の身体的実存はとらえられる。メルロー＝ポンティはいわばハイデガーの〈世界―内―存在〉を身体の次元でとらえなおしているわけで、身体によって世界のなかに住みつくそういう世界内属的であり、世界に向かう実存のあり方が身体性である。そもそも自分自身の身体は、自らの前に客体としてあるのに先立って、まずは世界を知覚し経験する媒体、世界が現れるための媒介としてある。この身体と世界との交流は、認識や思考に先立つ知覚するという働きによって行われている。この知覚は、諸感覚器官が分割されていない未分化で始原的な層において働き出している。この層では、諸感覚器官は互いに交流しあいながら、ひとつの対を為して働いている。そのため、われわれは目で「触れる」という感覚を持つ（共感覚的知覚　M・メルロー＝ポンティ著、竹内芳郎・木田元・宮元忠雄訳、1974、知覚の現象学2、みすず書房、三九‐四〇頁）。
13 西村ユミ　（2001）『語りかける身体』ゆみる出版、四六頁。
14 R・C・クワント（滝浦静雄・竹本貞之・箱石匡行訳）（1974）『メルロー＝ポンティの現象学的哲学』国文社、七四頁。
15 見田宗介（1995）『現代日本の感覚と思想』講談社学術文庫、一一九頁。
16 A・W・フランク（鈴木智之訳）（2002）『傷ついた病いの語り手』ゆみる出版、二〇〇頁。
17 E・レヴィナス（合田正人・谷口博史訳）（1993）『われわれのあいだで』法政大学出版局などに詳しい。

18 鷲田清一（1999）『聴くことの力――臨床哲学試論』TBSブリタニカ出版、一五〇頁。
19 中山元（2006）『思考のトポス　現代アポリアから』新曜社、二四三頁。
20 港道隆（1999）『E・レヴィナス　法-外な思想』講談社、三五〇-三五一頁。
21 鷲田清一（1999）、153頁。
22 鷲田清一（1997）『メルロ=ポンティ　可逆性』講談社、一一頁。
23 金子郁容（1992）『ボランティア　もうひとつの情報社会』岩波新書、一一二頁。
24 E・レヴィナス（合田正人訳）（1990）『存在するとは別の仕方で　あるいは存在することの彼方へ』朝日出版社、一〇一頁。
25 鷲田清一（1999）、一三六頁。
26 高橋勝（2007）『経験のメタモルフォーゼ』勁草書房、九四頁。
27 高橋勝（2007）、四〇頁。
28 高橋勝（2007）、二〇六頁。
29 M・メルロー=ポンティ（1967）、二四頁。

付記：看護学生の語りは、平成一八～二〇年度科学研究費補助金　基盤研究(C) No.18592318 の助成を受けた資料をもとにした。

第4章　子どもの物語／学校の物語

――非定住の自己形成と多様化する学校

藤井　佳世

はじめに

子どもたちは、どのような世界で生きているのだろうか。その子どもたちにとって、学校は、どのような世界として映っているのだろうか。世界が多層化する現在、ひとつの要素から成りたつ単純な自己形成の物語を語ることはできない。むしろ、複雑に絡み合う世界のありようがもたらす自己形成や生きることの難しさが、物語そのものとなるのではないだろうか。

シンガーであった尾崎豊は、『卒業』(一九八五)の中で、学校は生徒を拘束し、縛りつけ、支配する存在であると歌った。そして、自分を支配する学校に対して、抵抗することを歌い、怒りをぶつけ、支配されないでいる自由を願う歌を歌った。「チャイムが鳴り　教室のいつもの席に座り　何に従い　従うべきか考えていた」「行儀よくまじめなんて出来やしなかった　夜の校舎　窓ガラス壊してまわった」「信じられぬ大人との争いの中で　許しあい　いったい何　解りあえただろう」「この支配からの卒業」という歌詞に、一九八〇年代にみられた校内暴力時代の学校が重なる者も多いのではないだろうか。

それから、二十数年経った二〇〇七年、若者を中心に人気の高いシンガーであるYUI（ユイ）は、『MY Generation』（二〇〇七）の中で、学校は生徒としての自分を縛るところではなく、自分を縛っているのは自分であると歌った。「チャイムが鳴り終われば　現実はもっと　早く進んでゆくでしょ？」「窓ガラス　割るような　気持ちとはちょっと違ってたんだ」「はじめから自由よ」「制服　脱ぎ捨てた一六のアタシに　負けたくはないから」「犠牲にできないのは　こみ上げる希望　無くしたら　また道に迷うだけ」「描いた夢を信じきれない弱さにただ支配されてた」という歌詞に、夢を描く強い思いだけが「私」を導くという若者の姿が描出されている。

この二つの歌には、学校や大人という明確な敵との戦いから自分との戦いへ移ってゆくという学校の捉え方の変化だけではなく、子ども・若者の生きることへの姿勢の移り変わりが現れているだろう。とりわけ、「私」の捉え方は、生徒＝自己から、生徒≠自己へと推移している。言いかえれば、生徒＝自己だからこそ学校に対する抵抗が生まれ、生徒≠自己では、学校は抵抗する場所になることはない。むしろ、学校における生徒としての「私」とは異なる「私」の世界が前面に現れることになる。すなわち、学校は、チャイムが鳴れば席にすわる光景がみられた〈支配的な空間〉から、反抗や抵抗とは無縁の〈ゆるやかな空間〉へと移行し、子ども・若者は、自分を支配するのは自分でしかない、という世界で生きるようになったのではないだろうか。

こうした自分による自分の支配は、「様々な自分」をつくりだすことを可能にする一方で、自己プロデュースの舵取りを自分自身で行わなければならない。もはや、「なりたい自分」を実現するのは、学校でも、家族でも、友人でもなく、「私」なのである。その「私」にとって大切なことは、「なりたい自分」をどれくらい強く願っているか、という自己の思いや希望である。ここには、子ども・若者の自己形成の難しさが現れているのではないだろうか。なぜなら、統一的な学校から抜け出すことは簡単かもしれないが、自分による自分の支配から抜け出すことは困難だからである。

本章では、現代の若者・子どもにみられる自己形成の困難と学校の変容について考察する。第1節では、子どもの物語を新しい自己形成のありようから捉え直す。第2節では、新しい自己形成のありようを非定住の自己形成として論じる。第3節では、学校の物語を、一九八〇年代にみられた二項対立関係から共存の物語へという変容として述べる。第四節では、現在進む多様化する学校とその方向性について論じる。

第1節 〈「私」を見つけること〉から〈「私」を生みだすこと〉へ

1 庇護性のもとで成長する子ども

一九七九年に来日した教育学者のランゲフェルトは、子どもを「寄るべなき存在」として捉え、「子どもはおとなを必要条件として前提する1」と述べた。この意味は、子どもは、人間の世界の意味を徐々に発見するのであり、その発見を手助けするのは、大人である、ということである。すなわち、子どもは、生まれた時から様々なことを体験するが、その体験したことを意味として形成するためには、先んじて社会を構成し、生きている大人との関わりが必要であるということである。「人間、つまり人間的な存在は、ただ生まれるのではなく、周囲の人や物との複雑な過程を経て形成されるのであって、出生はただ単に人間存在の特殊な生物学的前提が生じたに過ぎないのである[2]」というランゲフェルトの言葉は、まさにこの考えを示している。

この言葉はまた、周囲の他者や事物との関わりを通して意味を形成することは、人間的な存在になっていくことでもある、ということを意味している。ランゲフェルトに従えば、こうした意味形成は、まず身近な人間の名まえや慣れ親しんだ道具の名を呼ぶことから始まる。次第に、子どもは、手で触れることのできない道具や遠いところにいる人々について意味を形成していく。このように、子どもは、身近な人間との関係や場所を基点にして、遠近法的に世界と関わり意味を形成するとされる。

また、子どもの成長にとって、空間の庇護性が重要であると論じた教育学者のボルノーによれば、信頼や安心に包まれ、その空間のなかで行動して育った子どもは、「様々な脅威に後に対決することのできる力[3]」を育むとされる。「後に」というのは、子どもたちは、安心できる空間を構成している大人の不完全さを知ることによって、自分を守っているその空間が、完全ではないことを知ったときに、自立すると考えられているからである。すなわち、自立の経験とは、子どもにとって、守られているという庇護感が崩れ、誰も自分を守ることができないということを経験することである。ボルノーは、この経験を、「成熟し自立する者（Reif-Selbständigwerdens）[4]」の誕生として論じている。

　このように子どもの自己形成には、従来、大人との関わりによる意味形成や庇護性を備えた安定した空間とその破れが、必要だと考えられてきた。ところが、現代の子どもたちの成育環境は、こうした空間とは大きく異なっている。次に、そのことについて見ていこう。

2　新たな道を切り拓く子ども

「ミスが少なかったことがうれしい。自分との戦いに勝ったという感じです。」（『朝日新聞』二〇一〇年四月一六日）

　将棋のタイトル戦の後、こう語ったのは、小学六年生（一一歳）の女の子であった。こうした年齢の低い段階で、人生の大きな目標を見つけて生きる子どもたちが、現れ始めている。この現象は、ポストマンが『子ども期の消滅』において指摘したように、子どもと大人の境界があいまいになりつつある一つの現象である。ポストマンによれば、子どもの遊びが職業になる状況とは、遊びが遊びでなくなり、大人のプレーと同じになっていることを示す。確かに、近年、一六歳のプロスポーツ選手や一七歳での起業など、大人の世界だと思われていた空間における子どもたちの参入――プロ化――が、数多くみられる。

　こうした現象が示していることは、大人と子どもの境界があいまいになり、子どもたちが大人と同じように活躍する社会になったということだけではなく、一人ひとりの子どもたちの願望や希望を実現することのできる社会が到来したということでもある。「子どもだから」「まだまだ早い」といった視線で子どもを見るのではなく、「やりたいならどんどんやりなさい」「プロに大人も子どもも関係ないよ」といった視線で子どもを見るという大人の視線の変化――大人のバックアップ――は、それまでの慣習や制度の変化を促進させ、子どもたちの願いを実現させる方向へ向かっている。ここには、子どもたちにとって、壁や敵としての大人や集団があるのではなく、自己実現を手助けしてくれる頼もしいアドバイザーとしての大人たちがいる。

こうした子どもたちの自己実現は、人生のゴールを目指す自己形成とは、少し異なっている。人生のゴールを目指す自己形成とは、既存の社会構造に埋め込まれたいくつかの道の中から「私」の通る道を見つけだし、その道に求められる役割を演じながら、自己を形成していくことである。こうした自己形成のありようを、ヘッセの次の文は端的に示している。

「シュヴァーベンの国では、天分のある子どもにとっては、両親が金持ちでないかぎり、ただ一つの狭い道があるきりだったからである。それは、州の試験を受けて神学校にはいり、つぎにチュービンゲン大学に進んで、それから牧師か教師になる、という道だった[5]。」

この文章に示されていることは、既存の社会のなかから、自分が進むことのできる可能な道を探しだし、その道に従いながら、「私」を形成していくという生き方である。こうした自己形成を、社会学者のバウマンは、「私の発見(discovery)[6]」とよぶ。

「私の発見」と子どもたちのプロ現象は、異なる次元における自己形成である。なぜなら、子どもたちのプロ現象は、既存の道をただ進んでいるわけではないからである。子どもたちは、次の目標を自ら定め、そのために、日々練習を積み重ね、自らの人生を切り拓いている。それは、用意された道、誰かが通ったであろう道を歩むことではなく、「現在の私」が考え、そこから見える目標を成し遂げつづけることによって、新たな道を作り出すことである。

こうした自己の強い意志に基づいて新たな道を切り拓く子どもたちの自己形成は、今日の新しい現象の一つである。だが、こうした子どもたちは、少数であるかもしれない。そこで、これらとは異なる、もう一つの自己形成のありようを考えていこう。

3　偶然を重ねる子ども

もう一つの自己形成とは、自己の強い思いに基づいてはいるが、偶然の出会いによって自己を形成する道である。例えば、たまたま見た映画に感化されて、「映画を撮りたい」と思ったり、偶然街で見かけた人の服装を真似たりすることである。あるいは、弾き語りのアーティストを見て、自分もピアノを弾きながら弾き語りをしたいと思い、独学で取り組んだりすることもあるだろう。こうした偶然による出会いと強い思いが自己を構成する自己形成は、何が影響を及ぼすかわからない。本人でさえ、何に影響され、どのような自分になるのかわからないのである。

こうした自己形成は、「何かやっているなかで自己が形成される」という考えに見出すことができる。この考えに基づくと、様々なことを経験して、自分にあう場所や職業を探すことが重要になる。先にみた道を切り拓く自己形成とは異なり、何を行うのか、どこで行うのかが未定であり、「とにかくやってみよう」と考えるのである。

こうした自己形成が成り立つ背景には、社会構造の変化があるだろう。先にあげたヘッセの文のように、生まれたと同時にある程度生きる道が定まっていた場合、こうした考えは、あまり現れることはない。むしろ、色とりどりでバラバラな選択肢が用意されている社会だからこそ、「何かやってみよう」と思うことができるのである。さらに、ある時期だけ、働き手を求めるような流動的な社会構造という側面も要因の一つとしてあげることができる。こうした流動的な社会構造における人間関係は、ある目的のために人々があつまり、一定の時間、同じ場所にとどまり、ある出来事を体験し、それが終わると、何事もなかったかのように散らばってゆくという特徴をもつ。ここには、一時的に人々が集まり、集団の構成員がいれかわることができるような流動性を有する空間だけがある。

子どもたちの成育環境は、こうした空間に覆われつつある。現代の子どもたちの多くは、幼少のころから、行ったことのない国を映像として見ることができ、他国の人々の声を聞くこともできる。さらに、インターネットの発展によって、不特定な誰かと交信することができる。こうした交信可能な空間は、交信相手のいる場所や時間、生活スタイルを考慮する必要のない空間でもあり、子どもたちの交流圏域を拡大させている。交流圏域の拡大は、出会うことのできなかった異国の人や異なる地域の人々と出会うきっかけになり、その人に会うためだけに外国や様々な地域へ行くといった新しい出会い方を生み出している。昨日会った人に今日会えるとは限らないといった関係性が、一人ひとりの子どもの体験を意味づけている。そのため、「今日、会えたことが奇跡」「出会えた今が、本当の時間」と思ったりもする。すなわち、子どもをとりまく環境は、本人が望めば、偶然の出会いがあらゆるところで生起する空間なのである。

こうした環境の変化がもたらしたことは、多種多様な選択肢の増加のなかで、子どもたちは、自分で生きる道を探していかなくてはならない、ということである。

第2節　非定住の自己形成

1　「今」を充実させる

子どもたちによる大人の世界への参入は、プロ化現象だけではなく、消費においても見られる。消費とは、例えば一〇〇〇円所有していれば、誰であっても一〇〇〇円の商品を購入することができる、ということである。消費の空間において、大人と子どもの境界は、あいまいになる。

また、現在の消費は、機能的消費ではなく、「記号の消費」という側面を強く有している。ここでいう記号とは、商品などの物が「社会関係の網の目のなかで人が占める社会的位置（ステータス）を表示する事態[7]」であることを意味する。すなわち、「記号の消費」とは、同じ機能の商品がある場合、ブランドやロゴの記された商品を選ぶことによって、購入者自身の社会的位置を示す、ということである。こうした社会的位置を示す付加価値は、ブランドやロゴだけではなく、トレンドによっても生み出されつづけている。

子どもたちは、流行のものをとりいれるだけではなく、遠足行事や友達と遊びにいくたびに、すなわち「その都度」洋服などの商品を購入する。その意味で、消費は、その時・その瞬間に必要なものを購入する行為でもある。必要なものとは、何か足りないものを購入することではなく、すでに同様の機能のものは所有しているが、「その場所にあわない」あるいは「気分をかえたい」といった動機から購入されるもののことである。このように、子どもたちの消費は、一回限りの場所や時間の充実と満足に結びついたうえで、自分をどのように見せるかという記号の消費の側面をもっている。すなわち、子どもたちは、再現性のない、瞬間の充実と結びついた消費によって、自己を示している。こうした消費型自己形成にとって、「今」の充実が最も重要となる。さらに、こうした「私」の充溢が、生きる道の指針となっていく。

その時・その瞬間を充実させたいという時間の捉え方は、子ども・若者の生き方の現れとしてみることができる。「高校生の意欲に関する調査」（財団法人日本青少年研究所、二〇〇七年）によると、「若いうちにやっておきたいこと」には、「一生つきあえる友人を得たい（七九・一％）」ということと「趣味や楽しいことを思う存分やっておきたい（七八・一％）」という割合が高く、「将来、役に立つ技術や資格を身につけたい（六〇・三％）」はそれらに比べて低くなっている。

さらに、同調査における「あなたはどんな特徴をもっている人間だと思うか」という問いについては、「好きなことに一生懸命打ち込む（七一・五％）」が高く、「人の世話をすることがすき（三四・八％）」が低いという傾向がみられる。

これらのことは、「自分なりの生き方をとても大事に考えている」が、将来を見据えた生き方というよりは、今楽しいということを充実させていきたいということを示している。

同様の傾向は小学生にもみられる。「小学生の生活習慣に関する調査」（財団法人青少年研究所、二〇〇七年）によると、「将来のためにも、今、がんばりたい」と答えた日本の小学生の割合は、「四八・〇％」であり、北京（七四・八％）やソウル（七二・一％）の子どもたちよりも低くなっている。

ここには、見通しを立てた上で、未来から現在の位置を捉えるのではなく、現在を「今」として捉え、重視している子どもたちの姿が現われている。こうした「今」の充実は、何を「今」として捉えるかによって、複数現れてくる。そして、世界が多層化する中で、自分が感じる「生きている世界」の充足感を求め続けることになる。

2　長期的な自己イメージをもたない自己形成

「今」の充実を求める自己形成は、長期的な自己イメージをもたない自己形成である。もちろん、このような長期的な自己イメージの不明確化には、グローバル化にともなう選択肢の増加の影響があるだろう。例えば、大学進学の際、選択対象の大学は国内だけではなく海外の大学も含めて考えることができる。ところが、海外の大学を選択した場合、多くの子どもたちにとって、どのような未来が開かれているかを具体的にイメージすることは難しいだろう。選択肢が増加する一方で、それがどのような道であるかは誰にもわからないのであり、一人ひとりの子どもがあらかじめ定まった道を進むことは困難である。

また、長期的な自己イメージをもたない自己形成は、時間を「積み重なる時」としてではなく、「流れる時」として捉えることによって成立している。なぜなら、こうした自己形成は、「今」という時間を重視するということだけではなく、スピードのなかで自己を生み続けているからである。流れる「時間」のなかで自己を形成することは、時間の速度に敏感な自己形成となる。立ち止まってよく考えていたら、スピードについていくことができない。そのため、変化しつづけるなかで、立ち止まらずに考え、判断していくことになる。こうした自己形成においては、自己を振り返る時間を設けること自体が、一つのリスクである。

さらに、その時々に、思いもよらない人物や場所、作品から影響をうけ、自分もやってみようと試みる際、影響を与えたものとは、具体的な対象だけではなく、ゲームのなかの人物や架空の何者かの場合もあるだろう。したがって、「私」を形作るのは、そのつど影響を与えた「何か」である。自己は、その「何か」という断片の集まりによって形成される。

こうして形成される「私」の物語りは、そのつど、「私」を生成しつづけることであり、一本の道が続く見通しのよいものではない。その意味で、長期的な自己イメージをもたない自己形成は、将来の自己が既に定まり、それに向かって、必要なことを一歩ずつ積み重ね、時には自制しながら、ゴールを目指す自己形成とは異なっている。こうした長期的な自己イメージをもたない／もてない自己形成を、先にみた「私の発見」と対照的に、バウマンは「私の発明（invention）[8]」とよぶ。こうした「私の発明」の基点は、「私」しかいない。

流動的な社会のなかで行われる自己形成は、自己を生み続ける一方で、変化しつづける自己を受けいれることでもある。固定的な視点から自己を捉えるのではなく、変わり続ける自己を常に肯定することによって、活発な自己形成がなされていく。そこでは、時間の積み重ねによって形成される場所や視点は、影を潜めることになる。立ち返る場所をもたない自己形成は、形作るというよりも、変化しつづける自己を生み出す自己形成といえるであろう。

3　アンビヴァレンスな要求

ところで、先にとりあげた「高校生の意欲に関する調査」（財団法人日本青少年研究所、二〇〇七年）には、「今」を充実させようとする視点とながくつきあえる友人を求めているというアンビヴァレンスな要求がみられる。「今」を充実させるためには、長く続く関係を求めるよりも、「今、会いたい人」に会いにいき、「今、自分に必要な人と出会うことを期待する」といった、流動的な人間関係のありかたに重点がおかれるはずである。ところが、「一生つきあえる友人を得たい（七九・一％）」という要求がみられた。これは、どのような状況であれ、変わることなく長く付き合うことのできる友人を求める要求であり、長期的で不動な人間関係の希求である。こうした希求は、「長く続けられる関係」「いつまでも続く関係」「いつでもやさしく迎えてくれる友人」など、「変わることのないかかわり」を求める姿である。

ここに表れているアンビヴァレンスな要求は、「今」の充実を求める関係や流動的な社会の表裏をあらわしている。「今」の充実を求める関係や社会では、いつ、自分が誰かにとって不要な人間になるのかわからない、といった不安もまた増大する。もちろん、その一方で、誰かの必要になるという可能性も未来において同時にあり、可能性と不安が同時に存在している。この可能性と不安こそが、アンビヴァレンスな要求なのである。すなわち、流動的でいつ不要になるかわからない関係といつまでも一緒である関係を求めるというアンビヴァレンスな要求は、「今」を充実させる流動的な関係（＝可能性）とそれを越える安定した関係（＝不安への対応）を求めていることの現われといえる。

ここまで見てきたように、現在の子どもたちの自己形成とは、定住しない生き方の模索である。こうした自己形成に、大人と子どもの違いはあまりないかもしれない。定住しない生き方の模索は、これまで語られてこなかった自己形成における新たな課題であろう。なぜなら、この非定住の自己形成という新たな課題は、従来の自己形成の課題であった固定的な世界をつくること、一歩一歩年齢とともに積み重ね成長していくこと、あるいは庇護性の空間の中で自己を形成していくこととは、異なる課題だからである。

すなわち、現在の子どもたちは、固定的な世界によって支えられることなく成長し、どのように生きていくのかが問われている、ということである。そのため、根をもつように見えるものへの関心が高くなったりするのかもしれない。常に変わらない価値観や成長の支えになるような世界に出会うことのない自己形成は、それらを求めながらも流動的に生きるという姿に、その難しさをみることができる。

もしかしたら、「今」の充実は、未来を重視しすぎるあまり今を軽んじたくない、ということかもしれない。だが、そうした「今」の重視は、今日の社会構造のなかでは、破棄される生として飲み込まれてしまう可能性をひめている。定住しない生き方の模索は、そうしたリスクもまた、背負っている自己形成なのである。多くの者は、「自分がそう決めたのだから、責任は自分にある」と考え、様々な変化を受け入れるだろう。ここに、非定住の自己形成がもつ、もう一つの難しさがある。

それでは、子ども・若者の非定住の自己形成という物語に対し、学校はどのような物語の場所となっているのだろうか。子ども・若者の自己形成にみられた新たな課題は、学校の物語とのズレを生む一つの要因ともなっているのではないだろうか。現在の学校を考えるために、一九八〇年代以降にみられた学校空間の変容に着目しながら、みていこう。

第3節 〈支配的な空間〉から〈あいまいな空間〉へ

1 敵か、味方か

一九六〇年代末から現れ始めた学校における教育問題は、進歩という大きな物語の揺らぎが進行しつつあった一九八〇年代に噴出する。一九八〇年代前半の学校は、校内暴力とそれらへの対応に彩られていた。ツッパリグループや番長グループと呼ばれる数十名からなる集団の生徒によって引き起こされていた校内暴力は、集団による授業のエスケープや校内での喫煙、窓ガラスや自動販売機を壊すなどの器物破損行為として行われた。目に見える形で為されたこれらの行為は、学校や教師に対する反発・反乱であり、対立行動であった。それに対し、学校は、ツッパリグループや番長グループなどの一部の生徒集団に対して対応するだけではなく、細かい校則を設けるなど、次第に、「すべての児童・生徒」を監視の対象として捉える空間へと変化していった。

次の文章は、一九八八年に投稿された新聞記事の一部である。

「今の学校で何がコワイといったら、先生ほど恐ろしいものはありません。私の学校は、昔荒れたのですが、現在はいちおう平穏で先生方の自慢は、市内屈指のおちついた学校ということです。おちついているということは大変喜ぶべきことですけれど、何かなっとくできないことが、日常的に、ごくあたりまえにおこなわれているのです。

毎日どこへいくのにも棒をもちあるき、パチパチ手のひらでならす先生。毎日の朝会集会で一人ずつ頭のてっぺんから足の先まで、冷たい視線で検査する先生。生徒を見せしめに、はりとばす先生。ちょっとした違反で「特別あつかいされたくないなら」とおどす先生。（略）」（『朝日新聞』一九八八年五月二九日）

ここに記されていることは、教師が一人ひとりの生徒を基準に適しているかどうかという視点から検査し、学校における統一的な秩序を形成することに寄与していた、ということである。このように、一九八〇年代の学校は、校内暴力がおさまった後も、管理する教育を推し進め、単一な成長という物語に基づき、学校に通うすべての子どもへ視線が向かうという「まなざしの空間」であった。

確かに、学校は、多くの子どもたちが共に時間を過ごす場所である。そのため、学校を維持するシステムが必要である。例えば、学校では、生徒自身が、教師や友人などの他者から自分が見られていることを知るという「知覚されることの知覚（Wahrnehmen des Wahrgenommenwerdens）[9]」がなされることによって、自己の行動を規制し、自己統制を可能にしている。あるいは、学校は、学年別に一学年から順番に並ぶことや身長順に整列することなどの序列によって秩序を組み込んだ空間を作り出している。学校は、多数の児童・生徒を監視し賞罰を与えることによって、学校という一つの装置を維持しようとする側面をもっている。組織を維持するための規則としての校則という考えは、秩序を組み込んだ学校空間であることを示している。

こうした学校における子どもたちへのまなざしは、学校を超えた空間においてもみられる。例えば、下校時間の後、街で出会う子ども・若者に対する視線は、学校における児童・生徒に対するまなざしと同様である。大人は子どもを児童・生徒として捉え、子どもたちは学校の外でも「児童・生徒」であることを要求され、「フルタイムの生徒[10]」として捉えられている。

拡大された学校である「まなざしの空間」のなかで、子どもたちは、いつでも、どこでも、「知覚されることの知覚」によって、学校や大人の視線を取り入れたふるまいを身につけていく。常に見られる存在としての子ども、そして見られる視点から自己を捉える子どもたちが、そこにいる。

これらの監視や管理は、ある意味、両義性を有している。なぜなら、監視や管理という方法であったとしても、見られる存在である子どもたちは、学校や大人の世界の価値や考え方を（逆説的に）理解していたからである。大人たちは常に子どもたちを見ており、子どもたちは、どこにいても、大人や教師の目を気にしながら生活をする。どこにいようとも、他者の視線が気になる空間のなかで、子どもたちは生きていた。そのため、他者の視線から逃れる場所を探す子どもたちが出現する。

こうした「見る—見られる」という関係において、見られる存在である自己にとって問題になるのは、見られる自己と私が見る自己の間に亀裂が生じることである。亀裂が生じたとき、他者である大人や教師に対しどうふるまえばよいのか、普段の私とは違う私をどのように友人に伝えればよいのか、という両者の狭間で「私」は揺れ動き、悩むことになる。そうした表現の一つに、大人や教師に対して反抗するという方法があったのだろう。

だが、一九八〇年代半ば以降、「見る—見られる」関係における児童・生徒の多くは、学校に対する感情的な思いはあったとしても、目に見えるかたちで学校の規則や校則に違反することをしたり、「見えやすい」行動をとることはすくなくなる。すべての子どもたちへのまなざしを有する学校を、教師と生徒という単純な対立によって捉えることはできないのである。むしろ、「見る—見られる」関係における児童・生徒の多くは、対立や違反ではなく、行動だけを適合させるような規則への従い方を選んでいく。こうして、学校というひとつの空間において、「対立」はしないが、教師と生徒の住む世界の異なりが拡大し、異なる集団が居住するようになる。この時、子どもたちは、「フルタイムの生徒」を演じる生徒へと変化する。

こうして、学校は、「見る—見られる」関係にもとづく、教師と生徒を演じる場所となる。教師と生徒を演じる場所である学校は、教師らしい振る舞いや生徒らしい振る舞いによって編まれていく。

2　共存の物語

「ふつうの子」がまなざされる空間が拡大する中、学校における行為が自己にとってどのような意味があるのかが問われるようになる。例えば、「受かることだけが優先されるあまり、どんな高校に行きたいのか、高校でどんな勉強がしたいのかが置き去りにされていたのではないか11。」といった発言にみられるように、学校における機能を一人ひとりにとっての意味として捉え直そうとする考えが現れてくる。どうして学校にいかなければいけないの？学校って何？　など、一人ひとりの生きる文脈において、学校がどのような意味を有するのか、といった生き方を問うことと学校の意味を問うことが重なりをみせるようになる12。

その背景には、一九八〇年代半ばより進められた公教育のスリム化や個性重視という教育における新たな方向が示されたことによって、学校が徐々に変化してきたこともあるだろう。子どもたちを学校の生徒としてだけではなく、一人の人間として捉え、一人ひとりの人生を重視するようになり、学校も子どもたちの生きることを支援するようになる。このようにして、学校は、子どもたちの自己実現を中心にすえる「支援する学校」へ向かうようになる13。子どもたちの自己実現を中心におく「支援する学校」は、子ども一人ひとりの願望と結びついた学校となる。もはや、学校は、対立や敵として捉えられる場所ではなく、一人ひとりの子どもの願いを実現するためにはどうしたらよいのかを子どもと共に考える場所といえる。

しかし、子どもたちは学校のなかで自己実現をするわけではない。いいかえれば、学校そのもの、学校の機能が、子ども一人ひとりの自己実現に関わる場所ではないということである。学校は、あくまで、児童・生徒の自己実現を後方から支援する場所である。あるいは、学校は、児童・生徒の自己実現の手段となる場所である。そのため、現在の学校にとって、児童・生徒の自己形成に関する大きな課題は、「自分の目標」がみつからない子どもたちである。それでは、子どもたちは、自己実現に直接かかわらない学校において、どのような距離をとり、過ごしているのだろうか。次の文章は、二〇〇九年に投稿された校則に関する新聞記事の一部である。

「校則をなくせとは思わない。ただ、他人に迷惑をかけない程度なら、ちょっとぐらい髪を染めようが、アクセサリーをつけようが、別にいいじゃない、と思う。」（『朝日新聞』二〇〇九年七月一二日）

ここに示されていることは、校則に反対することではなく、自己表現としての範囲であればいいのではないか、という考えである。規則の必要性は理解できるが、あくまで規則は他者との関係において必要なのであり、自己表現に拘束をかけるものではない、ということである。子どもたちは、生徒であることも受け入れつつ、自己であることも大切にしているのである。

このことは、学校の置かれたアンビヴァレンスな位置も示しているだろう。学校は、一方で子どもたち一人ひとりの自己実現を支援しつつ、他方で、生徒として子どもたちを捉え学校という場所に現われる秩序を維持しようとする側面をもつ。その境界が、子どもたちとの間に大きなズレを生んでいるのである。すなわち、問われているのは、境界のラインであり、学校が引くラインと子どもたちの引くラインが異なるのである。例えば、高等学校などにおいて、制服がないほうが自由でいいのではないかと考える学校と制服があるほうが学校らしくていいと考える生徒とのズレは、両者のラインの異なりといえる。もちろん、子どもたちだけではなく、保護者や地域住民とのラインの異なりもあるだろう。

学校はこのような困難を抱えながら、どのような方向にむかっているのだろうか。

第４節　多様化する学校と自己治癒力の低下

1　増え続ける多様なニーズ

次の資料を見ていただきたい。これは、「高校生活及び中学校生活に関するアンケート調査（高等学校中途退学者及び中学校不登校生徒の緊急調査）」（内閣府（共生社会政策担当）、平成二〇年度）による調査結果の一部である。中学校生活について尋ねた「今後の生活設計のためにあればよいと思うところ」（**図４-１**）をみると、就学群、就労群、ニート群で、それぞれ異なるニーズがみられる。例えば、「技術や技能の習得を手助けしてくれるところ」の項目では、就学群は三二・七％、就労群は三九・五％、ニート群は五二・九％である。「心の悩みについて相談を受けられるところ」の項目では、就学群は二八・六％、就労群は二三・七％、ニート群は四七・一％である。「社会的一般常識を教えてくれるところ」の項目では、就学群は三二・七％、就労群は二三・七％、ニート群は二九・四％である。就学群では、「技術や技能の習得を手助けしてくれるところ（三二・七％）」と「社会的一般常識を教えてくれるところ（三二・七％）」が

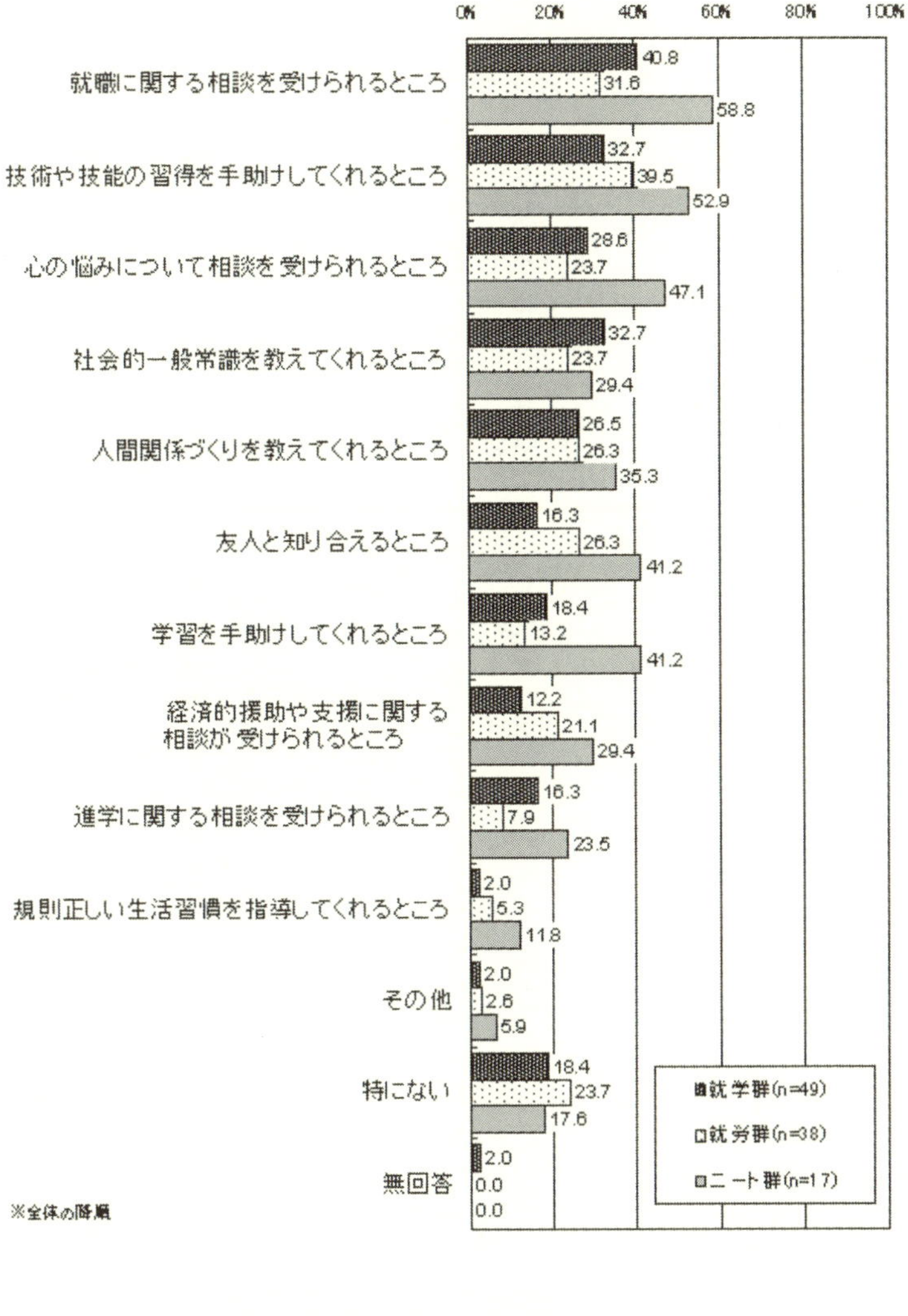

図4-1　今後の生活設計のためにあればよいと思うところ

「内閣府政策統括官（共生社会政策担当）によるH 20高校生活及び中学校生活に関するアンケート調査（高等学校中途退学者及び中学校不登校生徒の緊急調査）」
（http://www8.cao.go.jp/youth/kenkyu/school-life/html/3-5.html#3-5-1 より）

同じ割合になっているのに対し、ニート群では、「社会的一般常識を教えてくれるところ（二九・四％）」は低くなっており、「心の悩みについて相談を受けられるところ（四七・一％）」の方が高い割合になっている。このように、現在の子どもたちの学校に対するニーズは、一様ではなく、多様化している。

さらに、「高校の仕組みなどに対して望むこと」（**図4-2**）を見ると、「もっと学校の規則やきまりをゆるやかにしてほしい」「希望すれば、学科を変えたり、転校できるようにしてほしい」「先生や友人と話せる楽しい雰囲気がほしい」「希望すれば、再び高校で学べるようにしてほしい」など、生涯学習型の学校であると同時に流動的な学校を希望する声がある。それらに対して、既存の学校にみられる「学校行事」や「部活動」の充実への声は低くなっている。このように、現在の学校に対するニーズは、一人ひとりの希望をかなえる流動的な学校のあり方を求める方向に向かっている。

学校がこれらのニーズに応えようとすればするほど、現在では、困難を抱え込むことになる。例えば、専任の教職員だけでは、児童・生徒のニーズに対応することが難しくなり、非常勤職員や講師などの支援を求めようとすればするほど、専任教員は、その調整や対応にせまられることになる。また、児童・生徒のニーズに対応するためには、カリキュラムは複雑になり、作成そのものが困難をきわめることになる。さらに、児童・生徒の学校間の移動にともなう手続きに関わる書類が増加し、教員は事務書類の作成や連絡調整にかかわる時間が増えることになるだろう。

このような中、現在の教師が重視していることはなんだろうか。二〇〇七年に全国公立小学校・中学校の教員（総数三九八一名）に実施したベネッセの調査によると、それは、「学力」をつけることである。「教育観（小学校教員・

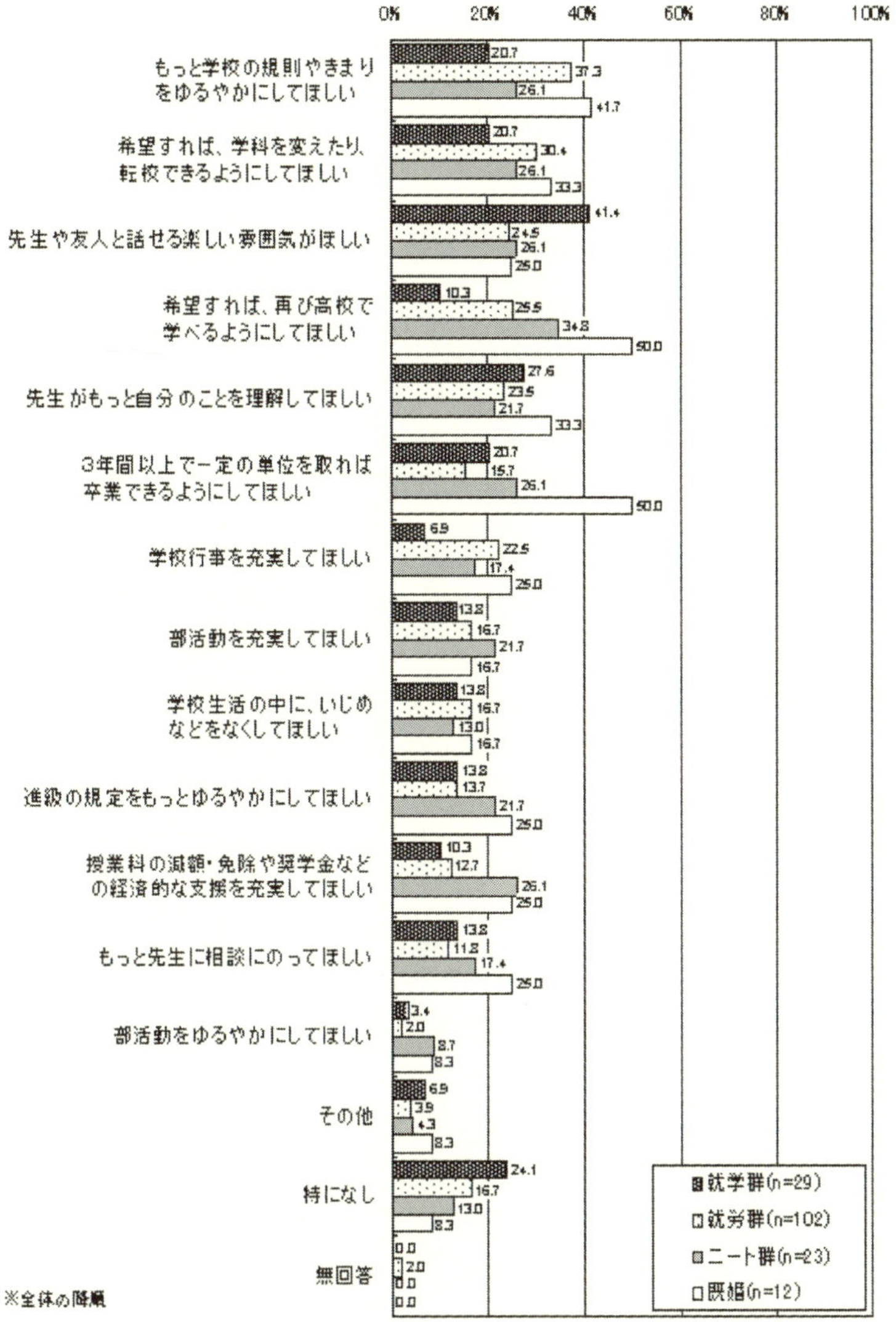

図4–2　高校の仕組みなどに対して望むこと

「内閣府政策統括官（共生社会政策担当）によるH20高校生活及び中学校生活に関するアンケート調査（高等学校中途退学者及び中学校不登校生徒の緊急調査）」
（http://www8.cao.go.jp/youth/kenkyu/school-life/html/3-5.html#3-5-1 より）

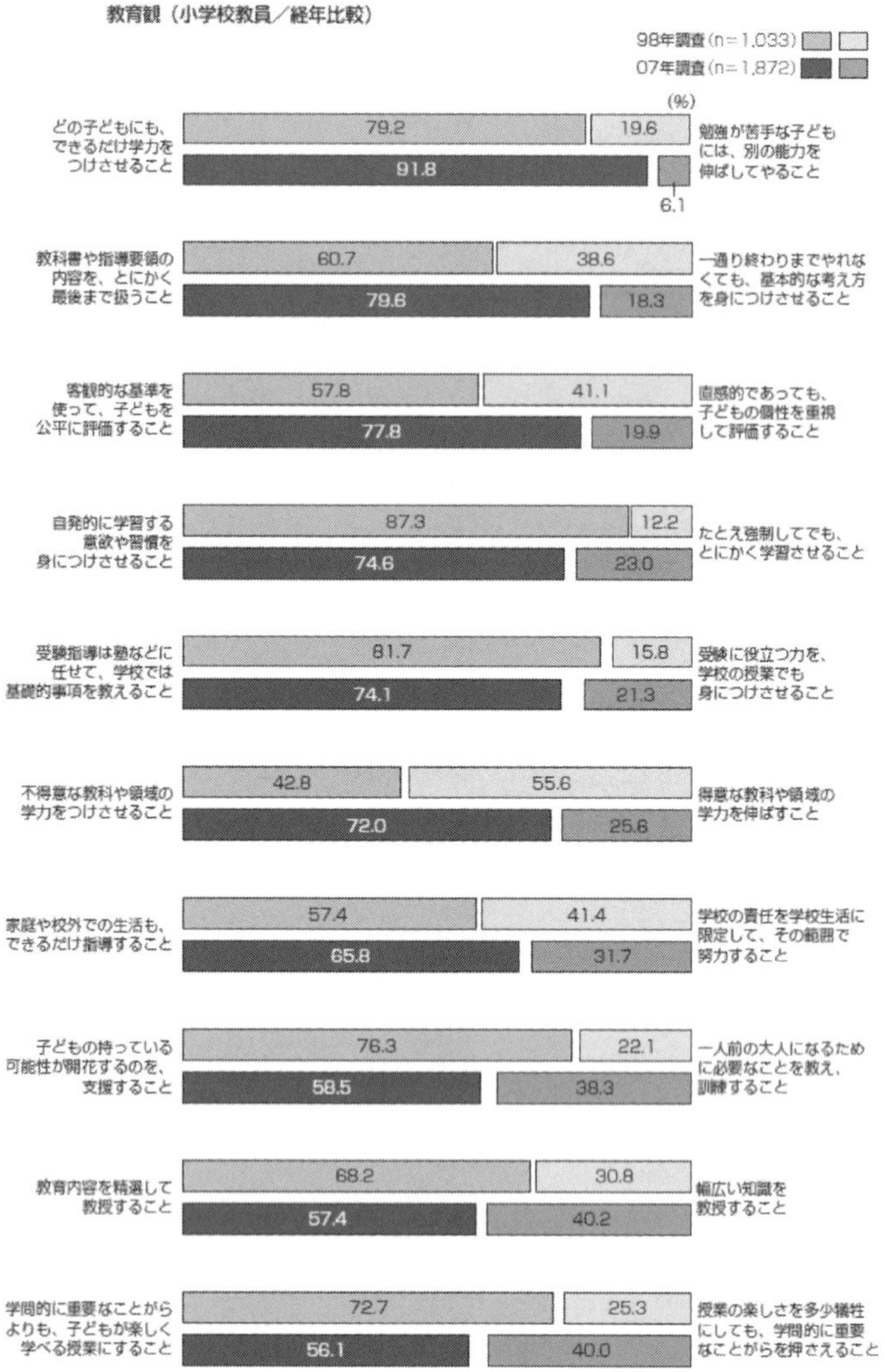

図4-3　教育観（小学校教員・中学校教員）

（http://benesse.jp/berd/center/open/report/shidou_kihon/hon/hon_10_1_1.html より）

教育観（中学校教員／経年比較）

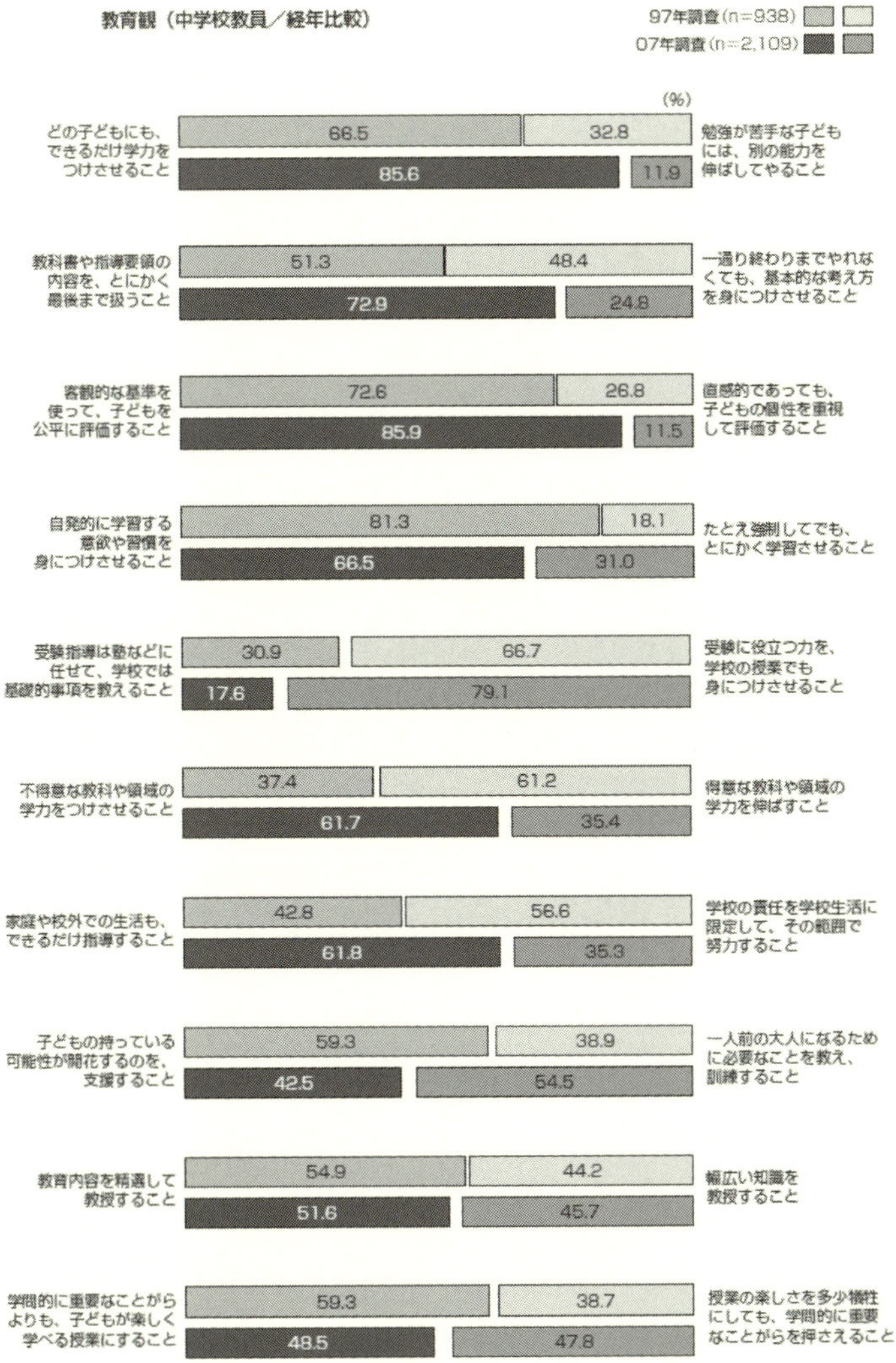
97年調査(n=938)
07年調査(n=2,109)
(%)
どの子どもにも、できるだけ学力をつけさせること
66.5
32.8
85.6
11.9
勉強が苦手な子どもには、別の能力を伸ばしてやること
教科書や指導要領の内容を、とにかく最後まで扱うこと
51.3
48.4
72.9
24.8
一通り終わりまでやれなくても、基本的な考え方を身につけさせること
客観的な基準を使って、子どもを公平に評価すること
72.6
26.8
85.9
11.5
直感的であっても、子どもの個性を重視して評価すること
自発的に学習する意欲や習慣を身につけさせること
81.3
18.1
66.5
31.0
たとえ強制してでも、とにかく学習させること
受験指導は塾などに任せて、学校では基礎的事項を教えること
30.9
66.7
17.6
79.1
受験に役立つ力を、学校の授業でも身につけさせること
不得意な教科や領域の学力をつけさせること
37.4
61.2
61.7
35.4
得意な教科や領域の学力を伸ばすこと
家庭や校外での生活も、できるだけ指導すること
42.8
56.6
61.8
35.3
学校の責任を学校生活に限定して、その範囲で努力すること
子どもの持っている可能性が開花するのを、支援すること
59.3
38.9
42.5
54.5
一人前の大人になるために必要なことを教え、訓練すること
教育内容を精選して教授すること
54.9
44.2
51.6
45.7
幅広い知識を教授すること
学問的に重要なことがらよりも、子どもが楽しく学べる授業にすること
59.3
38.7
48.5
47.8
授業の楽しさを多少犠牲にしても、学問的に重要なことがらを押さえること

中学校教員）」（図4－3）をみると、一九九七年・一九九八年調査と比較して、最も割合が高くなっている項目は、小学校教員、中学校教員ともに、「不得意な教科や領域の学力をつけさせること」である。他にも、一九九七年・一九九八年調査よりも割合が高くなっている項目は、小学校教員・中学校教員ともに、「教科書や指導要領の内容を、とにかく最後まで扱うこと」である。

最も割合が低くなっている項目は、「子どもの持っている可能性が開花するのを、支援すること」であり、その反対の項目に設定されている「一人前の大人になるために必要なことを教え、訓練すること」が一九九七年・一九九八年調査より増えている。いいかえれば、子どもの可能性を開花することより、大人になるために必要なことを訓練することが重要である、と考えられているのである。ここには、一九九七年・一九九八年における教育観と二〇〇七年における教育観の転換が表れている。

これらの調査に示されていることは、子どもたちに身につけさせたいことは、子どもたち一人ひとりが、社会のなかで生きていくことのできる基礎的な力である、ということである。すなわち、一人ひとりの自己実現を支援する方法は、学校に適合した児童・生徒を生み出すことではなく、一人前の大人になることであり、基礎的な力を身につけることである、と捉えているといえる。

ところで、現在の学校は、イリイチが指摘したように、目的とプロセスが混同する学校化の状態でもある。こうした制度依存ともいえる学校化された環境のなかで、学校は、ニーズにこたえることが「あたりまえ」として捉えられている。さらに、それらのニーズに応える能力があるかないかという視点から、学校は捉えられている。ここには、課題をクリアすることが学習することだ、という学校化の典型が示されている。ニーズに応え続けようとする限り、こうした学校化から抜け出すことはできず、ますます、学校化されていくだけである。

このことは、教師にとって、ますます精神的な負担になる。なぜなら、学校教育は感情労働という側面を有しているからである。感情労働（emotional labor）とは、「公的に観察可能な表情と身体的表現を作るために行う感情の管理[14]」のことである。感情や表情が、ある程度規定されているような職業は、感情労働といえる。感情労働の典型的な例は、客室乗務員の仕事である。こうした感情を管理するという感情労働という側面を、教師の仕事もまた、有している。なぜなら、教師には、常に前向きな態度であったり、笑顔や温かみのある表情といった私的な感情が、仕事という公的な場面で求められているからである。

2　進む学校のコンビニ化とデザイン化

多様なニーズに応え続ける限り、学校は、子どもたちがいつでも気軽に利用できる場所となり、「使い勝手のよい」ところへと向かうことになるだろう。例えば、「来たいとおもったとき、学びたいと思ったとき」に誰もがいくことのできる学校である。こうした学校は、生涯学習の場所としての可能性がある一方で、「いつでも、どこでも、だれでも」便利に利用することのできるコンビニエンスストアのようでもある。

二四時間三六五日営業しているコンビニエンスストアと同じように、二四時間三六五日「いつでも、どこでも、だれでも」利用可能な学校は、二四時間三六五日体制で子どもや保護者とかかわる教師の姿と重なるだろう。さらに、学校で提供する教授内容も、コンビニエンスストアに並んでいる商品と同じように、生活に必要なもの、すなわち、生きるために必要な最低限のことが重視されるようになるかもしれない。

また、コンビニエンスストアは、店舗によって商品の品揃えが異なっている場合がある。例えば、同系列の他の店と比べて、バラエティ豊かな商品を並べているところもあれば、ある商品の品揃えが豊富なところもある。こうした内容の異なりは、学校の姿とも重なる。一見すると同じ学校にみえても、そこで提供される内容に違いが発生する。例えば、ある学校では、発展的な学習を重視しているのに対し、他の学校では、基礎的な学習を重視していることもあるだろう。こうして、利用者にとって手軽で便利な学校は、コンビニ化を進めることになる。

このようなコンビニ化と同時に進行しているのが、学校のデザイン化15である。多様なニーズに応じて様々な学校がつくられる一方で、それら以外の学校においても、学校目標などにおいて、一つひとつの学校の特色や独自性を示すことが求められている。各学校の独自性を表現することは、他校との違いを示すことでもある。そこで進むのが、デザイン化である。デザインとは、機能が同じ場合、ある商品を売るために、色や形を注目されるものにしたり、その商品に意味を付与することである。そうすることによって、同じ商品であっても、宣伝の仕方、パッケージ、色などの違いによって、購入するものへと変換させていく。すなわち、消費者を意識したデザインが進められるのである。

同じことが、学校においても進んでいるだろう。例えば、いくつかある中からひとつの学校を選択し入学する際、選択の理由が必要となる。そこで、入学してもらうために、他の学校とは異なる特徴を強調することによって色づけを変えたり、校舎の美しさを強調することがある。学校は、どのように他の学校と違うかを示す方法を、デザインによって提示する。いいかえれば、今日の学校は、他校との違いをどのように示すか、どのように独自性やその学校らしさを示していくか、どのように学校をデザインするか、を課題としている。違いがあまりない学校であっても、独自性を示すためにデザイン化する学校は拡大し、その進行に終わりはないだろう。もちろん、このような流れの中で、豊富な品揃えや高級食材を取り扱う店があるのと同様、特別な学校もつくられ、他校との違いを明確に示すことのできる学校も現れてきている。

こうした多様化する学校は、子どもたちの非定住の自己形成をますます加速させる。なぜなら、子どもたちは学校へいくまえに、どの学校へいくかを選ぶことが求められているにもかかわらず、選んだ学校がどのような道を開くのかわからないからである。さらに、選んだ学校が数年後も同様であるとは限らない。すなわち、多様化する学校は、子どもたちの自己実現を支援するというかたちで自己形成に寄与する一方で、非定住の自己形成を推し進めていくことになる。

さらに、学校は、ニーズに応えながら外部に開かれ、外部とつながる一方で、学校で発生した問題を、学校自体で解決することができないという側面を有するようになってきている。例えば、学校で発生した問題を、学校の文脈だけで捉えることはできない。なぜなら、学校は、学校の他に目的をもつ児童・生徒たちと学校の中で生きる教師たちによって構成されており、学校における子どもたちの問題は、学校の外に要因をもつ場合も多く、学校だけで問題を解決することができないからである。そのため、学校はいくつもの役割を細分化し、スクールカウンセラーをはじめ、家庭や諸機関と連携しながら問題に取り組むことを進めてきたといえる。いいかえれば、学校もまた、流動的で非定住の自己形成が進む過程の中で、対応できないことが表面化しており、学校自体による自己治癒力の低下に直面している。自己治癒力の低下とは、もちろん、問題が学校の内部にあったとしても、もはや、学校自体でその問題を解決したり、直すことができない、ということでもある。こうした道は、子どもをとりまく環境の変化と連動するなかで生じてきているのであり、多様化する学校の通る道であったといえよう。

おわりに

ますます加速する非定住の自己形成と学校の多様化という子どもの物語と学校の物語をみてきたが、両者はすれ違いつつ影響しあっている。とりわけ、学校の物語は、「私」という基点しかもたない／もてない自己形成によって編まれる子どもの物語とともに、変容してきている。学校の問題だけ、子どもの問題だけを見ていては、自己形成のありようを捉えることはできない。子ども・若者の自己形成は、子どもの物語と学校の物語の相互作用のうちに、多様な自己形成の一側面を浮かび上がらせることになる。

戦後の学校教育制度が開始され、定着してから、現在、六十数年が過ぎようとしている。この期間に、日本の多くの子どもたちは、学校に通い、学校で学び、様々な学校経験をしてきた。そして、その子どもたちがまた学校に通い、異なる学校経験をしていく。さらに、その子どもたちもまた、同様である。このようにして、一人ひとりの学校経験が異なるうえで、そのまた子どもたちが学校へ通うという複数の学校経験が、現在、学校を構成している。そのため、学校に入学する前にすでに学校についての複数のイメージが生まれている。多様な学校のイメージをもって学校に来る子どもたちとその保護者は、経験の異なりを有しているところから、学校生活をはじめることになる。更新される学校のイメージと学校のなかで数十年生きている教師の間に、ズレが生じることは容易に想像できるだろう。

しかし、学校は本来、社会のなかの一つの空間であり、そこに関わる者たちによって構成される場所である。学校は、規則や考えの押し付け合いによってではなく、また、学校で成功したり、生き抜いていくことによってではなく、どのようにして、いま・ここにいる学校の空間をつくっていけばよいのか、という視点から捉え直されなければならないだろう。

そこで、これからの学校に重要なことは、自分たちの生きている世界をつくるという経験であると考えられる。このことは、子どもを社会の構成者として捉えることを意味する。それは、何かの能力において未熟であったとしても、社会空間へのかかわりや生きる世界を構成する者として子どもを捉えなおすことを意味している。すなわち、子どもを守るのでもなく、子どもを生かすのでもなく、ともに社会や空間を構成する者として捉えることである。子どもを構成者として捉える学校は、子どもに生き方を教えるのではなく、生きていることを経験し、そこにいることの愉しさを身体で感じる空間を構築する視点が織り込まれた学校となるはずである。

これからも学校に対するニーズは途切れることなく増え続けるだろう。だが、ニーズに応えることは、本章でみたように学校化の空間を深化させるだけである。ニーズに応えるだけではなく、ニーズと向き合う時がやってきたのではないだろうか。ニーズと向き合うなかで、構成する者同士による学校という公共空間と子どもの成長を支える空間が折り重なるのではないだろうか。重要なことは、個人をベースとしながら、ゆるやかにでも、「どうしてそう思うのか」などの根拠や理由を背景に構成される空間をつくっていくことだと思われる。学校を動的な空間として構成し直すことを考えるなら、人と人との声によって構成していく以外に道はないだろう。このことは、社会性、政治性、歴史性を織り込んだ〈営み〉の公共空間としての学校の一つの道であるように思われる。

【注】

1 M・J・ランゲフェルド（井ノ口淳三訳）（1980）「子どもとは何か」（和田修二監訳）『よるべなき両親』所収、玉川大学出版部、四一頁。
2 同上書、五一頁。
3 O・F・ボルノー（浜田正秀訳）（1969）『人間学的にみた教育学』玉川大学出版部、五九頁。
4 同上書、五八頁。
5 H・ヘッセ（高橋健二訳）（2009）『車輪の下』新潮社、七–八頁。
6 Bauman, Z. *Identity*, Polity Press, 2004, p.15＝（伊藤茂訳）（2007）『アイデンティティ』日本経済評論社、四二頁。
7 今村仁司他編（2008）『社会思想事典』岩波書店、一五八頁。
8 Bauman, Z. 前掲書。

9　Luhman, N.: *Das Erziehungssystem der Gesellschaft*, Suhrkamp, 2002. S.103=（村上淳一訳）(2004)『社会の教育システム』東京大学出版会、一三八頁。

10　I・イリイチ（東洋・小澤周三訳）(1996)『脱学校の社会』東京創元社、六九頁。

11　NHK日本の宿題プロジェクト編（2001）『学校の役割は終わったのか』日本放送出版協会、五八頁。同様の視点は、寺脇研（1998）『なぜ学校に行かせるの？』日本経済新聞社、においても示されている。

12　一九九〇年以降にみられる子どもたちの生き方と生命を問う姿については、田中孝彦『生き方を問う子どもたち』岩波書店、二〇〇三年を参照のこと。

13　後にみるベネッセの調査にも、このことは現れている。

14　A・R・ホックシールド（石川准・室伏亜希訳）(2000)『管理される心』世界思想社、七頁。

15　ここでいうデザインの用語については、N・ボルツの使用にしたがっている。詳しくは、「意味づくりとしてのデザイン」（村上淳一訳）(2003)『世界コミュニケーション』所収、東京大学出版会、二一三－二二六頁を参照のこと。

第5章 〈大人になること〉の難しさ

後藤さゆり

第1節 〈大人になること〉と対峙する機会の喪失

1 現代は〈大人になること〉がなぜ難しいか

現代は〈大人になること〉が難しいと言われている。雇用環境の悪化から若者が経済的に自立することが困難な状況に置かれていることが主な要因として語られるが、〈大人になること〉がなぜ難しいのか、それを説明するのは想像する以上に単純ではない。まずは、〈大人になること〉が難しいと言われている理由を探ってみよう。

はじめに、『大人のいない国』[1]をとりあげてみよう。本書では、経済的な視点からではなく、大人を「成熟―未熟」という軸で捉え、現代人が成熟せず未熟のままでいることを、サービスや商品という形で受けたり買ったりする社会システムとの関連から論じている。現代は社会システムが整備されて便利になった一方で、子どもだけでなく大人も、共に生活を構築するシステムの外部に置かれている。つまり、消費社会では、すでにできあがった商品を選ぶことしかなく、生活と密接に関わり責任の一部を担いながら、共にかたちあるものに仕上げていくというプロセスが抜け落ちてしまっている。大人も子どもも消費者という同じ側に立たされることで、ものの捉え方や価値観が単純化してしまい、内面的な成長に不可欠な葛藤が生まれないし、その結果、出来事を両義的に捉えることもできないのである。

この社会システムの変化は、「大人らしさ」というふるまいの変化にも見てとれる。社会を構成するひとりとして「大人らしく」ふるまう機会や必要性が、生活の中でほぼ消滅してしまったために、未熟な人々によって構成される社会になってしまったのである。例えば、「友だち親子」が珍しくなくなり、自分やわが子の都合で学校に自己中心的なクレームをつける「モンスターペアレント」という現象を思い浮かべてほしい。これは、家庭でのしつけが、共に生活をする上で必要不可欠な秩序やルールを教えることから、社会で生き抜くための個人の資質や態度を重視する方向へとシフトし、自分の都合さえよければいいという考え方に変化したことと密接に関わっている。親が学校と一緒になって、わが子だけでなく地域の子どもたちへの良い教育をしようと考えるか、学校も塾と同様にサービスとして教育を提供する場と考え、サービスの受け手の視点から注文をつけるかでは、全く異なった発言になることは想像に難くない。

つまり、共に生活するために必要であった知恵や慣わしが意味を持たなくなり、個々人でものやサービス、情報をお金で手に入れて、自分にとって都合のいい生活をすることができる社会に変化したことによって、成熟というプロセスが生活から抜け落ちてしまったのである。鷲田清一が成熟を「編み目がびっしりと詰まって繊維が複雑に絡み合ったじゅうたんのように、情報やコンテンツ（内容）が詰まっていく」[2]と表現している様に、社会を担う立場として、出来事を多面的に、重層的に結び付けたり、意味づけたりする経験ができないのである。よって、現代は、若者が〈大人になること〉の意味を見つけにくくなっただけでなく、大人さえ「大人らしく」ふるまうことから解放された社会へと変化したと言えるであろう。

若者が大人になり難いもうひとつの理由として、現代では「大人になる」ということが多義的であることも関連が深いように思われる。多義的であるということは、生理的、法的、社会的、心理的など、異なる見方ができるということであり、例えば、『いまこの国で大人になるということ』[3]では、それぞれの分野で活躍する一六人が、大学生や高校生に専門的立場から〈大人になること〉に向き合うことを勧めている。つまり、〈大人になること〉が捉える側面によって変わるということだから、大人世界という全体が見えにくいのである。さらに、分節化された世界の一部が時代と共に変化してしまうため、親世代が考える大人世界と、若者が考える大人世界には、大きなずれが生じている。したがって、若者のモデルとなるような大人に日常の生活で出会う機会がなくなっていることが、より〈大人になること〉を不鮮明にするのである。

では、なぜ世代という短いスパンで大人世界の一部が変化してしまうのか、伝統的社会と現代との枠組みの違いからもう少し考えてみよう。河合隼雄は『大人になることのむずかしさ』の中で次のように指摘している[4]。近代以前の伝統的社会では、科学技術による進歩という概念が存在しないために、大人世界の枠組みが固定化されており、大人世界と子ども世界は明確に区分されていた。そして、伝統的社会では、年齢にしたがって準備を進めるため、〈大人になること〉は誰においても自明のことであった。子どもが大人世界に入れてもらうために、イニシエーション儀礼が絶対的な意味を持っていたし、誰もが大人としての役割を求められ、自分の意志にかかわらず「一人前」になる社会であった。しかし、近代社会では科学技術や社会システムの進歩に伴い、大人世界の枠組み自体が短いスパンで変化していくために、ある時代の枠組みでは大人としての条件を満たしていたとしても、時間と共に変化する次の時代では、より高度な知識や役割が求められるようになり、大人としての条件が厳しくなっていくのである。

例えば、現代ではものを生産、製造するにしても、高度で専門的な知識・技術を必要とするだけでなく、豊かな生活の中でもさらに「ほしい」という欲求をかきたてる、新しい商品やサービスを生みだすことが求められる。したがって、情報処理能力をはじめとする知識や技術を常に更新しつつ、コミュニケーション能力、状況に応じて変化していける柔軟で創造性の高い思考力など、様々な力が要求される。社会で必要とされなければ、経済的に自立した生活を送ることが難しいため、大人になるためには刻々と変わる社会で求められている能力を身に付けていかなければならないのである。

こうしてみると、現代で〈大人になること〉が多義的で不鮮明であることは、社会の進展による大人世界の流動化と密接に関わっている。現代では、大人としての条件が、ある部分では高度になる一方で、これまで重要であった条件が、意味を持たなくなるのである。そのうえ、現代では大人世界にいつ、どのような形で所属するかさえ、ある程度個人に委ねられているのである。

伝統的社会ではだれもが大人世界の仲間入りができたために、おのずと生活と労働の中で役割を担い、責務を全うせざるをえなかった。一方、現代では若者が自覚しないままに、〈大人になること〉の魅力的で快楽的な部分だけを生活の中で取り入れ、魅力を感じない部分には二の足を踏むということが可能である。そのため、〈大人になること〉で自分の都合が良くなるところだけ分割して先取りし、都合の悪い部分はなるべく避けて通ることによって、個々人で異なる大人世界を生きることができるのである。言いかえれば、生活するうえで経験する出来事さえもひとつひとつが分節化され、ライフスタイルの選択肢として自己決定していくことができるということである。

したがって、若者の側からみれば、〈大人になること〉を忌避して成熟しないのではなく、社会のシステムが整っているがゆえに、個人としては自分なりに対応しているのである。若者にとっては、すべての人が同じ年齢で、同じ大人世界に住む必要すら感じていないであろう。世代の異なる人からみれば、いつまでも大人にならないでいるように見えるのは、彼らにとって一番大切なことが、社会的に大人として認められるかどうかではなく、自分らしく生きることだからである。若者は、自分の幸福のために自ら定めた基準や条件で世界を構築し、自分なりのペースで生きているといったほうがいいであろう。

とすると、〈大人になること〉の難しさは、生き方が自由で多様であることが許される社会であるがゆえに、若者が〈大人になること〉と対峙する機会を喪失していることにある。前出の河合は、エリアーデの『生と再生』を引用しつつ、近代社会の特色の一つであるイニシエーション儀礼の消失が、〈大人になること〉の意味や意欲の喪失に結びついていると指摘している。その意味をここでもう一度考えてみよう。

すでに指摘したように、伝統的社会では〈大人になること〉は本人の能動的な行為ではなく受動的要素が強かった。受動とは、ある意味では社会的に強要されるということである。近代社会では、その要請から個人が解放され、自由と自立をめざしてきたことからすれば、〈大人になること〉が能動的な行為に変化したことは、当然の結果であろう。したがって、現代では若者自らが自立の意味を自覚し、能動的に選択しアクションを起こさなければならない。しかも、彼らは自分の責任において、人生の節目となるライフイベントを、細分化されたライフスタイルの選択肢として度々決断もしなければならない。

もし、人生の先を予測して困難かもしれないと不安になれば、大人世界に入ることを躊躇するであろうし、場合によっては、共に生きることをやめて社会から孤立してしまうこともあろう。そこまで極端でなくとも、どんな生き方をするか自己決定できるのであれば、表面的で瞬間的な楽しさや充実感を大切にし、大変そうなライフイベントはなるべく先送りにしたいと考える心情は理解できる。

しかし、そうすることで、生きる上での根源的な困難さや〈大人になること〉の受苦といった、できれば避けて通りたいような経験が内包する両義性を見失ってしまうのである。時代が変化しても、人は社会を形成し他者と共に生活を営まなければ生きてはいけないことには変わりがない。とするならば、人生で出会う出来事は能動的に選択するものだけでなく、自分の経験として担わざるをえない受動的な「こと」が生まれるのは当然であり、その受動性がもたらす予期せぬ「こと」にこそ、人の成熟を促す契機があるのではないだろうか。「こと」をめぐる考察は

第5節に譲るが、ここではとりあえず、「こと」を自己と他者の両者のあいだで意味づけられることがらと説明しておこう。

生きるという営みを主体的に決定できると感じられる社会であることが、他者と共に生きるという意識を希薄化させ、結果として、〈大人になること〉への漠然とした不安や喪失感を若者たちに与えていると考えられるのではないだろうか。

2 個人化する社会と〈大人になること〉の条件

では、大人としての生き方を自己決定できるとはどのようなことだろうか。〈大人になること〉の具体的な条件の変化に着目して検討してみよう。

まず、現在、大人と言われている人の多くがイメージしている大人の条件とはどんなことであろうか。例えば、前掲の『いまこの国で大人になるということ』の執筆者のひとりである西研は、その中で「職業をえること、親から経済的に独立し、自分で自分の生活の資をえる」「結婚して子どもをつくれる（親になる）条件をもつ」を挙げ、基本的イメージとして、今なおしぶとく生き続けて決してなくなってはいないという5。

一方で、西の言う二つ目の条件に関して、本田和子は、若者世代に「子どもを生み育てる」という意識が希薄化し、〈大人になること〉の条件ではなく、個人の選択の一つに位置づいてしまっていると指摘している6。この二つのズレこそ、短期間のうちに〈大人になること〉の条件が大きく変化し、大人としての生き方の選択肢が広がっていることをわかりやすく示しているだろう。

現在の若者の親世代が育った時代は、伝統的社会から個人が自由になることをメリットとして意識しつつも、結婚して子どもを育てるというライフコースは、まだ多くの人にとって〈大人になること〉として自明のことであった。しかし、社会構造が情報・消費社会へ大きく変化すると共に、ライフコースはライフスタイルとして個別的・選択的な色合いを強めている。したがって、結婚や子どもを持つことは、一つのライフイベントであり、必ずしも大人の条件として強く求められる時代ではなくなった。

このような社会状況の変化を反映して、宮本みち子は大人（成人）を「価値観や活動が安定し、自分の人生を主体的に設計する覚悟があり、リスクに対処するための知識や技量が基本的にそなわった状態に達すること」と定義し、〈大人になること〉の多様性を最大限に認める立場をとっている[7]。また、宮本のこの条件は、ひとつの人生モデルを自明としていた社会から、生き方の多様化が認められると同時に、その責任が個人に求められる社会へと変化したことで、具体的に条件を示すことが難しくなったことを表している。

例えば、親世代では大人の条件として当然であった結婚をして子どもを持つことも、若者にとっては結婚をするかどうか、さらに子どもを持つかどうかを自分で決定できるという自由を獲得したのと同時に、リスクという視点からも判断しなければならないということである。どんな生き方をするか、個人の選択に委ねられる一方で、選択したことが実現できるかどうかは保障されておらず、選択に伴うリスクにも個人で対処する責任が求められているのである。このような状況が、ウルリッヒ・ベック（Ulrich Beck）の指摘した個人化（Individualization）によるリスク社会（Risk society）である。

ベックは、個人化について個人の主観的な認識の変化を、三重の要因が絡んだ社会構造の変化から捉えている。すなわち、歴史的に与えられていた社会形態や社会的結びつきからの「解放」、それによって行動に関する知識や伝統が持っていた規範の確実性を喪失する「安定性の喪失」、さらに、それらが社会の中に全く新しい生活情況や社会的制約、制度として組み込まれる「再統合」である8。このような社会変動としての個人化は、個人の意志に関わらず進行しつつ、個人にその結論を求める。したがって、個人の生活における主観的な次元と、社会構造という客観的次元の相互作用によって個人化が加速していくことになるのである。

具体的には、家族や近隣関係、職業、地域の文化や風土といった社会的な結びつきからの解放により、生活スタイルの決定に関する知識や規範は、伝統が持っていた確実性を喪失し私化が進行する。すなわち、歴史性という時間の流れは連続性を失い、子どもは親のライフスタイルをまねることができず、すべてのことが自分の人生という短い時間軸で判断され、安定性が失われる。さらに、自分の生き方が私的なものと認識されることによって、社会的システムがかかえる矛盾や、産業と科学によって生みだされるリスクを自分の人生として解決し克服することを余儀なくされるのである。

人は自己完結して生きられる生物ではないし、社会という集団に所属せずに生活することもできない。だからこそ、個人化する社会へと進んでいくことはある意味で必然であったし、個人としても、わずらわしい他者との関係が軽減され、機能的で効率的な社会になることは、リスクを回避さえできれば生活しやすい社会でもある。

よって、宮本が指摘するように、現在の個人化する社会では、自律的に自分の人生をデザインしていくことが、〈大人になること〉であるということもできよう。しかし、個人化する社会では、日常生活にまつわることを歴史的に検証することはできないため、その選択が正しいのか、実現できるかは不透明である。よって、不確実な生き方の選択を強要されているとも言えるのである。個人をつないできた家族や地域社会の機能が衰退していく中で、このような状況に対応できる能力を個人が身に付け、リスクに対処しながら生きることは果たして可能なのだろうか。これ以上、個人に能力向上を求めること、さらに選択の責任まで負わせるシステムが、豊かな社会のかたちと言えるのであろうか。

一方、個人化する社会で最も弱体化するのは、自分を取り巻く社会や自然といった環境と相互に影響しあって生きているという、身体を通したアクチュアルな経験である。つまり、人は個人として生きる以前に、自己とは異なる他者と共に生活をすることで、生きる意味や価値を創出するが、その共同性を前提とする存在であることを忘却し、また、自己の身体を中心とした生活世界の基盤を喪失している。私たちは、生活に根ざした経験によって、他者と共に生きるかたちのイメージをもち、他者と関わるという共同性の意味を了解しているのであって、その経験なしにリスクに対処する能力を身に付けることはできない。

同様の視点から、他者と関わることを大人の必要条件として指摘しているのは、本書の編者である高橋勝である。高橋によれば、〈大人になること〉とは「他者と出会い、他者と関わり合い、『他者に開かれた自己』を生きること」[9]であると言う。人と関わりなく生活を営むことが可能である社会に進展したからこそ、個人という自己に閉じるのではなく、自分と異なる世界に生きる他者に自己を開くことで、自己を変容させ成熟させていくことが必要であると説いている。すなわち、生活世界の中でアクチュアルな他者との関わりを取り戻し、他者との関係性の中で自己の生き方と対峙することが大人になるためには重要だというのである。

社会の個人化がここまで進展していなかった世代にとっては、生活するうえで家族や親族、近隣の人々といった多様な他者と協力をすることは、ごく自然なことであった。葬儀を例にとって見ても、伝統的社会では地域集団の関与がなければ、死者を葬ることさえもできなかったが、現在は、都市部だけでなく農村部においても専門の業者に委託されるようになっている。このような変化が急速に広がった背景には、共同体としての慣わしや他者と関わることのわずらわしさがあり、それをサービスという商品に置きかえて、個人の生活の負担を軽減することが目的であった。ところが、そのシステムの変化は、葬儀の形骸化を進めると共に、「死」をひきうけるという、人間存在にとって重要な共同性の意味を喪失させてしまったといってもいい。

人との関わりの大切さが再び注目されるようになった好例は、防犯面である。子どもが地域で事件・事故に巻き込まれたり、自宅が空き巣の被害にあったりすることを減少させる最も有効な手段は、近隣の人々がお互いに声を掛け合い、まなざしという目には見えない関心を、共に住む他者に向けることである。高い塀や扉で自己と他者との境界を明確に分け、安全を個人の責任で確保する暮らし方から、相互にゆるやかに開かれ、監視ではなく配慮する暮らし方へ、言いかえれば、安全という機能から安心という信頼へ、共同性の意味の問い直しが進められている。

様々な家族や地域の機能が外部化・専門化され、個人の生活から切り離されていく中で、機能性・効率化と共に捨象されてしまった、他者へ関心を向けることの意味を、個人化の進む社会だからこそ、丁寧に掬い、紡ぎ直す必要に迫られている。現代における〈大人になること〉の条件は、存在論的な意味と深く関わる、人間の共同性の意味を了解することと言ってもいい。

3　若者が考える〈大人になること〉の難しさ

では、〈大人になること〉やその難しさを、若者はどのように意識しているのであろうか。筆者が常勤・非常勤で勤める関東の私立と国立の大学で、三年生約一〇〇名に〈大人になること〉とはどういうことか、自由記述式で尋ねてみた。すると、「職業を得て親から経済的に自立すること。」といった記述が、ほぼ全員の学生に見られた。「自分で行動を決定し、その責任が自分にあること。」、「生き方に自分で責任を持つこと。「多大な不利益・損害を被っても誰のせいにもできない。」、「今は昔と違って、いろいろな生き方が容認されているので、昔のように当たり前に結婚し、子どもを育てるのではなく、少し立ち止まって自分の幸せとは何か、考えさせられる機会、判断を迫られる機会が増えてきたのだと思う。自由が増えた分、のしかかる責任を自覚し、乗り越えることが大人になることの難しさだと思う。」というように「自立」「責任」「判断」「自己管理」「情報の取捨選択」という言葉が目立った。彼らにとっての〈大人になること〉の目的は、自分ひとりの力で達成する幸せである。彼らは親の世代とは違う、個人化の進む社会で共同性から切り離され、自己完結した生を生きていることを、肌で感じていることがよくわかる。

一方で、「自らの、そして社会の幸福のために、自らの自立を前提とした相互依存の中で生きていくこと」と、他者との関係を明確に述べた学生は一名だけであった。つまり、多くの学生は自立という意味を、自分ひとりの力で生きていく孤立に近い意味に考えており、相互依存の関係は自立とは相反してしまう行為なのかもしれない。その覚悟のうえに、若者はライフスタイルを自分で決定するのであるならば、これから起こり得る様々な出来事は、未決定性が高ければ高いほどリスクの度合いが高まり、慎重にならざるを得ないのであろう。これらのことが、自立すること＝〈大人になること〉をよりいっそう大変で勇気のいることと感じさせているのである。

また、「結婚すること」を大人の条件としている回答はほとんど見られなかった。これは、厚生労働省が行った少子化に関する意識調査でも同様の傾向を読み取ることができる（**図5‐1**）。既婚未婚、男女を問わず、若者にとって「結婚することの良い点」として、「精神的な安定がえられる」や「好きな人と一緒にいられる」といった情緒的な満足がえられることを半数以上が挙げている一方で、「一人前の大人だと感じられる」や「社会的な信用が得られる」といっ

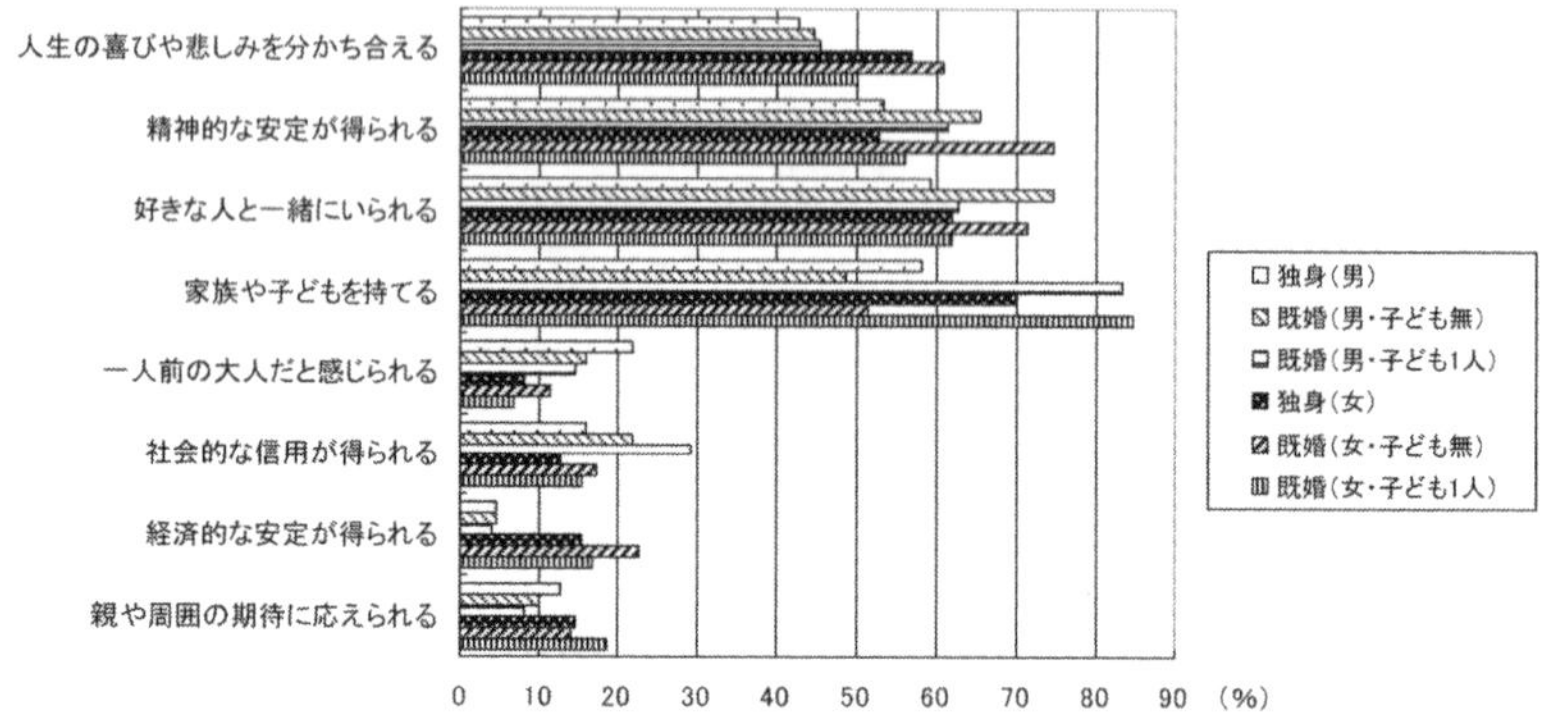

図5‐1　結婚の良い点

資料：「少子化に関する意識調査研究」厚生労働省（平成16年）より作成。
　　　ライフステージ別にグループを設定しているうち、若年層のみでグラフ化。複数回答。

た社会との関係を意識する回答は三〇%に満たない。それでも、「一人前の大人だと感じられる」では、独身女性が八%に対し独身男性は二二%、「社会的な信用がえられる」では、子どものいる既婚女性が一五・三%に対し、子どものいる既婚男性は二九・三%と、同じ立場でも男女で差がみられるところに、結婚が示す社会的なイメージの残像を捉えることができよう。

また、「結婚の良い点」として「家族や子どもを持てる」と回答した割合は、既に子どものいる既婚男女では、それぞれ八三・三%、八四・七%と高い値であるのに対し、子どものいない既婚男女では四八・七%、五一・三%に留まる。つまり、若者にとって「結婚すること」と「家族や子どもを持つこと」がライフイベントとして切り離されて考えられる傾向にあり、結婚や子どもを持つというイベントの価値は、個々のライフデザインによって異なってよいと考えていることを示している。

これらの結果から、経済的に自立することだけが若者に強くイメージされており、しかも、結婚や子どもを養育することは、社会的な要請との関係で捉えるのではなく、自分のライフスタイルとして主体的に選択することだと考えていることがわかる。そして、子どもを育てることは無条件に幸福になる要素ではなく、子育てにかかる費用や自分の生き方にとって有利に働くかどうか、リスクを見きわめてからで遅くはないと考えていることが窺われる。言いかえれば、若者は大人としての個人と社会とのつながりを、経済活動によって強く意識しており、他者と共に生きるかたちの中に個人の経済活動を位置づけるのではなく、経済的成功のために努力した結果が、自分の人生の幸福に最も強く影響すると考えており、他者と共にどう生きるかまで考えは及ばない状況にある。

では、若者の意識がなぜこの様に変化してきたのか、より具体的に若者の生活の変化に焦点をあてて考えてみよう。

第2節　「ポスト青年期」の出現

1　青年期からポスト青年期へ

青年期の誕生は、近代化と工業化の中で、専門的な知識と技術を子どもたちに習得させる高等教育の必要性が高まったためである。子どもからすぐに労働市場で役割を果たす大人への移行が難しくなり、青年期がその過渡期として生まれたのである。つまり、青年期は、近代社会が用意した大人世界への準備期間であり、いろいろな面で猶予期間（モラトリアム）という特徴を持つ。日本では、第二次世界大戦以前まではエリート層に限られたものであったが、一九五〇年代以降高等学校と大学進学者の増加という教育期間延長の中で一般化されてきた。

エリク・H・エリクソン（Erik H. Erikson）は、人間の発達段階の中に青年期、若い成人期、成人期を設定している。これに対し、前掲の宮本は、若い成人期ではなくポスト青年期を提起している。なぜなら、現代では成人期への移行が長期化・多様化・流動化しており、若い成人期の位置づけが限りなく成人期への移行的性格を帯びていることを、明確に示すためだと言う。そこで、宮本の研究を中心にポスト青年期の特徴と社会的背景を大まかにまとめてみよう。

2　ポスト青年期の特徴

宮本によれば、一九七〇年代から先進諸国で成人期への移行の長期化がみられ、移行パターンが多様化・個人化していく状況から、ポスト青年期が着目されてきたと言う。一般的にポスト青年期では、結婚および出産の延期を伴い、政治的信念やライフスタイルの実験期間、正規雇用につくよりも施行期間、親への依存期の延長という特徴が挙げられる。

日本のポスト青年期は学校教育制度、労働市場、結婚制度の変化と密接に関連し、さらに、欧米に比べ若者に対して家族の果たす責任が大きいために、親子関係の影響も強い。宮本は一九七四年から一九八九年の高度経済成長期からの移行期を「ポスト青年期の出現」、一九九〇年以降の構造転換期を「ポスト青年期の変容」に区分している。日本のポスト青年期の出現の背景には、工業化からポスト工業化社会へ経済構造の変化が進む中で、大都市圏を中心に高等教育の大衆化によって教育期間が長期化し、依存的な親子関係が強化されたことがある。また、バブル景気が正規雇用だけでなく、フリーターという働き方を用意することで、若者にゆとりと豊かさを保障する装置となった。そして、バブル景気崩壊後の変容期には、若者の雇用の流動化がさらに進み、社会的階層格差が拡大し経済的な不安が増大した。これにより、親への半分依存・半分自立という状況が長期化し、同時に晩婚化・未婚化という新たなライフスタイルがみられるようになった。

統計データを見てみよう。大学への進学率は、二〇〇五年に五〇％を超え二〇〇九年は五六・二％となった（**図5-2**）。男女別にみると、男子の高学歴化が先に進み、一九七四年には進学率が四〇％を超えている。その後、一九八九年から女子の進学率が男子を上回っている状態が続いていたが二〇〇〇年に逆転し、以降男女共に高学歴志向が続いている。近年では、高度で専門性の高い職業人の養成が期待されていることから、大学院進学率が理系を中心に高まりを見せており、教育期間のさらなる長期化が緩やかに進展していくことが予想されている。

男女の高学歴化に伴い、平均初婚年齢は男女共に上昇し続けている。二〇〇八年には夫三〇・二歳、妻二八・五歳となり、グラフから女性の晩婚化がより加速していることがわかる。晩婚化が進んでいるだけでなく、夫婦の平均初婚年齢の差が縮小傾向にあり、高学歴の女性ほど概ね未婚率が高くなっている。とりわけ、女性では二〇歳代から三〇歳代にかけての未婚化が著しく進んでおり、二〇〇〇年の国勢調査によれば、二〇代後半では、一九七〇から二〇〇〇年の間に未婚率は一八%から五四%へと三倍に増え、半数以上が未婚者となっている。男性も同様に、三〇代前半で一二%から四三%へと三・六倍になっている。

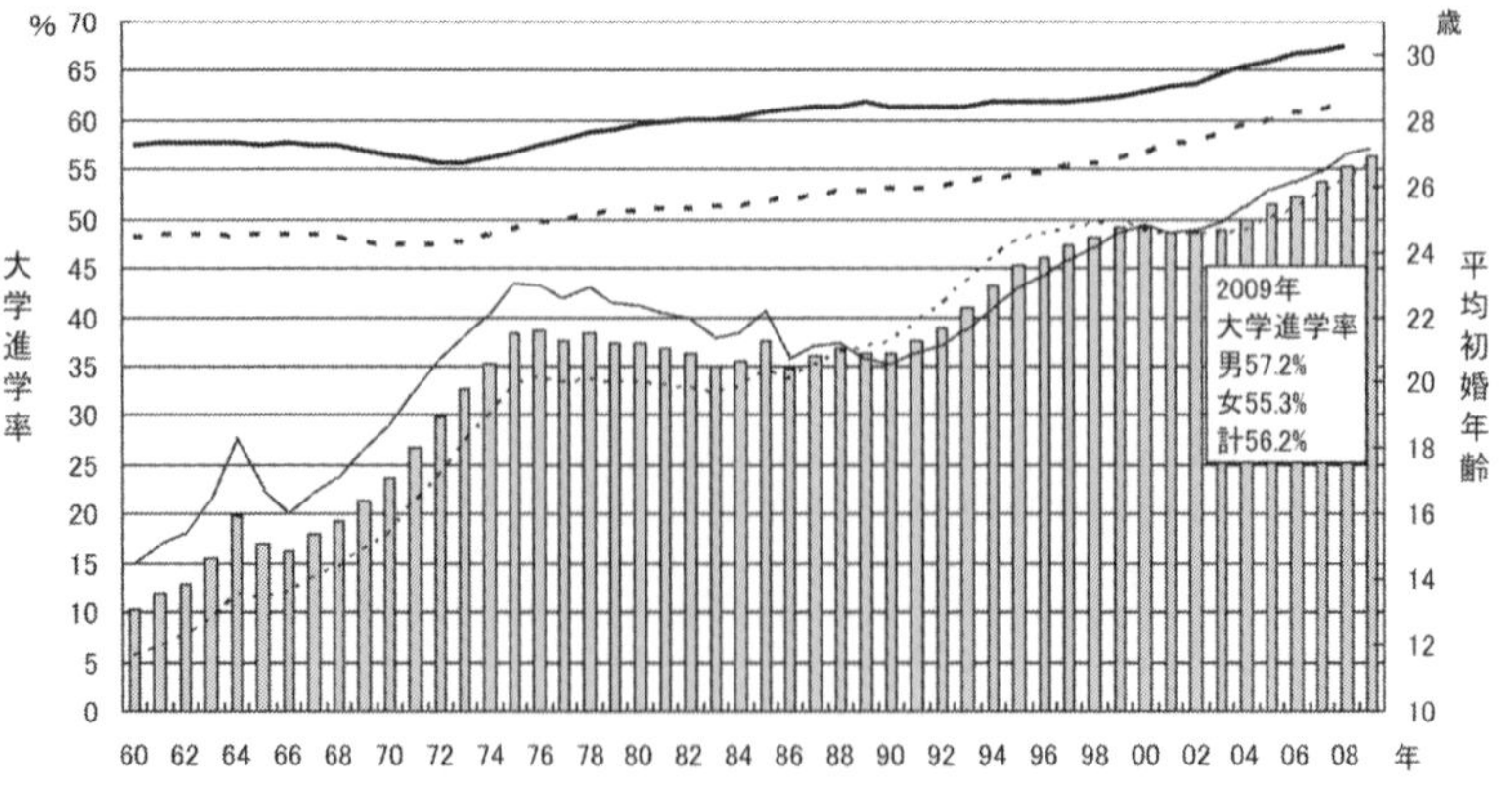

図5-2　大学進学率と初婚年齢の推移

大学進学率：文部科学省「学校基本調査」(進学率には短期大学も含)
平均初婚年齢：厚生労働省統計情報部『人口動態統計』

国勢調査では、未婚率として提示されているが、単に未婚者が増加しているわけではない。『男女共同参画統計データブック』（国立女性教育会館）では、「未婚」とされている数値に意識的に結婚しない層が含まれるとみなし、「生き方として、結婚しないことを主体的に選択すること」を表す「非婚」を含め、「未・非婚」という表現を使っている。

この様に晩婚化や未・非婚化によって、家を離れる時機が不明確になったことは、若者が親への経済的、情緒的依存の度合いを強める結果をもたらしている。具体的には、親との同居は結婚するまでの暫定的状態という親子間の暗黙の了解が、若者の共同生活者としての役割意識を希薄にさせ、生活費の拠出義務を回避させている。このため、社会生活だけでなく、家庭生活でも大人になるための猶予期間の延長が認められることになる。つまり、家庭でも経済的自立の猶予期間の延長が認められるだけでなく、親に対する扶養意識や家族紐帯意識も高まらず、〈大人になること〉に最低限必要な、共に生活するかたちへの参加を促し、「世話をする―される」という立場の転換への準備が先送りされてしまうことになる。長寿化に伴う介護の不安などからくる、親の子どもへの期待や、子どものためにできるだけのことをするのが親の責任と考える価値観が、結果的に若者の自立への圧力を低下させるだけでなく、若者の個人主義的な価値観を強化し、共同性としての他者の存在の意味を見失わせてしまっているのである。

3　ポスト青年期の両義性

このような家族関係は、若者に自由や豊かさを保障するという利点だけではない。例えば、一九九〇年代以降急速に社会問題化した「社会的ひきこもり」や「パラサイト・シングル」といった若者の非社会化の現象との関連を挙げることができる。

斎藤環によれば、「社会的ひきこもり」とは「六ヶ月以上社会参加（就学、就労しているか、家族以外に親密な対人関係がある状態）がなく、精神障害を第一の原因としない」という状況をさす。そして、この要因として、少子化と核家族化という家族の変質があると言う。具体的には、専業主婦の増加と共にひたすら子どもの教育に時間をかける「教育ママ」が登場し、父親の養育への無関心とあいまって母子密着関係が強化されたことにある10。「社会的ひきこもり」は、若者が社会と接点を失っていくだけでなく、その家族も社会との関係性を失い、個人化の進む社会の中で閉じたシステムとなって深刻化している。

また、高塚雄介は、自身の調査から一九九〇年代後半以降、とくに背景要因が明確にならない、普通の若者が見せるひきこもりが急増していると指摘している。そのような若者の心的特徴には、自分へのこだわりやプライドが強く、一方で自信がなく、他人と争うことを避けようとする傾向がある。そして、このような内的矛盾を抱えて生きているのは何もひきこもりの若者だけではなく、現代の若者に共通する意識傾向であると言う。ひきこもりへ推し進めてしまうのは、その内的矛盾状態に対し、他者が介入することをよしとはせず、自分で決めたことにこだわる自己完結的な世界を、若者が生きているからだとする見方を示している11。

こうしてみると、「社会的ひきこもり」は、地域による教育という意識が弱まり、子どもの教育には親が全責任を負うという意識が強まったことが影響していることがわかる。さらに、教育期間の延長と共に、子どもの生活も学校化が進み、生活者としての教育が家庭でも軽視されている。その結果、親の監視と管理が強まり、近隣の人々との関わりをはじめ地域社会の中で自立心を養う経験をすることができないのである。その結果、現代の若者は自己形成のプロセスに、共同性としての他者の存在が消失することで、閉じた自己完結的な世界を生きることにしか、解決の道を見だせないでいると言えよう。

他方、かろうじて社会との接点を構築して生活している若者に、問題が生じていないというわけではない。個人主義的な価値観の下では、ライフスタイルをデザインする自由を自ら獲得したと感じている若者も、友人との差異を避けようとして仮面的な交流で同一化を試みたり、生活の中でおこる問題をすべて個人の問題として引き受けたりしなければならないという不安を抱えている。若者にとって、ポスト青年期という時間は、将来に向けた希望に溢れているわけではないのである。

個人化する社会は、生活世界の固定的な関係性を断ち切ることによって、自由にライフスタイルを選択し、流動化する社会でリスクを回避しようとすることを可能にした。その一方で、自己を形成して安定させるという目に見えない「保護皮膜」の役割を果たしてきた、他者との関係を断ち切る結果をもたらしたと言える。まさに、このことがポスト青年期の両義性を示しているのである。

「保護皮膜」とはイギリスの社会学者であるアンソニー・ギデンズ（Anthony Giddens）の言葉で、他者との基本的信頼をもとに形成され、「行為者の身体的および心理的統一性を脅かす出来事の可能性を、実践レベルで括弧に入れること」を言う。日常生活で起こりうるリスクはあらゆる場面に潜んでおり、その不安な状態に対して「保護皮膜」は「希望的態度を促し、否定的な可能性を遮断する」役目を果たす12。このような「保護皮膜」が失われることは、無条件の他者承認によって生まれる信頼の世界を喪失することであり、「こと」として紡がれる関係性、すなわち、自己と他者における時間・空間の関係を失わせることである。

そこで、「保護皮膜」となる他者との関係性についての問題を、「家族という親密圏」（第3節）と「生活世界における経験」（第4節）という二つの視点から考えてみよう。

第3節　新しい家族のデザインと親密圏の変容

1　近代家族の変容

ここまでの話題では、近代家族というかたちを基本としており、若者の未・非婚化は近代家族の変容の問題として捉えることができる。わが国では、戦後改革と高度経済成長期の社会構造の変化と共に、情緒的な結びつきを基盤とする近代家族へ変容した。

近代家族の特徴は、生産から分離された消費の単位、ジェンダーによる固定的な役割分担、夫婦・親子の愛情の強調、子ども中心主義、核家族化を挙げることができる[13]。現代では、個人化が家族内にも浸透することで、近代家族の変容が進行している。藤崎宏子によれば、家族の個人化は「家族メンバーのライフスタイルの個人化・多様化や個人欲求を、家族役割より優先させる傾向」として現れる。現在、家族の個人化はますます深化しており、家族内での個人の自律性が強化され、家族関係や家族の親密性に影響を及ぼしている。その一つとして、家族内で支えあっていくことが難しくなった機能は、社会サービスによるサポートへ依存性をいっそう強める傾向にある[14]。

また、個人化の進展は、女性にとっての子ども存在の意味づけにも影響を与えている。女性にとっての個人化は、子どもを持つことがライフコースの一部として組み込まれていた近代家族から離脱し、自己実現をめざす生き方を可能にした。女性の晩婚化や未婚化はこの延長線上の現象として浮上してきたことになる。

ところが、斎藤真緒は、個人化が女性の母親役割からの「解放」を促進する一方で、「子ども願望」を高める可能性を指摘している。すなわち、子どもを持つことの物理的・精神的責任の増大という現代特有の新たな負荷が、女性自身の「満足・自意識・自己認識」の源泉へと変化し、個人的意味づけとしての「子ども願望」が意味を持つようになると言う。これは、高度産業化社会という合理的な世界だからこそ、子どもとの関係性から生成する「ケア」という非合理な世界に新たな意味づけが生まれるのであり、斎藤はこの「子ども願望」には可能性と危険性の両面が内包されていることを指摘している[15]。子どもの存在が、「人間的成長」や「関係性に対する喜び」といった、親になることによる「自己実現」という個人化に結び付けられることもまた、近代家族の変容プロセスを示す一つなのである。

2　新しい家族のデザイン

この様に、個人化の進行は、自分の生き方に対する社会の干渉を排除し、自立・自律性と自己満足を高める運動として顕在化する。そして、リプロダクション（人の再生産）の主張は、子どもを「授かる」時代から「つくる」時代への変化をもたらし、さらにセクシュアリティ（社会的行為としての性的志向性）の多様性、複数性へ開かれる社会は、その先にある多様な家族形態の容認を示している。

例えば、松岡悦子は以下に挙げる「ママになる一〇とおりの方法」をイギリスの新聞記事から紹介している16。仕事にアイデンティティを感じ、家事や育児を夫と協力して行う「キャリアママ」のキャシーや、四三歳で予想外の妊娠をして「高齢のママ」になったスーの生き方は、すでに日本でも女性のライフスタイルとして選択可能性が高まっている。そのほか、夫との間に四人の実子がいるジョーは、不妊の女性を助けたくて「代理母」になることを選択する。ジョーに代理母になってもらった「代理出産を依頼したママ」のペニーは、子どもに「これはごく普通のことなんだ」とすべて話すつもりでいる。広告をだして精子の提供を受け出産した「レズビアンのママ」のベリングは、提供者の彼に毎月子どもと会い、誕生日やクリスマスを共に祝うという条件の同意を得た。ベリングのパートナーで「レズビアンのもう一人のママ」のロスは、妊娠中の準備クラスで知り合った家族とその後も連絡を取り合い、その家族の子どもたちはロスをマミー、ベリングをママと呼んでいる。そのほか「シングルのママ」、一三歳で妊娠した「一〇代のママ」、「養子をとったママ」、共同体で生活しているベジタリアンの「エコママ」が紹介されている。これらの事例は、今後の家族の形態がこれまでに経験したことのない広がりを持って多様化していくことを示している。

これらの新たな家族像は、とくに女性にとって新たな生き方の可能性を示している。しかしその一方で、多様な選択の可能性は、他者との共同生活における感情の道具性を強化するかもしれないし、代替不可能性への価値や継続性を減少させるかもしれないことは見過ごされがちである。例えば、「レズビアンのママ」のベリングは、生物的な父親に、毎月子どもと会ったり、誕生日やクリスマスを共に祝ったりすることを求めているが、彼が断片的な時間・空間の中で父親役割を求められ、「感情労働」を提供するだけならば、彼とベリングや子どもとの関係は親密な関係とは呼べないであろう。

つまり、新たな家族における「世話をする－される」という関係は、他者の生を受動的に引き受ける「存在の世話」の経験に代わって、互いの存在の有用性、すなわち交換関係を要請していると言ってもいい。流動化する家族は、他者への信頼という「保護皮膜」の形成、言いかえれば、存在論的安心という大きな課題を抱え込んでいる。個人化の進む社会では、家族の多様性を認めると同時に、代替不可能な存在として扱われることで生成する親密圏の問題が、新たに提起されることになる。

3　家族という親密圏の変容

家族の個人化や新しい家族関係の創出によって、家族の有用性や機能性だけが顕在化し、外部化が促進されることになれば、共に生活する日常の中に存在し、冗長性のある「こと」として生成していた、家族という親密な関係を形成する場所性、すなわち、親密圏は空洞化してしまうであろう。

田中智志は、親密性を「交換関係ではなく、見返りを求めない贈与関係にあること」、つまり「二者の間に利害関係がないにもかかわらず、共に相手に好意・敬意を抱き、加えて、共に相手の痛みをあたかも自分の痛みであるかのように感じてしまう関係」であるとする[17]。家族の機能性は代替可能だとしても、親密性は代替不可能な関係からしか生まれないのである。しかし、個人化が浸透し、性愛と生殖の分離のように代替可能な機能的分化が進展すれば、家族の日常生活では、田中の言うような親密性の経験が排除されていく。なぜなら、生活行為の中にある機能性だけを外部化し、生成する「こと」だけを残すことは難しいからである。家族の生活は機能性と共に、かけがえのない存在である私と他者が「こと」を紡ぐ場であり、「こと」という経験の積み重ねによって生まれる存在論的安心によって親密性は育まれるのである。したがって、家族と共に過ごす日常生活が機能性や有用性に目的があり、共に「ある」ことを享受できず、冗長性のないコミュニケーションの場であれば、当然親密圏ではないし、情緒的な満足や安心感だけを要求して、最小限の自己を保存し「他者への献身」を拒絶する関係性も親密圏ではない。

例えば、生まれたての赤ん坊は、母親の関心が自分に向けられていないと、そのことを感受してミルクを飲むことを拒絶するという。私という固有性は触れられていること、見つめられていること、言葉を向けられていること、これらのまぎれもなく現実的なものの体験の中で、かけがえのない他者のはたらきかけの対象として自己を感受する中ではじめて、その存在をあたえられるのである[18]。このような関係の中で、私たちは自分や他者のかけがえのなさに気づかされるのである。家族における「こと」の世界が軽視されれば、親密な関係性も排除されていくということであり、かけがえのない存在としての私と他者は、家族から疎外されていくのである。

したがって、たとえこれまでの家族のかたちではあったとしても、「ケア」によって親としての存在価値を高め、自己実現を図るために「子ども願望」を持つことは、本来「ケア」がもつ関係性とは異なっている。世話をするかわりに「満足」や「自己実現」を求める交換関係であるならば、それは合理的選択の世界であり、「ケア」がもつ「非合理の世界」ではない。「ケア」が「非合理」なのは、合理的判断の前に、手を差し伸べずにはいられない状況の他者に、見返りを求めず応答してしまう贈与の関係だからである。

例えば山口は、「親になること」を養育的な役割関係と、それを超えてなお子どもへ応答を差し出そうとする行為の重層的・循環的関係であるという[19]。言いかえれば、「親になること」は親と子とが共に「かけがえのない存在」になることであり、単独では生きられない弱さを了解することなのである[20]。それは、自分のためではなく、他者のために苦しむことであり、「自己実現」を目的とした「感情労働」という機能的なコミュニケーションではない。親として世話をする「わが子」だからこそ他者として立ち現れるのであり、この避けがたい現実を了解し、他者を受容することによって、代替不可能な関係が生成するのである。互いに「かけがえのない存在」であることは、生の単独な脆弱性（生の悲劇性）の了解[21]によって可能になるのである。

機能性や有用性優先の合理的な社会は、生の「弱さ」を隠ぺいする。交換関係と贈与関係の不可分な「ケア」に、「子ども願望」へ向かわせる新たな意味づけが生まれてくることにも、親密圏の変容を見て取ることができるのである。そして、生の「弱さ」への了解が不十分なまま、交換関係の「ケア」だけで「親になること」を完遂しようとするとき、親の「弱さ」が虐待や独善的な「ケア」の暴力的行為へと向かわせてしまうのである。

したがって、「保護皮膜」の役割を果たすはずの親密圏の変容は、現在起こっている深刻な問題と重大な関わりがあることに目を向けなければならない。個人化の進展による近代家族の変容は、「こと」的世界が失われていくことを暗黙のうち容認している。その結果、家族においても、他者の存在と対峙することが難しくなっているのである。

第4節　生活世界における経験の隔離

1　他者に関わる経験

では、より広い生活世界においてはどのような変化がおきてきたのだろうか。すでに見てきたように、家族における有用性重視の志向は、「教育ママ」と「専業子ども」[22]を誕生させた。「教育ママ」の監視のもと、教育を受けることだけを求められた子どもは、家庭や社会で役割を持ち、自らの存在を他者から承認されるという機会を剥奪され、社会から隔離された存在である。

一方で、子どもは勉強という仕事の対価としておこづかいを潤沢にもらい、「小さな消費者」として大人と対等の関係を持つことになる。こうなると、異界に住む大人に出会うことができない。新たな富や文化を生みだす子どもや若者の立場は、大人と対等なクライアントであり、自分の要望にかなった「商品」のみを選択すればいいのである。日常生活において役割を持ち、他者といやおうなく関わらなければならない経験から免れている子どもや若者にとっては、突然ふりかかってくる生活上の問題は、他者による自分の世界への介入であり、回避され排除されるべきことでしかない。よって、他者から自分の世界を侵食されない幸せな子ども時代と、他者との関わりを余儀なくされる拘束的な大人世界との落差が、若者たちを〈大人になること〉から忌避させてしまうのである。

現代は、大人の教育意図にしたがい、「専業子ども」として扱われることで、他者に出会う経験から隔離されているのである。このことが、一回性の「こと」的な世界を他者と生きることによってうまれる、アクチュアリティの生成を阻み、〈大人になる〉という成熟のための自己生成の機会を失わせている。

前掲の高橋は、他者との関わり合いの経験について、「自己の生活地平とは別次元に生きる他者と出会うことで初めて、人は自己の日常性を超えでる契機をえて、『他者への責任』を感じ取ることができる」[23]とし、「既知性」である「日常性」の限界を知り、自分の生活世界を相対化するためには、他者と関わる経験が絶対的に必要であると説く。若者が出来事を多面的に捉えたり、自己を相対化したりできるようになり、精神的に成熟していくために必要なことは、客観的で固定的なものとしての現実（リアリティ）を情報として強化することではない。むしろ、そのために捨象されてきた、自己の生きた意識が立ち会っている固有の現実（アクチュアリティ）の中で、私を相対化し新しい生活世界の意味を生起させてくれる、他者との経験が必要不可欠なのである。

高橋はさらに、経験には「常に新たな生活地平を『自己変成』する働き」があり「『未知性』（可能な現実）へと突破する可能性」が内在していると指摘し、生活世界での経験の機会喪失に警告を鳴らしている[24]。経験から隔離されることは、若者にとって苦痛からの開放となるかもしれないが、同時に他者への信頼を築くことができず、存在論的不安をいだかせることにもなるのである。

2　経験の隔離

序章で解説されているように、ギデンズによれば、現代は日々の生活の中で「狂気、犯罪、病気と死、セクシャリティ、自然」といった、潜在的に不安を抱かせ実存的問題を提起するような経験からも切り離されているという25。それは、あらゆる知識が抽象化し、判断の原則となるような生活文化や慣わしといった基準から切り離され、自分の得た知識を基準として世界が構築されるようになったことと関連する。すなわち、社会的な状況が流動化し、社会の不確実性が増大する社会では、人は自分によるコントロールへの志向を強め、難しい判断を迫られる生活体験を日常からできるだけ切り離し、専門家に委ねることで相対的な安全を確立しようとする。

個人のライフデザインも、多様な選択肢と不確実性のリスクのあいだで選択し、コントロールする必要に迫られる。そのため、歴史的時間性や場所的空間性から切り離された自己は、自分のライフスタイルを戦略的に自由にデザインしようと試みる。しかし、その一つ一つの選択には、例えば、常に一人の有限な自己を優先させるのか、それともライフサイクルという無限の有機的関連としての生を優先させるのか、という道徳的ジレンマがつきまとい、意思決定の限界が露呈することになる。こうして、個人の経験から隔離された、生きるうえで根源的な問題は、自分の日常生活の感受性の問題となり、判断の保留を余儀なくされるのである。

この様に考えると、〈大人になること〉の忌避は、実は自己決定の限界ゆえの保留と言うことになる。だから、経験の隔離による「保護皮膜」の脆弱性を補強し、少しで閉じた自己の限界性や生きることの無意味性の脅威から逃れることが課題となるのである。その保留状態を一歩先に進めるための手掛かりになるのは、やはり、生活世界での身体を通した経験であり、他者を含む環境との相互浸透的な関係による判断基準の構築であろう。すなわち、「こと」的世界に自己が住んでいるということをアクチュアルに感じること、そして、他者を含む環境と関わり合い、代替可能な役割と共に代替不可能な関係の経験を通して「他者への責任」を感受することが必要なのである。

第5節　共同性としての存在の感受

1　「こと」的世界と存在の感受

章を終えるにあたり、若者が〈大人になること〉と対峙するためには何が必要なのか考えてみよう。それは、ひと言で言えば、人の共同性、すなわち、他者と共にある自己の存在を感受することである。言いかえれば、役割関係による相互承認だけではなく、自己と他者によって生成する「こと」としての空間の所有である。木村敏によれば、「こと」的な在り方は、志向的意識によって捉えることはできない[26]。他人の表情からその人の心の動きを読み取ることができるのは、「ものの次元にある顔面の動きが、こととしての内心を表している」[27]からである。「こと」は主観と客観の「あいだ」にあり、しかも自己と区別のつかないような場所としてあるのである[28]。

生活にまつわる行為は、多くの場合は有用性に満ちているために、「もの」的世界として意識化されてしまう。例えば、働きにでる忙しい親が、子どもに朝ごはんを食べさせようとしている場面を想像してみてほしい。このときの親の関心は、仕事に遅れないように時間通りに家を出ることと、栄養を取らせるための食べ物を子どもの口に入れることである。ところが、時間がなく急いでいるときにかぎって、子どもは親を困らせるようなことを起こし、食べるのをいやがったりする。もちろん、おなかがすいていないわけでも、具合が悪いわけでもない。それは、子どもが食事という「もの」としての時間と行為ではなく、「こと」としての食事を望んでいるからであろう。親が予定している食事を拒むことで、親に「こと」的世界に目を向けさせ、自分の存在を確認したいためなのであろう。

このような「こと」的な空間を、オットー・F・ボルノー（Otto F. Bollnow）は、主客未分の空間である「人が所有している空間」（Raum,den man hat）と呼んで、志向的意識によって捉えられる空間（intentional Raum）と区別している29。人間は空間に対し「存在信頼」を獲得することによって、心から安らぎ、空間と融合し、空間によって包み込むように抱かれることができる。このような人間の心的状態を、ボルノーはGeborgenheit（被護性）と表現し、Geborgenheitを実感して空間を所有することを「住む」（wohnen）とした。そして、人間の生は「絶望と信頼、希望喪失と希望という消しがたい対立」の中にあるが、その絶望との対決の中で獲得されたGeborgenheitが創造的な生を可能にするという。つまり、このような「存在信頼」は、単に他者から与えられるものではなく、自ら他者と相互浸透的な関係性を結ぶことによって生成し、相互に他者への配慮を感受することによって可能になるのである。

私たちが「こと」を認識しているとき、ボルノーの表現をかりれば、空間に「住ん」でいる。そして、親密圏も私とあなたが共に「住む」場所である。しかし、「こと」的世界では、他者は自己と親和的であるとは限らない。自己とは異なる世界に住む者を迎え入れ、相互浸透的な関係をもつことは、自己をゆさぶり未知な空間を生成する。この「こと」を不安に感じ、志向的意識によって他者と距離をとれば、自己の世界は自分の意志によってコントロール可能な「もの」的空間へと次元を変えてしまう。

ライフスタイルを選択し、他者との関係を常に主体的に関係づけようとするとき、「こと」的世界は姿をひそめる。「こと」的世界は、他者に開かれ、主体的なコントロールを奪われた空間である。それでもなお、自己が「こと」的世界でGeborgenheitを感受しうるのは、「こと」が「対自的」な構造をしているからであり、「ことがもともと人間的意識における自己のことにほかならない」[30]からである。つまり、空間に住み、Geborgenheitを感受するためには、自ら他者を迎え入れなければならないのである。

2　「住む」経験の保障

しかし、若者がこの社会で生き抜くためにたてている戦略は、これとはまるで方向が異なる。例えば、前掲の齊藤環が、若者がコミュニケーションスキルに偏りすぎであることを懸念している。これは、他者との関係を道具的に操作しようとする傾向が強いことの表れであり、コントロールへの志向の強化のひとつである。一方、浅野智彦は、若者の自己の多元性は、自己をとりまく様々な関係に、誠実かつ真摯に対応した結果としてもたらされた事態であり、自己を複数の足で支えるという意味においてはむしろ強みとなると言う[31]。

このような戦略としての他者との関係は、いずれも「もの」的世界で操作されており、「こと」的世界で新しい生活世界の意味を生起させてくれる他者に出会うことは、リスクとして排除されている。〈大人になること〉が、他者に開かれ主体的なコントロールを奪われた空間で、Geborgenheitを獲得すること、言いかえれば、共同性としての存在の感受であるとするならば、戦略的な自己では〈大人になること〉は不可能ということになる。

どれだけ社会が変化しても、人が存在するということが自分一人では意味をもちえないことには変わりがない。だからこそ、日常性の中で空間に「住む」経験を保障していくことが、〈大人になること〉の難しさへの一助となる

と考えられるのである

では、「住む」経験はどのようにして可能になるであろうか。幼児期の他者との基本的信頼関係が基底になることは自明であるが、未知性に開かれ主体的なコントロールを奪われた空間で他者の存在を感受する経験は、どのように紡がれるのであろうか。

前掲の鷲田は、それを「待つ」という営みの中にみいだしている。「待つ」という営みは、「結局、待つものが待つことそのことを放棄したところからしかはじまらない。待つことを放棄することがそれでも待つことにつながるのは、そこに未知の事態へのなんらかの開けがあるからである」32。つまり、「開け」という他者が自己へ浸透してくる余地を残しておくことによって、他者の存在を感受できるというのである。言いかえれば、「待つ」ことが「もの」的世界から「こと」的世界へと引き入れてくれる契機になるということである。

現代は、未来をリスクとして先取りして、自己決定を行うという計画性が求められる。したがって、鷲田のいう「待つ」という営みは、最もリスクの高い危険な行為と言うこともできる。しかし、未来が「目的」を果たすためにだけあるならば、その「目的」以外の時間は無駄であり意味は生まれない。他者を「待ち受ける」という「開け」によって、未来という「時」と、自己が存在する「意味」の源泉となる場に出会えるのである33。

「住む」ことを保障するためには、おのずと「待つ」ことができるような時間‐空間を、もう一度取り戻す必要がある。今後は、通信技術の進歩によるバーチャル世界のさらなる拡大で、より一層空間は複雑になり、他者の存在を身近に感じるようになるであろう。しかし、私たちの必要とする「住む」ための空間は、科学技術の進歩や専門的で高度な知識群によって用意できるものではない。まずは、われわれが日常の生活の中で、他者に出会うための「開け」を用意することに自覚的になることからはじめよう。私たちはその「開け」によって「こと」的世界へとおのずと導かれ、共同性としての存在を感受できるはずである。

【注】

本章では、引用した著者名の敬称は省略させていただいた。

1　鷲田清一・内田樹（2008）『大人のいない国』プレジデント社。
2　鷲田清一・内田樹（2008）三三頁。
3　苅谷剛彦編（2006）『いまこの国で大人になるということ』紀伊国屋書店。
4　河合隼雄（1996）『大人になることのむずかしさ』岩波書店、六二－六四頁。
5　西研（2006）「大人になること　自由になること」『いまこの国で大人になるということ』紀伊国屋書店、三一〇頁。
6　本田和子（2007）『子どもが忌避される時代――なぜ子どもは生まれにくくなったのか』新曜社、一五－一七頁。
7　宮本みち子（2004）『ポスト青年期と親子戦略　大人になる意味と形の変容』勁草書房、二三四頁。
8　U・ベック（1998）『危険社会』法政大学出版局、二五四頁。
9　高橋勝（2006）『情報・消費社会と子ども』明治図書、八二頁。
10　斎藤環（2007）『思春期ポストモダン　成熟はいかにして可能か』幻冬舎新書、五六－六八頁。
11　高塚雄介（2009）「ひきこもりの実態調査から見えてきたその心理的ひずみ」『ミュー』明星大学物性センター 42号、一〇頁。

12 A・ギデンズ（2005）『モダニティと自己アイデンティティ――後期近代における自己と社会』ハーベスト社、四三頁。
13 岩上真珠（2003）『ライフコースとジェンダーで読む家族』有斐閣、五九頁。
14 藤崎弘子（2000）『親と子：交錯するライフコース』ミネルヴァ書房、五‐一〇頁。
15 斎藤真緒（2000）「親性の『個人化』――家族の分析視角としての『個人化』論の可能性――」立命館産業社会論集 第36巻第3号、五八‐六一頁。
16 松岡悦子（2008）「第2章 ポストモダンの出産と家族」小長谷有紀『家族のデザイン』東信堂、七一‐七五頁。
17 田中智志（2005）『臨床哲学がわかる事典』日本実業出版社、八三頁。
18 鷲田清一（1999）『「聴く」ことの力――臨床哲学試論』阪急コミュニケーションズ、一二九‐一三〇頁。
19 山口美和（2007）「『〈親〉になる』ことへの物語論的アプローチ：NICU入院児の親の語りを手がかりに」教育学研究 第74巻第1号、二八‐四〇頁。
20 田中智志（2004）「ケアリングの存在条件」臨床教育人間学会編『臨床教育人間学1 他者に臨む知』一八頁。
21 田中智志（2004）二四頁。
22 小谷敏（2008）『子どもたちは変わったか』世界思想社、三七頁。
23 高橋勝（2007）『経験のメタモルフォーゼ――〈自己変成〉の教育人間学』勁草書房、一〇五‐一〇六頁。
24 高橋勝（2007）一〇八頁。
25 A・ギデンズ（2005）一六三‐一九〇頁。
26 木村敏（1982）『時間と自己』中公新書、二一頁。
27 木村敏（1982）二四頁。

28　木村敏（1982）一六頁。
29　O・F・ボルノー（1978）『人間と空間』せりか書房、二五七－二六九頁。（著者名は、もともとボルノウと訳されているが、本書ではボルノーの表記で統一することとした。）
30　木村敏（1982）一七六頁。
31　浅野智彦（2006）『検証・若者の変貌　失われた一〇年の後に』勁草書房、二四九－二五五頁。
32　鷲田清一（2006）『「待つ」ということ』角川学芸出版、一八五頁。
33　鷲田清一（2006）一八〇－一九三頁。

第6章　臨床空間としての学校
——教育困難校と歓待の倫理

川久保　学

第1節　遭難した学びへ

1　「学校＝学び場」の自明性

学校は何をする場所なのか。こう尋ねられれば、たいてい「そこは勉強するところです」と答えるはずである。分かりきったことを問いかけるのが愚問であるとするなら、この問いかけは日常の問いかけのなかでも相当な愚問に属している。ましてや多少でも教育に関わる者がこのような問いかけをした場合、非常識のそしりは免れない。それを承知の上で、ここであえて非常識な問いかけをするのにはわけがある。それは次のようなものである。すなわち、学校のなかにはごく少数ではあれ、自らと学びとを素直に等号で結ぶことができない学校がある。「学校は何をする場所なのか」という問いかけは、そこに学校があって、そこに学生がいれば成立が見込めるほど学びが自明ではない学校、そうした例外に位置する学校のつぶやきなのである。

例外に位置する学校には、学校＝学び場という等式はなく、何を教えるべきか、どう教えるのが効果的なのかといった教育方法に関する事柄が問題になることもない。問題になるのは、学校が学び場でなければならないとしたら、そもそも「ここはどこなのか」という実存的な問題である。学びの実現を自明の前提とした場合、こうしたよるべなさが奇異に感じられるのは無理もない。自明の前提はもはや前提ですらないからである。「学校は何をする場所なのか」という問いかけの非常識さは、実は問いかけそのものではなく、自明性を喪失した現実に由来するのである。

身近なところで、筆者の勤務する定時制高校がそうした学校である。定時制が例外のまた例外に位置することを考慮すれば特に驚くに足りないのかもしれないが、この学校では入学者の約七割が中途退学し、転編入者（転校や復学での中途入学者）に至っては約九割が中途退学する。授業に常時出席する者はクラスの三分の一程度にすぎない。学力は小学校高学年程度で止まっており、彼（彼女）らの学習意欲をみる限り、今後学力が飛躍的に向上する兆しはない。むしろ低下が懸念される。

勉強ができないのは彼（彼女）らの能力だけに起因するのではない。「できなさ」は能力よりも学習環境を指すことは、現場に身を置けば否応にも明らかになる。家族ともども行方をくらまして連絡がつかない者、親の借金のかたとして無報酬で働かされている者、施設や親戚筋をたらい回しになっている者、友人宅を泊り歩いたり、公園暮らしを余儀なくされている者など、就学はおろか生活困難者が相当数在籍している。自傷、ひきこもり、薬物やゲーム依存など、精神的に不安定な生活を送っている者も多い。在籍者の大半はたんに勉強が「できない」のではなく、勉強が「できる状況にない」というのが正確なところである。

ボトムに位置する学校は、多かれ少なかれ上記のような状況下に置かれている。もしも学校＝学び場という等式を学びの議論の前提に置くならば、こうした学校の存在は、議論自体が空転しかねない例外状況を生み出している。では、議論を正常化させるためにはどうすればよいのか。例外の名の下に排除するのではなく、例外をあくまでも学びの議論に加えられるような共通認識の台座を設定するためにはどうすればよいのか。教育というよりも明らかに福祉の対象であるような場所を、いかにして教育言説として語ることができるのか。

これらの設定課題を解決していくためには、さしあたり「学校は何をする場所なのか」という問いかけに対して、学校＝学び場という等式を前提としない「非常識な」回答を用意する必要があるだろう。学び場と言うよりは、とてもではないが学びどころではない者が集合離散する場所、学校という名に値しないとみなされつつも、いわゆる教育困難校という言い方でかろうじて学校の範疇に踏み止まっている場所、こうした場所の存在理由を明らかにしていく必要があるだろう。これがこの論考の目的である。

2　教育困難校の存在理由

もちろん、こうした前例のないテーマを考察するのはそう簡単なことではない。それは参考となる先行研究が見当たらないからではない。むしろすでに多くのことが語られすぎているからである。考察の対象になるような学校は、「ダメな学校」という社会のレッテルがすでに貼られている。教育行政においても「教育困難」、「課題集中」などの表現で同様のラベリングがなされている。さらには経営効率や対費用効果の観点から、「ムダな学校」という共通認識までもが近年形成されつつあるのは周知の通りである。教育困難校について述べる場合、こうした暗黙の了解の下に、語るべき筋立てがすでに用意されている。まずもって教育や社会のひずみが集約された場所としてその実態が明らかにされ、その必要性が擁護されつつも改善に向けた手立てが提言される物語がそれである。

教育困難校はたいてい（主として生徒指導として現れる）可視的なひずみや、（主として家庭環境に発する）不可視のひずみを抱えており、これらに対して改善の必要性を説くのはごく自然な語り口ではある。けれどもこの自然さは、現場の感覚ではともすると不自然さを覚えることになる。その多くは、この自然さの文脈が学校＝学び場という社会通念に沿った方向を志向している点に端を発している。教育困難校が社会通念に沿った学校を志向することは、教育困難校が教育困難校ではなくなることを意味している。つまるところ、それは、教育困難校は不要だと述べているに等しい。ごく自然に思われる改善の言説は、その共感的で擁護的なエートスとは裏腹に、論自体は最初から教育困難校には存在理由はないものとして進行する。

学校＝学び場という等式に叶った在り方を、学校あるいは学びにとっての本来的／中心的（authentique）な在り方とみなす限り、教育困難校はいきおい非常識な／中心から外れた（ex・centrique）ものとして扱われることになる。教育困難校を学びの本来性の欠如と定義づけた上で考察する限り、教育困難校は存在するのに不都合な理由、不要な理由が露呈するばかりで、いっかなその存在理由を見つけ出すことができない。それもそのはずで、教育困難校が自らの存在理由を見出せないのは、学びに「本来性」というものがあり、学校はそれを担うものとみなされているからである。学校＝学び場という常識は、学びの本来性と学校の存在理由とが何の根拠もなく等式で結ばれることによって成立している。

では、反対に、非常識だとされる現実そのものから考察した場合はどうだろうか。学びどころではないことに何ら価値評価を加えることなく、決して改善を図ろうなどとは思わずに教育困難校を眺めた場合はどうだろうか。教育困難校の存在理由が立ち現れるとしたら、少なくともそうした学びの本質論に捉われることのない、学びどころではないという現象に滞留したままの考察を除いて他にはないはずである。本来性という先入観を排除して、ただたんに現れとして眺めたとき、はじめて教育困難校の存在理由が立ち現れる。教育困難校の存在理由は、学びどころではない状況を克服した先にあるのではなく、学びどころではない状況の「なかに」ある。これがこの論考の立場である。

3　学びと応答関係

学びどころではない状況のなかに教育困難校の存在理由があるとは言うものの、実際に教育困難校で行われている授業のほとんどは、かろうじて授業と呼べるものか、もしくは授業という名の何物かでしかない。うつ伏している者、携帯で無聊を慰めている者、化粧に余念のない者、おしゃべりに夢中の者もいれば、すすり泣いている者がいることもある。どの教室も吹き溜まり特有の淀んだ空気に覆われており、その殺伐とした感じは、学校というよりも場末のファミレスにでもいるかのようである。こうした場所のどこに存在理由があるのかという疑問が当然湧くはずである。

外部有識者やステークホルダーから寄せられるのもそうした疑問である。学校視察や学校評議員会の席では、「どうにかならないのか」という様々な視点からの提言や苦言が飛び交うが、共通するのは、学びどころではない状況を変えることの必要性であって、学びどころではない状況の必要性ではない。

確かに、常識的なまなざしで見れば、教育困難校のどこを見渡しても光明が差しそうなところはない。授業離脱や授業妨害は言うまでもなく、職員室の隅では椅子を並べて寝ている者がいたり、冷蔵庫を勝手に漁る者がいたりする。通学路上での喫煙や車座になっての飲食は絶えることがなく、付近住民からの通報や苦情も絶えることがない。存在理由という以上、それは少なくともポジティブに語られる性質のものであろうが、そうしたものはどこにも見当たらない。

だが、これらはあくまでも常識的なまなざしを向ける限りにおいてそうなのである。教育困難校の側からみると、非常識な場所に向けられる常識的な指摘は、内容的にはいくら正しくても意味をなさないというのが正直なところである。それはいわば遭難者に向けて登頂を促すようなもので、登頂しなければ学校の存在理由が見出せないのだとしたら、学びの遭難者が収容された場所にその機会が訪れることはないだろう。

では、ここで再び、非常識だとされる現実そのものから考察した場合はどうだろうか。どんなに非常識にみえようとも、非常識な場所ではそれは意味をなしている。非常識な場所では、非常識な見識がむしろ常識的なのである。

ではそれはどのようなものなのか。この場合の非常識な見識とは、遭難者を登頂させるのではなく、彼らの安否を気遣いつつ、ひとまず下山させるというものである。本来的な学びにおける教師と生徒の間での教える／学ぶという関係は、ここでは派生的なものでしかない。教育困難校に求められているのは、そうした実質的な内容を伴わない限りでの関係性である。学びどころではない状況のなかで生徒と教師が応答関係をもち、学びどころではない状況を共有すること、遭難者の安否が気遣われ、言葉がけがなされること、これが非常識な場所における常識である。そこでは教える／学ぶという実質的な応答内容を伴うことなく、関係をもつこと自体を目的に関係が成立し、応答すること自体を目的に応答が成立する。こうしたたんなる迎え入れ、たんなるもてなしがなされることが、とりもなおさず教育困難校の存在理由ではないだろうか[1]。

もちろん、こうした非常識な内容を主張するのには困難がともなう。常識のある学びの自明性及び本来性の等式が、その成立を妨げるからである。われわれがまず取り組むべきことは、したがって、常識と非常識のたゆたいから「たんなる応答関係」の正当性を論証することである。本来的な学びに基づく応答関係と、学びどころではない状況のなかでの応答関係とは、どういう点が異なるのか、両者の相違はどういう点に由来するのか、これらの疑問の解明を通して、われわれは応答の原風景へと遡ることになる。そしてたどり着いたその場所において、われわれはたんなる応答関係の正当性を示すところの学校＝学び場という等式よりも根源的な等式に出会うことになる。

第2節　応答の現象学

1　ねらいを秘めた応答関係

生徒との間に応答的な関係を打ち立てるということは、通常次のように考えられている。それは教師が基本的に「受動的」(passif) になることである。教える／学ぶという上下関係を伴う関係からは、一方通行的な関係性しか生まれない。それは能動的で、ときに強圧的なものである。最初から指導するつもりならばともかく、応答場面を成立させようと思うのであれば、教師は決して居丈高な態度で生徒に接するべきではない。そうした態度で臨めば、応答の場面は不首尾に終わるどころか、相手は気後れして最初からその場に現れないかもしれない。たとえば、教育相談や教育臨床において、「承認」、「受容」、「傾聴」、「待つこと」などの受動的なニュアンスの用語が頻出するのは、応答的な関係の成立がいかに教師側の態度変更にかかっているかを示しているといえる。

しかしながら、翻って考えてみた場合に、問題はそう簡単ではないことがわかる。次のような疑問が生じるからである。それは、受動的などといった態度が本当にあり得るのだろうか、そもそも受動的とは「態度」なのかという根本的な疑問である。応答関係を打ち立てるためであれ何であれ、特定の意図やねらいをもって臨むことは、いくら強弁したところで能動的な所作に属するのではないだろうか。たとえば、「雨に降られた」というのは、恵みの雨ではなく、雨にたたられたときに使われる。「先を越された」といった場合、先を譲ったのではなく、自分が先着したかったという思いが込められている。このように、受動的な状態とは、まずもって「受苦的」な立場におかれることである。意図やねらいなどを持たず、もし持ったとしたところでそれが叶わない不本意な事態を指す。

ところが、教育の場においては、それは受苦的事態ではなくスキルとして用いられている。この独特な使用を確認するには、学校現場において「本当に」受動的な状態におかれた場合を想定すればよい。生徒のペースに翻弄されてなかなか先に進まない授業、いつまでたっても埒があかない集会指導、こうした現場に居合わせたとき、起きている事態は、ほぼ間違いなく操作不能の事態とみなされるはずである。応答関係の構築どころか、それは教師の指導力のなさ、無能さの現れとして受け止められることになるに違いない。いくら受動的とは言っても、額面通りの状態が受動的だという訳ではなく、何のねらいも秘めていないかのごとくふるまうことでねらいを達成することが学校での受動性の意味である。ねらいを持たず、もし持ったとしたところでそれが叶わない不本意な事態を指す通常の意味とは正反対に、学校の受動性は、ねらいを奥底に秘めつつ、それを相手に悟られることなく達成する教育的効果として使われる。

では、受動的にふるまうことで達成しようとするところのねらいとは何か。それは本来的な学びのための関係づくりであり、より厳密には、本来的な学びが届きにくい生徒に対しての、関係づくりの下ならしである。授業に参加しようとしない生徒、指導に乗らない生徒、彼らを授業に復帰させ、指導に乗らせるためのオルタナティブな指導方法としてそれはある。先ほどの受動的なニュアンスの教育用語とともに、受動的にふるまわれる場所が、主として保健室や教育相談室、カウンセリングルーム、生徒相談室であることがこのことを物語る。言ってもきかない生徒、メンタル面や人間関係にトラブルを抱えている生徒に対する特別な配慮が、受動的にふるまうことの意味合いである。

もっとも、これは特別な配慮自体が問題だということではない。一方的で強圧的な生徒指導的措置と比べた場合、それはむしろ明らかに応答的ではある。だが、それが応答的なのかそうではないのかといった相対的な議論をするのならばともかく、応答ということについて吟味しようとした場合、上記の配慮は本当に応答的なのかという疑問が残る。どこまでいってもそれは本来的な学びの延長線上にあり、先ほどのたんなる応答関係からは遠く隔たっているからである。保健室や教育相談室が、あくまでも一時的な避難所のように扱われ、控室的な地位に甘んじていること、これらの場所が学びに復帰させるという従属的、副次的な役割しか担っていないこと、そうした「常識」が問題なのである。

たんなる応答関係が成立するには、ねらいのないことが前提になるにもかかわらず、受動的な態度という迎え入れの段階においてすでに学びの本来性の観点が介入し、ねらいが生じている。学びの本来性に支配された教育言説のなかでの検討、常識的な検討は、このように最初から本来的なものに取り込まれる運命にある。では、次のような仕方で受動性及び応答関係について検討した場合はどうだろうか。それは、本来性に支配されることのない言説、より正確には、本来性の対抗言説による検討である。こうした観点から、次節以降、E・レヴィナスおよびJ・デリダの哲学的な論考を取り上げていきたい。そして、その見解の非常識さとともに改めて応答関係について検討に附したいと考える。

2　強迫としての応答関係

レヴィナスは、主著の一つ『存在するとは別の仕方で』のなかで、受動的な在り方と応答関係に関して次のように述べている。

「空間の空虚が不可視の大気によって満たされていることは、風が肌に触れ、嵐が身に迫るときにしか知覚されない。知覚されないにもかかわらず、不可視の大気は私の内奥にまで浸透している。この不可視性もしくは空虚とは、呼吸されるものであり恐怖でもある。それは私が関わらざるを得ないものとして、一切のテーマ化に先立って私を強迫する。たんなる雰囲気は気圧となって私を圧迫し、私はそれに屈服し、意図やねらいもなく肺腑までもがこの気圧にさらされる。これらのことが意味しているのは、存在の地歩を固めるに先立つところの、被るところの主体性、すなわち受動性である2。」

受動的な在り方とは、一つの態度や所作であるどころか、あらゆる態度や所作にも先行する主体の在り方である。それは「ねらい」などといった主体的な所作以前の、主体の根本的な在り方を示している。したがって、受動的な在り方に基づく応答関係は、あり得るどころか、すでに／つねに成立しているとレヴィナスは主張する。というのも、われわれが日常的にとり行っているところの呼吸がそれに当たるからである。

われわれが大気を呼吸するとき、大気に対して、われわれは完全に受動的な立場を強いられている。大気は不可視であるゆえにこちらからは何らの能動的な働きかけができない一方で、われわれは大気なしには一刻たりとも生きられない。大気に関わる受動性は、テーマ化すること、すなわち、相手を対象化しつつ、その対象を「認める」とか「受け容れる」などといった、受動的な態度を保ちつつも主体的でいられるような悠長なものではない。それは自分が否応なく関わらざるを得ない切迫した関係性である。レヴィナスは、これを強迫(obsession)と表現する。強迫は認識対象としての他者ではなく、認識できないにもかかわらず、つねに私にまとわりつく(obséder)他者との関係の在り方である3。

レヴィナスは、大気を受動性のメタファー、あるいは受動的な在り方のアーキタイプとして持ち出しているのではない。それは現象学的事実である。呼吸のように完全に受動的な立場に置かれた時、われわれは完全に操作不能の事態に陥っている。先ほどの例で言えば、誰かに「先を越された」場合、それはすでに起きた(passé)出来事を指しており、もはやどうすることもできない。このように、受動的(passif)な在り方に共通するのは事態を回避できない点である。

レヴィナスは、この不可避性の事実において次の点を主張する。それは、主体性が受動的な仕方で出現するという非常識な事実である。通常の理解では、受動的な事態は主体的な意図やねらいが妨げられる事態を指し、主体性の挫折あるいは抑圧と解される。ところが、レヴィナスは、被るところの主体性(subjectivité qui souffre)として受動性があるとし、受動的な仕方で主体的なものが生起すると指摘している。受動性は、存在の地歩を固める以前の、主体としての「私」が出現する以前の私の在り方である。つまり、「私が受動的な立場に立つ」などということはあり得ないことをレヴィナスは言っている。

こうした受動的な在り方を応答関係に置き換えた場合、以下の事実が明らかになる。それは、呼びかけと返答とが相まって応答が成立する場合に、主体の側は明らかに後者に属しているという事実である。呼吸は応答関係そのものであり、大気は呼びかける側に、呼吸するわれわれはその呼びかけに応える側に属している。そして、さらに非常識な事実として挙げられるのは、このようにして応答関係が「すでに」成立しているということである。つまり、「応答的な関係づくり」などということはあり得ないことをレヴィナスは言っている。応答関係がすでにあって、呼びかけを返すべく「私」が出現したこと、関係の先行性=私の出現の事後性が応答関係の実相なのである。

3 応答責任の発生

とはいえ、上記の常識からかけはなれた主張に対しては、当然のごとく次のような疑問が湧くはずである。それは、呼びかけに対する応答として「私」が出現するというからには、呼びかける者が先にいなければならないではないかという疑問である。

この疑問に対してレヴィナスは、呼びかける者が確かに先にいると主張する。ただし、そうした他者は大気のように不可視であって現象することはない。呼びかける者は「いる」という仕方ではない仕方で、つまり「存在するとは別の仕方で」(autrement qu'être) われわれに呼びかけている。この点に関してレヴィナスは、前掲の引用部に引き続いて次のように言う。

「自己自身からの釈放は、他性の風によって深々と呼吸することで果たされる。隣人の接近によって主体が分裂するからである。この分裂は、肺腑ばかりでなく、自我の核、自我という個の不可分性までもが分裂する分裂、すなわち自己分裂であり、それは質料の受動性よりも受動的な受動性である。空間として開かれること、自己のうちへの幽閉から呼吸によって解放されること、それはすでに隣人という彼方、すなわち、他人に対する私の応答責任、他人によって私が息を吹き込まれること、他性という彼方を前提としている[4]。」

私に呼びかける者、私を出現させる者、それは隣人であり、他人であるとレヴィナスは言う。彼らは質料をもたないがゆえ、他性の風（le vent de l'altérité）、他性という彼方（l'audelà de l'altérité）という言い方でしかそれを表現することができない。ただ接近（approche）という気配でのみ、現れ（phénomène）ではなく近さ（proximité）としてしか察知し得ない。その関わり方は、存在的ではなくなるのに比例して、われわれにより一層受動的な在り方を強いる。質料を有した可視的な他者に「よる」（par）受動性ならば、受容する回避するあるいは反撃するなどの能動的な対処も可能であろう。しかし不可視の他者に「対する」（pour）受動性は、質料の受動性よりも受動的な受動性（passivité plus passive que la passivité de la matière）であって、絶対的でしかも捉えどころがなく、対処のしようがない。

もっともこの場合、<pour>を「対する」とするのは正確ではない。それは「存在する仕方で」表現されているからである。質料を伴わないものの感受として、すなわち、現れないものの現象学（phénoménologie de l'inapparent）

としてみた場合、<pour>は「ために」、さらには「代わりに」と解すべきであるとレヴィナスは主張する。応答関係は私が他者に対するのではなく、他者のために私がいる、他者の代わりに私がいるという仕方になる。さらに正確を期するならば、こうした私の現れ方は、「我ここに」(me voici) と表現されうるだろうとレヴィナスは言う (AE145)。他者が存在的ではなくなるのに比例してより受動的な在り方を強られた結果、「私は出頭する仕方で現れる」(AE177)。私が主格 (je) ではなく対格 (me) であること、私が他者のために、あるいは他者の身代わりとして出現したこと、これらのことは、私が何者かと応答するのではなく、何者と応答するために召喚されたのがこの私であることを示している。対格 (accusatif) とは告訴 (accuser) されていることであって、「我ここに」という在り方は、出頭こそが私の出自であることを示しているとレヴィナスは主張する[5]。

しかしながら、ここで新たに次のような疑問が生じるはずである。決して現れることのない不可視の他者であるにもかかわらず、いったいどういう風にして彼らは私を呼び出すのか、接近とはそもそもどういう気配なのか、そしてなによりも、なぜ私は彼らのために、彼らの代わりに呼び出されなければならないのか。レヴィナスの答えはこうである。彼らが質料を有さず不可視である「にもかかわらず」ではなく、「だからこそ」、私は彼らの代わりに呼び出されなければならないのである。彼らは存在することに憧れている。実詞化 (hypostase) したがっている。できることならこの世界に現れ、私と同じように存在を享受したいのである。その思いは、気圧 (atmosphère) として私を圧迫する。そのとき、あたり一面を覆う「ある」(il y a) のざわめきが、「なんとか存在できないものだろうか、なんとか存在できないものだろうか (on est tenu à l'être, on est tenu à l'être)」と私に執拗にささやきかけるからである[6]。

不可視の他者はかつて実詞化したことがあったかもしれないし、いまだかつてそのためしがないのかもしれない。いずれにしても私が実詞化して今ここにいるということは、私がここに呼び出されていることと同義であるとレヴィナスはみなす。後述するように、私がここにいるということは、他の人間が所有すべき場所を私が簒奪したからであり、同時にそのことでここに召喚されたからである。私が彼らに応答することができること（respons-abilité）の「できる」は、したがって、操作可能な私の能力の一部でも、応答しないことも許されるという選択の可能性でもない。それは応答の不可避性を意味している。大気のような不可視の他者は、不可視であるがゆえに存在しないどころか、存在しないがゆえに、われわれが質料を持ってここに存在していることの負い目をわれわれに抱かせつつ、絶えず呼びかけ、応答を迫る。息を吸い込むこと（inspiration）で呼びかけの霊感（inspiration）を与えられた私は、その返答として息を吐く（souffle）という苦しみを被る（souffre）。呼吸はこのように応答責任（responsabilité）が発生した由来を反復しているのである。

第3節　知から倫理へ

1　「私」からの解放

われわれはふだん私が「私であること」を自明の前提として日常生活を送っている。主体的な自己がすでにあり、そうした自己としての私が、私の前に出現する他者に対して何らかの対処をしながら日常生活を送っている。こうした日常のなりわいを前提とした場合、時折、私を受動的な立場に追い込む他者の出現は、厄介な存在として受け取られる。しかし、そうした厄介さは、前掲の引用にある通り、レヴィナスにとっては逆に私が「解放されること」、「自己自身からの釈放」の機会となる。すでに主体的な自己が確立されていたとしても、その不本意さにおいて、「自己分裂」がおき、別の私が出現する。その定義からして、もはや分裂させる (diviser) ことができない個 (individu) としての私の不可分性 (indivis) が、その時侵害されるのである。こうして分裂した自己が、対格としての私、召喚された「我ここに」としての私である。

ここにおいて、レヴィナスは通常の理解とは正反対の非常識な主張をしている。それは、「我ここに」として受動的な仕方で出現した私の出現の仕方が、「解放」であり「釈放」であるとする点である。受動的な立場は、主体性が現れるだけでなく、「解放」であり「釈放」でもあるという。通常の理解では、解放は受動的な状態から解放されることであり、逆に受動的な状態は、主体的な在り方が制限され身動きのとれない状態に置かれることを言う。ところが、レヴィナスにとってはそうではなく、「我ここに」という完全に受動的な主体としての私は、ようやくそれまでの能動的で主体的な「私」という捕囚先から逃れられた帰還者なのである。

この点において、確認しておく必要があるのは、レヴィナスが何を念頭においてこうした主張をしているのかということである。レヴィナスが念頭においているのは、存在の享楽者としての自我の在り方であり、存在の享楽の上に立った言説としての哲学である。たとえばレヴィナスは、もう一つの主著『全体性と無限』のなかで次のように述べている。

「ソクラテス的な真理の理想は、『同』が本質的に自足し、それ自身であることに自らを同一化するエゴイズムにある。哲学は自我論なのである（La philosophie est une égologie）[7]。」

自我あるいは自己とは、私が私であることであり、自己同一化をめざす自同律の運動に身を任せ、自足している状態である。私が私であるということは、「同」（le Même）としての私が「それ自身であること」（ipséité）と同じであることを願うことに他ならない。なぜ願うのかといえば、「同」と「それ自身であること」とはもともとは同一ではないからである。もし同一であるならばそもそも同一化などする必要がない。「同」の運動とは「それ自身であること」に自らを同一化させようとする運動であって、その限りにおいて私は自足する。このように哲学はその始まりから自己準拠的な自足（la suffisance）を目指してきたのであり、したがってそれは生来的に自我論なのである[8]。

では、なぜ哲学は自我論へと自閉してしまうのか。それは哲学が徹底したモノローグであり、応答性を欠いた語りだからである。ソクラテスの対話編ですらプラトンの独話なのであり、哲学はみな多かれ少なかれ自問自答による自家中毒的な対話から成り立っている。自給自足的に自らを展開する在り方こそが本来的（authentique）な在り方であるというのが哲学の伝統となっている[9]。

こうした傾向が顕著になったもの、自我論が独我論（solipsisme）的傾向を帯びたものが、フッサールの現象学であり、ハイデガーの現象学的存在論であるとレヴィナスはみなす。「私はできる」（Ich Kann）という権能主体の万能感、あるいは存在の先行的な開示性という真理の主張は何に基づいているのか。間主観的了解による類型的な先行的既知性の地平での意識の脱自的なあり方であれ、あるいは、存在について問いかけることができる存在者の存在論的優越性であれ、これらはみな自らが充足していること、私がその都度自分自身であること（Jemeinigkeit/ meinneté）の表明であり、私が私という存在の内部性（intériorité）、わが家（le chez soi）にひきこもって存在を謳歌していることの現れにすぎないのではないかというのがレヴィナスの根本的な主張である。

上記の論点から、レヴィナスは「ハイデガーの現存在は飢えを知らない10」と批判する。たとえば『存在と時間』の冒頭の数ページで、ハイデガーは「存在とは何か」という「卓越した問い」を投げかけている。けれども、実際にはそう問う以前に現存在はすでに存在の上に立っている。食事をとるとき、現存在はすでに存在を享受している。享受するパンは道具的存在ではなく糧であり、そのとき身体は存在論的思考に先立ってすでに自らが存在を享受していることに気付いている。存在は現存在の存立基盤なのであり、住まうべき大地や家について語ることは、実際はその語る者がすでに存在を享受している事実を正当化しようとするだけの行為なのだとレヴィナスはみなす。

レヴィナスが能動的で主体的な私という幽閉先からの「解放」と述べるとき、彼が想定しているのは以上のような存在の享楽者としての私の在り方、及びそうした在り方を正当化する言説である。能動的で主体的な私という在り方は存在を享受する安逸な在り方にすぎず、安逸性のなかで自我は窒息している。「顔としての他者の近さを欠くとき、すべてが存在に吸収され、存在内に幽閉される11。」他者の接近がこうした在り方から私を解放するのである。そしてレヴィナスはさらに次のように主張する。われわれに求められているのは、存在の内部性への固執からの離脱（désintéressement）ではないだろうか、と。自らの内にひきこもって自足する在り方から逃れるためには、存在することの乱調（dérèglement）、存在することの弛緩（relâchement）が必要である（AE233）。享楽的な在り方が乱され、安定した生き方が緩む必要がある。それを可能にするのが「顔」すなわち他者の接近である。

2　意識の先行性

他者の接近は強い自我としての在り方を問いただす。他者という異質性の侵入が、哲学の自同性を打ち破る。レヴィナスは、こうした壊れた私の在り方を知（savoir）に対置して倫理（éthique）と呼び、倫理的な在り方を存在論（ontologie）に対置させて形而上学（métaphysique）と呼ぶ。自足的な知は、他者の接近によって倫理へと変貌し、存在への執着から逃れた思考は、形而上学という「高みへと転落する」（tombe vers le haut）のである[12]。

「『同』を問いただすことは、『同』のエゴイスティックな自発性からは起こりえない。それは『他』によってなされる。「他者」の現前によって私の自発性が問いただされること、これが倫理と呼ばれる。『私』が『他者』を迎え入れることは、具体的には知の批判的な本質を実現する倫理として生起する。形而上学は存在論に先立つのである[13]。」

では、存在論に先立つ形而上学において現象学はどのように位置づけられるのか。実は現象学は形而上学のためにあったとレヴィナスは断定する。意識の志向性とは存在の先行的な開示性などではなく、主体（主人）よりもいち早く門まで出て、他者を出迎えることである。

「有限者が無限の観念をもつ形而上学的思考のために、私たちは志向性、～についての意識という用語を取っておいた。それは話しことばへの注意、顔の迎え入れであり、歓待（hospitalité）であって、そのテーマ化ではない。存在からの分離を果たした自己意識は、迎え入れを可能にする。主体とは主人なのである（Le sujet est un hôte）14。」

全体は当然のことながら有限である。他者という想定外のものを思考に導きいれる形而上学は、存在論という全体性（totalité）に向かう思考に無限（infini）の観念を持ち込む。そのとき、自己性（ipséité）へ向けての同一性（identité）の運動は停止し、「同」（le Même）という自己同一的な、存在的な在り方からの分離が果たされる。この分離によって、存在者ははじめて主体にふさわしい在り方、すなわち主人となり、他者を迎え入れることが可能となる。一方、意識は茫漠とした何ものかについての意識ではなく、主人より先に門まで出向いて、他者を出迎える役割を負うこととなる。意識はたんなる志向性ではなく実質を伴うことになる。

こうした他者性の現象学によって存在論は懐疑論（scepticisme）へと変貌する。ハイデガーは、気遣いや不安として現れる何ものかについての意識から、死に臨む存在という本来性の自覚を導いたが、この場合の不安とは言うまでもなく時間的な有限性に発するものであった。しかし、レヴィナスは不安の観念はむしろ存在の享受にともなうものであり、『存在と時間』における本来的存在への回帰の方向とは正反対に、この観念によって存在からの分離が果たされるとみなす。つまり自分「だけが」享受者ではたしてよいのだろうかという意味での有限性の自覚が、存在論を懐疑論へと導くのである[15]。

「始原的なもののうちにあっての幸福な享受、だが幸福は享受に不安をおぼえさせる。始原的なものは『ある』へと繰り延べられる。内部化（intériorisation）としての享受は、大地の異邦性に遭遇する[16]。」

パルーシアとしての存在は、私が故郷の大地に家を建てて住まう幸福な生活を贈与する（es gibt）。しかし無限の観念としての異邦者が到来するとき、私の内なる大地は異邦性（étrangeté）を帯び始め、豊穣な存在は「ある」（il y a）という荒涼とした砂漠へと変貌する。そのとき、私は次の事実に気付く。私がこれまで当然のことのようにみなしてきた自らの大地、家、糧などの始原的なもの（élément）の享受は、実際は収奪に他ならなかったこと、他者からの収奪物でわが家のインテリアを充実させること（intériorisation）であったという事実である。

「私が世界内に（au monde）あること、あるいは私が陽の当たるところに席を占めていること（place au soleil）、私が自分の家にいること、これらは他の人間が所有すべき場所を私が簒奪したということではないだろうか[17]。」

「知」から「倫理」へと移行するというのは上記の自覚を指す。私には歓待（hospitalité）の義務があること、そうした他者に応答する責任（responsabilité）の自覚は、自我論たる哲学的思考では現れなかった。自問自答においては「私」が問いかけ、それに応答する格好で「私」が答える。そこでは義務も責任も生じないからである。一方、不可視の「他者の接近」が感受されるとき、それに応答すべく事後的に立ち上がる私、「我ここに」としての私はすでに応答責任を有している。受動的な在り方とは倫理的な在り方に他ならず、現象学はそのためにあった。意識はまず主体があってそれが他者を志向し把持するという「テーマ化」としてではなく、まず他者の接近があってそれに応答する仕方で発生する。疚しさ＝悪しき意識（mauvaise conscience）としての自己意識は、うちひしがれ、しばしの休息を乞う異邦人の到来を感受し、いたたまれずに門まで出て出迎えるだろう。わが家にひきこもり存在を謳歌していた主体は、意識の先行性に引きずられる格好で、もてなしをせざるを得なくなる。自閉していた主体はこうして自らの館の門を開き、迎え入れる主体へと、すなわち主人（hôte）へと変貌するのである。

第4節　歓待の原風景

1　慎み深い不在

「レヴィナスは、開けについてのもろもろの思考を、歓待ないし迎え入れから始めるべきであると主張している。逆ではない。この転倒は明らかに意図的なものである。『開け』(ouverture) と『歓待』(hospitalité) というふたつの語は、彼の著作において結合していると同時に分離している。それは奥深い法に従っている[18]。」

デリダはレヴィナスを追悼した論文『アデュー』のなかで、レヴィナスの歓待論についてこのように指摘している。他者に向けて開かれた私、受動的な仕方で出現した私は、それ自体が目的ではなく、またそうした在り方自体が倫理的なわけでもない。私は他者を歓待するために開かれているのであり、歓待のために受動的な在り方で出現したようじにすぎない。先行するのは歓待することであって、開かれていることではない。倫理は開かれた私ではなく、歓待する私において成就する。

ここでデリダが問題にしているのは、どのようにして応答関係において倫理が発生したのかということについての消息である。それは奥深い法 (loi subtile) に従っているとデリダは言う。倫理的なものよりもさらに以前に法があり、その法が出現した原風景にまで遡らなければ、レヴィナスの歓待論は成就しないだろうという予測である。ではその法とはどういったものなのか。法が現れた原風景とはどのような場面を言うのであろうか。

その際デリダが着目するのは、歓待される他者ではなく歓待する主体の方である。たしかに「他者の接近」が感受され、それに応答すべく出現した主体は、他者を迎え入れる「主人」としての自己を強く意識するだろう。だが、そうした主人としての自己はどのような仕方で他者を迎え入れるのであろうか。まずもって問題となるのは、他者の迎え入れはいったい誰が行うのかという点である。招かれるのはもちろん他者であるが、もう一方の「どうぞ」とささやきつつ他者を出迎える「自己」(soi) とはいったい誰なのだろうか。

デリダは上記の論文のなかで次のように言う。それはそれが「どこで」ささやかれているかによって示されている。「どうぞ」とささやく者、手招きして内に迎え入れる者の素性は、レヴィナスのテキストのなかで、まずもって「場所」として示されている、と。

「レヴィナスが場所として門を名指すのは無意味なのだろうか。彼が指し示す場所は、歓待のレトリックにおけるたんなるひとつの修辞にすぎないのであろうか。我が家を開く入口という門の形象は、たとえそれが言葉の綾 (façon de parler) であったにしても、それはまた、語りかけの仕方 (*façon* de parler) としての言葉でもあるだろう。レヴィナスの著作においてしばしば思い起こさせる、何よりもまず食べ物や飲み物や休息所を与えるために招き入れる際の、他者に差しのべられた手とともになされる語りかけの仕方でもあるだろう[19]。」

門は家と往来の境に位置し、自己と他者との間に応答が交わされる場所である。レヴィナスは開かれた自己の具体的なイメージとして、すなわちたんに言葉の綾として門という言葉を使用しているのかもしれない。しかし、門は、実際にそこで言葉がけがなされる場でもあるだろうとデリダは言う。閉門し施錠されているのではなく、我が家を開く（ouvre le chez-soi）入口として、開門されていればなおさらである。そこでは往来で疲労困憊し行き倒れになりそうな他者に、家にある食べ物や飲み物が差し出されたり、しばらく休息するよう、家に招き入れる言葉がささやかれたりするだろう。この内と外の境界で、言葉がけをしたり、手を差しのべたりする者は、当然、その家に住む者の一人であろう。そしてそうした者は、ふだんからその家に居て、生存や生活に必要な事柄をきりもりしながらそれらを集約（versammeln/ recueillir）する者、すなわち家政的な事柄をまかなう者に違いない。

ここでいったん次のことを確認しておく必要がある。それは「門」の現象学的な意味と陸続きの、「家」のもつ意味である。家は現象学的にどのような意味を有しているのか。レヴィナスにとって家は、目的を果たすための手段としての道具的存在の連鎖から切り離された特別な存在であった。なぜ生の目的連関から免れているのかというと、家は先ほどの糧と同じく、存在の手段ではなく、存在の基盤としての始原的なもの（élément）にあたるからである。「〜によって生きる」（vivre de 〜）ところの〜にあたるのが道具的存在者（Zuhandenes）であるとすれば、家は生きるよすが、すなわち存在の条件にあたる。わが家はハンマーやペンのように釘を打ったり、字を書いたり、何らかの目的のための手段として利用されるものではなく、存在を享受する場である。

「人間の生が置かれている目的体系において、家はある特権的な位置を占めている。それは、家が人間の活動の目的ではなく、活動の条件であり、その意味では活動のはじまりとなることにある[20]。」

こうした家の特別な存在位置を確認した上で話を元に戻すと、次の事実が明らかになる。それはふだんからその家に居て、生存や生活に必要な事柄を集約する役割を担う家政的な存在者は、家の存在様態に酷似していること、さらに言うなら、家そのものであるという事実である。家政的な存在者と家は現象学的には同義である。したがって、そうした存在者は少なくともその家の主人ではないことがわかる。なぜなら主人は存在することに関してあれこれやりくりはせず、たんに存在を享受する者だからである。その家の主人はふだん自分自身ではまかないはせず、来客のときに主人として客人をもてなすだけである。一方、わが家を体現する者は、ふだんその家の主人をもてなしつつ、歓待の場においてはもてなす役目を主人に譲り、自らは姿を現そうとはしない。こうした主人ではない他なる者とはいったい誰なのか。レヴィナスは次のように言う。

「現前が慎み深いことに不在であり、不在のなかで他者の迎え入れを心から喜んで (hospitalier) 行い、親密圏を築こうとする『他者』、それは『女性』のことである。『女性』とは集約することの条件であり、『家』あるいは居住という内部性を成り立たせる条件である[21]。」

2 招かれざる客

歓待の神話的場面において「どうぞ」とささやく者、それは女性 (la Femme) である。しかし女性は他者を迎え入れ、家に招きいれるやいなや、奥へと退いて肝心の歓待の場には一向に姿を現さない。そこであたかも歓待は主人の肝いりでとり行われたような按配になる。ではその慎み深さ（discrétion）はいったい何に基づくものなのだろうか。これは歓待をめぐる問題において最も重要な問いとなる。たとえばそれはいわゆる家父長的な通俗的道徳観に由来するものなのか。無論そのようなことはない。第一にここで言う女性は現実の女性である必要はない。女性は実体的にではなく、あくまで女性的なもの（le féminin）の次元で語られている。現実にその家に女性が居るか居ないかは問題にはならない。むしろこの場合、家（la Maison）という場所の方が重要になる。なぜなら、ここでは女性的なものにおいて歓待がとり行われる場所が語られており、他者に対して開かれた場所の在り方として女性が語られているからである[22]。

「ある住まいに女性という性（sexe féminin）としての人間存在が経験的に不在であるとしても、そのことによって女性性（féminité）という次元、住まいという迎え入れそのものとして開かれつづけている次元にはなんらの変更も加わらない[23]。」

さて、改めて女性の慎み深さの正体はどこにあるのか。ここで着目すべきは歓待（hospitalité）と迎え入れ（accueil）の区別である。いままでは迎え入れを広義の歓待に含めて検討していたが、ここでは両者を峻別する必要がある。結論から言えば、重要なのは迎え入れであって、歓待行為ではない。歓待そのものは迎え入れた事実の延長にすぎない。他者にとっては迎え入れられたことに意義がある。たいしたもてなしができなくても他者はそれで腹を立てたりはしない。つまり迎え入れた時点ですでに歓待はほぼ達せられているのである。女性さえいれば歓待は十分成立する。歓待の成立条件においては、主人による歓待という部分は付け足しにすぎない。以上のことから、女性は歓待行為をその家の主人に「行わせている」のであり、女性は謙虚さに基づいて自ら姿を隠すのではなく、ただ終始迎え入れているだけなのだということがわかる。

しかしながらこれで問題が解決したわけではない。今度は次のことが疑問になる。それは、なぜ女性は主人に歓待させるのかという疑問である。なぜ自分でしようとはしないのか。この点について考える際、デリダは前著のなかで、歓待に関連する言葉の親和性に着目する。それは以下の言葉である。

歓待 (hospitalité)　家 (hostage)　主人 (hote)　敵 (hostis)

これらの言葉は緻密なネットワークをなし、歓待の意味論に結びついているとデリダは言う (AD106)。言うまでもなく、これらの言葉のなかでひときわ異彩を放つのが「敵」である。「主人」と「家」は歓待する立場にあり、共通点がある。だが、「敵」だけは歓待のネットワークとはまるで無関係のように思われる。無関係というよりも、むしろ対極にあると考えるのがふつうである。ところが、デリダはこれらのなかで最も親和性があるのが「主人」と「敵」の間の関係性であるとする。なぜかというと、両者はともに歓待される側の人間だからである。「敵」は歓待され、「主人」は歓待する側にも歓待される側にも属している。これはいったいどういうことか。デリダは次のようにいきさつを説明する。

もともと家にいたのは女性であった。なぜなら女性と家は同義であるから。ところがあるとき、行き倒れになりそうな、疲労困憊した者がその家に迎え入れられる出来事があった。そしてその人物はそのままその家に居座って今日に至っている。それが現在のその家の主人である。その住まい（demeure）の所有者は、もとはといえば異邦者であり、招かれざる客がそこに居座っている（demeure）にすぎない。したがって女性が新たに行き倒れになりそうな人物を家に招き入れた折には、主人はその新たな他者と一緒にもてなされることになる。これがあたかも主人の肝いりでとり行われているかのようにみえる歓待の真相である[24]。

主人の出自を辿れば、かつて女性によってもてなされた他者であった。女性はそのとき素性の知れぬこの異邦人を無条件で歓待した。極めて他者性の強い、自分に危害を加えるかも知れぬ者、すなわち敵を無条件で歓待したのである。これが主人と敵が最も親和性をもつ所以である。女性は相手の人となりに構うことなく、疲労困憊した者を全面的に受容する。女性は歓待を行為として行わないのではなく、主人を含め、他者たちを無条件で迎え入れ続けている。女性と家が同義であることが重要なのはこの点においてである。女性はいわば歓待の場所であって、迎え入れる者ではなく、迎え入れという行為そのものなのである。レヴィナスはこの点について次のように述べている。

「家が所有されるのは、そもそも前もって家がその所有者を歓待している（hospitalière）からである。私たちは家の本質的な内部性に、すべての居住者よりも先に家に住まう居住者に、心から迎え入れ、それ自身として迎え入れる存在に、すなわち、女性的な存在に送り返されるのである[25]。」

3　自己の他者性

家は主人に先行する。迎え入れは所有に先行する。家の所有者である主人は、家が迎え入れた最初の人物であった。つまり彼は主人のようにみえて客人なのである。本質的に迎え入れている者は女性あるいは家であって、現実的に迎え入れている者は、歓待行為として、つまりたんに現象として迎え入れているにすぎない。彼はたまたまその家を訪れた最初の客人に過ぎない。この神話的出来事から、次のような歓待の実相が浮かび上がる。これをデリダは法（loi）とよぶ。

「こうして私たちは歓待の無慈悲な法へ呼び戻されることになるだろう。すなわち、受け入れる主人、招かれ受け入れられる客人を迎え入れる者、当然自分はその場の所有者であると信じて迎え入れる主人が、実は自分自身の家に受け入れられる客人であったという法である。主人は自分が供する歓待を、自分自身の家において、自分自身の家から供されている。ホスト（host）としての主人はゲスト（guest）なのである。迎え入れる者は、まずもってわが家に迎え入れられている。招く者は彼を招いた者によって招かれている（l'invitant est invité par son invité）26。」

こうした歓待の法は、先述した歓待の倫理についての事実関係をより克明に説明する。他者という無限の観念が出現したとき、私は存在を享受している私の有限性、つまり自分だけが存在を享受していたことに気付き、私は存在の享受を他者と分け合なければならないのではないかと思う。これが「歓待の倫理」であった。「歓待の法」は、さらにこの倫理関係が発生した始源的な場面へのフラッシュバックを要請する。なぜ私は存在の享受を他者と分け合なければならないのか。そのとき、なぜ「知」は「倫理」へと移行するのか。それは見知らぬ他者がわが家を訪ねてきた際、私はふと私自身がかつてすがる思いでこの家に辿りついたときの情景を思い出すからである。そのとき差しのべられた手（la main tendue）、その手の優美さの記憶が自ずと私を「知」から「倫理」へと移行させる。私は主人ではなくただの客人であった事実の想起が、否が応にも私を新たな他者との間に倫理的関係を取り結ばせようとするのである。

今現れている他者の姿にかつての自分自身の姿を重ね合わせることが「歓待の無慈悲な法」が放つ要請である。そしてこの要請はさらなる要請をわれわれに投げかけることになるだろう。こうデリダは予告し、その論拠として『全体性と無限』の次の一節を再三にわたり引用する（AD43, 55, 57）。

「他者に近づいて話しかけることとは、他者の表出を迎え入れることである。他者はその表出にあって、思考が他者から奪い取ってきた観念を一瞬一瞬あふれ出して行く。このように他者に近づいて話しかけることは、私の容量を超えて他者を受け取ることである[27]。」

迎え入れ（accueillir）もしくは受け取り（recevoir）は、自らの容量（capacité）を越えていなければならない。これが「歓待の無慈悲な法」のさらなる要請である。門という内と外の境界（bord）において見知らぬ他者に近づいて話しかけた（aborder）時点で、すでに他者の表出（expression）は思考による他者観念（impression）を超えてあふれ出ている（déborder）。もてなしの際も同様でなければならない。もてなしは自らの容量を超え出ていなければならない。たとえば空き部屋がいくつもある状態で部屋を分け与えてもそれは歓待とはいえない。食べ物が豊富にあるからそれを供出するのは歓待ではない。ではどうすることが歓待なのか。それは自分が今住んでいる部屋を譲り渡すこと、「口に含んだパンを与える」（AE81）ことである。なぜあえてそうしなければならないのか。それはそうすることで、はじめて私は人質ではなくなるからである。

「主体が人質であることは、疑いなく、主体に遅ればせながら事後的に付与される属性ではない。それは『他人のための応答責任』としてのかぎりでの主体の主体性である28。」

主体は人質である、とデリダは言う。この人質（ostage）という言葉も先ほどの主人（hote）、敵（hostis）と同様に、歓待についての緻密なネットワークの一部をなしている。ではこのネットワークとはそもそもどういうネットワークなのか。それは存在の享受者としてのそれである。他者という無限の観念が出現したとき、私は自分のみが存在を享受している私の有限性に気付く。他者の出現においてはじめて私が有限者であることに気付くのであり、このときはじめて主体性が現れる。主体が存在を享受する者として自己の有限性を意識したとき、主体は自分自身を享受に囚われていた者として、すなわち人質として意識する。主人という在り方がただの享受者としてのそれであったことを思い知るのである。

人質としての私を自覚することで、主人は女性から解放されることになる。自分が享受に捉われていたことを自覚することで、それまで無自覚であった女性の迎え入れの意味を了解し、女性から自由な存在になる。このとき私はたんなる享受者ではなく、はじめて与える側にまわることができる。たんに歓待をとり行うだけの主人から、迎え入れる真の主人となる。

迎え入れる主人は、自らのキャパシティを超えて、すなわち他者を無条件でもてなすようになるだろう。今までの主人は歓迎しかねる他者を門前で追い返すこともあった。しかしこれからはいちいち名を尋ねることすらしないだろう。確かにこれからも、わが家の所有権をおびやかす潜在的な敵対者となりうる他者が訪ねてくることがあるかもしれない。だが、かく言う私もずっと家の所有権をおびやかしてきたではないか。家の所有権を独占し、存在を享受し続けてきた私にとって、潜在的な敵対者はある意味で近親者であり、共犯者といえる。主人（hote）と敵対者（hostis）の違いはどちらが先にこの家にやってきたかの違いにすぎない。すなわち敵対者もふくめてこの家にいる者は「われわれ」である。この場合の「われわれ」は、間主観的了解の下で地平を共有するわれわれでも、ともに同じ方向を向いている（côte à côte）共存在としてのわれわれでもない。相手は私と向かい合った（vis-à-vis）、いつ刃向かってくるかもしれない得体の知れない者である[29]。にもかかわらず、私自身もかつてはそうであった限りにおいて、この場に居合わせるのはともかくも「われわれ」なのであり、かくのごとく、自らが異邦性の高い他者であること、すなわち自分自身が敵であることに気付いたとき、歓待はすでに実現しているのである。

第5節　臨床空間としての学校

「この師はみずからの教えと、『迎え入れ』という形象における大いなる教えについての異様で困難な思考とを決して切り離さなかった。迎え入れの形象において、倫理は出産の哲学的伝統を中断させ、産婆のふりをして自分を消そうとする師の策略の裏をかく。ここでわれわれが検討している事柄は、産婆術には縮減できない。われわれは、『全体性と無限』に従いつつ、産婆術は私に何も学ばせないと言っても差し支えないだろう[30]。」

デリダは師たるレヴィナスを追悼した前出の著作のなかで、レヴィナスの教えについて、正確には教えということについての大いなる教えについて、このように述べている。「迎え入れ」(accueil)という哲学の常識からかけはなれた形象における大いなる教え、それは師レヴィナスにふさわしい教えであるとともに、師というものがなべて持つべき教えでもあるとデリダは言う。従来の哲学の常識において、師は知の伝授者であるとともに、その伝授の仕方は、伝授していることを弟子に悟らせない仕方で行われるべきものであった。すなわち、知もしくは真理をあたかも弟子自らの力で探究し見出したかのようにみせかける産婆術（maïeutique）こそが、師たる者の教えのスタイルとみなされてきた。しかしレヴィナスは、そうした「産婆のふりをして自分を消そうとする師の策略」の裏をかき、「出産（accouchment）の哲学的伝統」を中断させ、新たな教師像をわれわれに提示する。それが他ならぬ学ぶ者を「迎え入れる」形象である[31]。

レヴィナスにとって知とは、すでに「語られたこと」（le Dit）を指し、それは全体性のなかにすでに位置づけられ、安住した事柄や言説を指していた。これに対して、他者を「迎え入れる」ということは、応答の機会の到来を、すなわち応答責任という倫理において「語ること」（le Dire）を意味しており、それは未知のもの、全体性のなかに位置づけられていない「無限のもの」によって、「全体性」が動揺する事態を指している。以上の指摘から判明するのは、哲学が産婆術にかくも固執する理由である。伝授ではなく出産でなければならないのは、哲学が自我論であって、真理はすべて自分の内から、自分の力でとり出したことにしなければ気が済まないからであり、教える者がただ介添をするにすぎないことにするのは、真理は他者から与えられるのではなく、本人が永遠の昔から所有していたかのようにみなすことで、自我論が動揺しないようにするためであった[32]。こうした自我論に基づく出産の形象が、やがてその弟子の手によって、学びとは忘れていたことを思い出すことにすぎないとする想起（anamnēsis）の形象へと進化するのは周知の通りである。

産婆術という哲学の常識的な形象と、迎え入れという哲学の常識からはおよそかけはなれた形象を比較するときに気付かされるのは、われわれがすでに本論考のテーマに立ち戻っている事実である。教師が受動的な立場に立って、生徒との間に応答的な関係をもつことは、迎え入れの形象に他ならない。それは、応答的な態度を示しつつも実際には能動的で指導的であるという、産婆術の伝統に基づく本来的な学びの策略の裏をかく形象である。産婆の姿に身をやつしつつ受動的なふりをするという学びの正統的な策略に対して、本当に受動的な在り方で生徒に接するのは、策略を無効化する策略であって、それは教師の無能さの現れでも何でもない。それはむしろ、無能さを装いつつ、あくまでも迎え入れることに価値を置こうとする倫理的な姿勢の現れなのである。

策略をなくすための策略は、応答関係を成立させるための手立てとして要請されるものであり、レヴィナスの言葉で言えば、それは倫理である。かくして倫理は知と鋭く対立する。知が自我論に基づくとすれば、倫理は他者論に基づいており、前者が強い自我を目指すとすれば、後者が目指すのは弱い自我である。応答責任という倫理的要請は、すでに「語られたこと」を「思い出す」ための支援をすることではない。つまり、本来的な学びを通して強い自我が強い自我の形成を促すことではない。それは教師が傷つきやすさ（vulnérabilité）を保ちつつ、より応答的な仕方で、とてもではないが学びどころではない痛みを分かち合うこと（sym・pathie）である。弱い自我同士がともにあること、教師と生徒が崩壊した学びとともにあること、これが教育困難校の学びの在り方であり、教育困難校の存在理由である33。

応答は、我が家あるいは我が大地と呼べるような自足した緑豊かな場所においては、あえてなす必要はない。必要に迫られるのは、呼べば応えるような場所ではなく、遠くから私を呼びかける声が聞こえてくるような場所においてである。砂漠のあちこちから重い足取りでこちらに近づいてくる、打ちひしがれ途方に暮れた者たちの接近において応答関係が成立する。「他者の現れ（épiphanie）は、異邦人の、寡婦のあるいは孤児の顔の悲惨さにおいて現れる」[34]とレヴィナスは言う。応答責任が発生するのは、そうした他者の接近が感受されるときである。傷つきやすさを保ちつつより応答的な仕方のまま滞留することは、その接近が感受されていることを示している。

では、なぜわれわれは彼らの接近を感受し、応答するだけでなく、彼らをもてなさねばならないのか。それはデリダがレヴィナスよりもいっそうレヴィナス的な仕方で、その経緯を説明している。私が行き倒れになりそうな者を歓待しなければならないのは、私もまたかつて同じような立場で息絶え絶えにこの場所にたどり着いたからである。そのとき、この場所は私の氏素性を斟酌することなく私を歓待した。私はその後ももてなしを受けつづけ、今ではあたかも主人のような立場でここに居座っている。私は決してそうした自分の出自を忘れることはないだろう。新たに疲労困憊した者がこの場所にたどりついたときには、私は自分が今ここにいるに至ったいきさつを思い返しつつ、彼らを無条件でもてなすことになるだろう。教師は先着した客人に他ならず、うちひしがれた生徒と同じように、学校にもてなされている。教師はあたかも主人のようにふるまっているが、かつては彼らと同じく疲労困憊してこの場所に辿り着いた素性の判らぬ者であった。学校はそうした異邦人らを無条件で収容し歓待しつづけている。

以上の事実は、この場所が歓待（hospitalité）の場であることを示している。つまり、学校とは病院（hôpital）に他ならないことを示している。学校＝学び場である以前に、学校＝病院という等式が存在した。〈hôpital〉もまた歓待のネットワークに属しており、歓待の神話論的な場面は、学校が本来的な学びの実現を差し置いて、学びどころではない者を収容すべきであることを指示し、学びどころではない者が集合離散する避難所こそが、学校の起源的な在り方に他ならないことを明らかにする。途方に暮れた者たちが招かれ、ベッドサイド（臨床）において言葉がけがなされること、それは倫理よりも強制力を伴う法（loi）であって、法はその場に居合わせた者に対し、その出自の想起を通して、無条件の歓待を自発的な仕方で強制する。つまり教師は受動的であるべきであると同時に、受動的にさせられるのである。そして法はさらに次のことを強制するだろう。それは、学校と名を打つ以上、そこが教育困難校であろうとなかろうと、そこは学び場である以前に歓待の場でなければならないという強制である。たとえそこにいる生徒が疲労困憊していなかっとしても、教師は彼らが疲労困憊しているものとみなして接しなければならない。おそらくそうした非常識さこそが教育の栄光なのである。

【注】

1 「ある看護婦がひとりのいくらか緊張病がかった破瓜型分裂病患者の世話をしていた。彼らが顔を合わせてしばらくしてから看護婦は患者に一杯のお茶を与えた。この慢性の精神病患者はお茶を飲みながらこう言った。「誰かがわたしに一杯のお茶をくださったなんて、これが生まれてはじめてです」と」。鷲田清一は、レインが『自己と他者』のなかで紹介している上記のエピソードを引きつつ、「わたしがあるひとのためになにかをするということは、ふつう考えられているよりもはるかにむずかしいことである」とした上で、次のように述べている。「だれだってだれかのためにお茶をいれることはできる。しかしそれが、ただあるひとに一杯のお茶を供することとしてあって、そしてそれ以上でも以下でもないという事実は、それほどありふれたものではない」（『じぶん・この不思議な存在』一〇七頁）。ただそこに相手が居るからその相手をもてなすという「行為の零度」が、いざする段になると一向に容易ではないのは、もともとはその人がそこに居ること（presence）を理由になされていたはずの行為が、いつの間にか、その人にとっての、あるいは私にとって「ためになること」へ変質してしまうからである。「ためにする」のと「ためになることをする」のでは大きな違いがある。後者へと変質したとき、ともにそこに居合わせること（co・presence）の意味も同時に変質する。たんなる「ために」するのは、そこに生徒が存在するから、ただそれを理由として彼（彼女）らをもてなすことである。これに対して、「ためになることをする」のは、教える／学ぶ関係へと関係性を限定すること、特定の目的（ターム）に向けて関係を端末化（ターミナル化）することである。

2　合田正人訳（1999）『存在の彼方へ』講談社、四〇一頁。

3　私をみつめている（regarder）他者は私と関係をもつ（regarder）ことを望んでいる（『安全性と無限』下、七三頁）。こうした強迫観念が発生する背景には、他者と関わらざるを得ない（non indifférente）こと＝差異（différence）としての他者との関係性の等式がある。この等式が、主体の主体性に対する他者の他者性の優位という非対称性の効果として現れるというレヴィナスの主張の下地になっている。なぜこの等式が強迫観念を招くのかと言えば、〈non indifférente〉と〈différence〉の関係が反比例するからである。他者との差異が大きくなればなるほど、私は彼らとますます関わらざるを得なくなる。彼らとの関わりが深まれば深まるほど、彼らの異邦性はますます高まっていく。最終的に他者の現れ（épiphanie）は、「異邦人の、寡婦のあるいは孤児の顔の悲惨さにおいて現れる」（『全体性と無限』上、一四四頁）ことになるだろう。果たされれば果たされるほど増大していく責任、清算されるに従って借財が増えていく事態を、レヴィナスは栄光（gloire）と表現している（『存在の彼方へ』四三頁）。

4　同右、四〇一頁。

5　レヴィナスは「主体は時間の受動性から記述される。もはや回収不可能な（récupérable）時間としての、一切の意志の外にある時間の時間化は、志向性の対極にある」(AE68) と述べ、意識の志向性をモデルとしたサルトルの主体的な主体性を批判しつつ、対格としての主体性を「老いの主体性 (subjectivité du vieillissment)」と呼ぶ (『存在の彼方へ』一三七頁)。サルトル的な「私」は、脱自的な仕方で自己を未来投企的に引き受けようとするが、そうした「賭けはなされた」かのごとき主体性は若者の主体性に他ならない。私が私を引き受ける能動的主体において、引き受けられる自己は未来に措定されている。これに対して、対格としての受動的主体は自己を過去において、正確に言えば、過去へと変容され、もはや回収不可能となった「痕跡のうちに」(AE176) 見出す。ではこの痕跡 (trace) はどこにおいて見出されるのか。それは再帰代名詞〈se〉に見出されるとレヴィナスは言う。確かに〈se〉という再帰代名詞は日常言語に多用され、それ自体はごくありふれたものにすぎない。「〈se〉という代名詞が動詞と結びついて動詞に受動形を付与するとき、この特異な代名詞のもつ起源的対格性はほとんど不可視なものと化してしまう」(『存在の彼方へ』一一三頁)。しかしながら、蕩尽する (se consumer・自己を使い果たす)、身を任す (se livrer・自己を引き渡す)、立ち退く (s'exiler・自己を追放する) など、受動性における主体性を表現する言い回しにおいて再帰代名詞〈se〉をともなうとき、これらの言い回しにおいて示される事態は、何者かが私自身を〈se〉そうするように命じた痕跡を留めている。私が日当たりのよい場所を「立ち退く」のは、私の自主的判断もしくは能動的総合の結果としての行動ではなく、何者かが前もって「私を追放する」ように命じたからである。もちろんそのように命じられた覚えはない。こうした受動的主体性における時間的生起の逆説的事態 (anachronisme) は、例えばイザヤ書「彼らが呼びかけるより前に、私の方が答えるだろう」(6524) という一節に表現されているとレヴィナスは言う。この一節は字義通りに解釈されなければならないと断った上で、レヴィナスは次のように述べる。「他者に接近するとき、私はいつも「待ち合せ」の時間に遅れている。「行け」(se rendre・自己を引き渡せ) という命令を聴取することなく、この命令に服従するというこの特異な服従とは、無限者の生起 (se passer・自己を過ぎ去ること) である」(『存在の彼方へ』三四二頁)。老いの主体性もしくは痕跡とは、この〈se passer〉で表わされる事態を指す。「〈se passer〉。この表現は貴重である。この表現によって自己は「能動的総合」なき老いのごとく、過ぎ越した過去のうちで描かれる」(『存在の彼方へ』五〇頁)。自己を過ぎ去った過去においてみることは、無限者の過去(passé)における過ぎ越し(passage)を、無限者が私のもとに「立ち寄ったこと」(passer)、同時に私のもとを「通り過ぎたこと」(passer)を表している。「無限者が有限者のもとに立ち寄るのは、無限者がそこにおいて自己を過ぎ越すことである(l'Infini passe le fini; que l'Infini s'y passe)」(『存在の彼方へ』三四二頁)。

6　西谷修訳(2005)『実存から実存者へ』筑摩書房、一四一頁。

7　熊野純彦訳(2005)『全体性と無限』上、岩波文庫、六四頁。

8　「幸福は糧という「他なるもの」との関係にありながら自足している。それどころか、幸福は「他なるもの」との関係ゆえに自足している。幸福は欲求が「自足していない」ことによって自足している。自足とは自我の縮約そのものである」(『全体性と無限』二二九頁)。レヴィナスは「私が私であることとしての情動性」についてこのように述べている。「私が私であること」とは、「同」(le Même)としての私が、「私自身であること」(ipséité)と同一ではないという不充足感を埋め合わせるための同一化の運動に身を委ねていることである。この運動に身を任せているときの情動性が自足(la suffisance)である。しかし、この運動は裏を返せば、欲求=欠乏(besoin)を補うための摂取(contraction)、すなわち「他なるもの」の同化に他ならないのではないか。たとえば満腹時の満足感はそうした行為によってもたらされるのではないか。レヴィナスは「私が私であることとしての情動性」から、自分の幸福が自分以外のものの犠牲の上に成り立っているという「後ろめたさ」の気分が芽生え、そのとき倫理が生起するとみなす。「フランス現象学の神学的転回」と(揶揄気味に)称されるごとく、レヴィナスの思想の方向性は、最終的には存在することの弛緩(relâchement)を契機とした無限(=他者)の接近という「観念に到来する神」の記述に向けられる。

9 「(プラトンにおける)関係及び語りが非人称的なのは、孤独な語りあるいは理性、自分と対話する魂(l'âme conversant avec ellemême)と無関係ではない。真の語りはプラトンにとって、自らを守ることができるものであって、この場合、私に提供される内容と、それを思考した者とを分かつことができない。これは語り手が自らの質問に答えていることを意味する」(TI67『全体性と無限』上、一二九頁)。

10 同右、上巻、二六七頁。

11 『存在の彼方へ』四〇六頁。

12 『存在の彼方へ』四一〇頁。

13 『全体性と無限』上巻、六二頁。

14 同右、下巻、二五五頁。

15 「はやくお入りなさい。ぼくは自分の幸福がこわいんです」。本論考で取り上げた享受の幸福から歓待の法(掟)へと至る展開は、クロソウスキーの『ロベルトは今夜』において、オクターブ伯父の歓待の倒錯的な欲望として描かれている。なぜ倒錯が生じたのか。家のなかにいながら招き入れられ、主人と客人を共時的に引き受けるオクターブの倒錯性を、デリダは「この家のなかの主人は、女性がそこに存在する(la femme est là)がゆえに、自分が招いた者によって招かれる者(l'invité par son invité)となるのである」(AD81『アデュー』六三頁)と分析する。超越論的な女性性(féminité)によって本来引き受けられるべき受容性が、実体論的に女性(la femme)がそこに居合わせているために遮断されていること、この結果、象徴的もしくは神話論的に行われるべき主客の共時的反転が想像界において行われた、すなわち主人の欲望に投影されたのである。この問題をデリダは、無条件の歓待が孕む二律背反(antinomie)の問題、法措定の不可避性の問題として取り上げている(HO・Pas d'hospitalité)。

16 同右、上巻、二八三頁。
17 内田樹訳（1997）『観念に到来する神について』国文社、三二二頁。
18 『存在の彼方へ』三〇頁。
19 藤本一勇訳（2004）『アデュー』岩波書店、四二頁。
20 『全体性と無限』上巻、三〇五頁。
21 同右、上巻、三一三頁。
22 レヴィナスの「慎み深さ」としての「女性的なもの」への賛美は、古くはボーボワールによって、不必要な女性の神秘化、「第二の性」の自立的な生き方の抑圧にあたるとして批判され、近年ではイリガライが、ファロス中心主義及びロゴス中心主義に基づく男性優位のディスクールの典型とみなして批判している。女性を慎み深い他者、不在の他者として表象することは、男性主体のリビドーの体制、他者を同一性の体制へと還元するロゴス的な体制を保証、正当化しているというのがイリガライの主張である。しかしジュディス・バトラーがそうした主張を「解剖学的」と揶揄するように（『ジェンダー・トラブル』）、イリガライは「女性性」と現実の女性一般の（押し付けられたとされる）「社会的属性」とを識別しないまま論じるというフェミニズム的誤謬を犯している。レヴィナスは女性のセクシュアリティについては何も語ってはおらず、レヴィナスが賛美しているのは受容性としての女性性のエロスであり、批判しているのは、むしろイリガライがレヴィナスに見出したところの当のもの、すなわち、他者を同一性のもとに還元してしまうロゴス中心主義（レヴィナスの術語で言えば「存在論」）である。レヴィナスは同一性の哲学の眠りを覚ますには、絶対的な他者の出現が必要であること、それを可能にする絶対的な他者の迎え入れの「場所」として「女性性」を要請している。その女性性は、神学的な父性のように「超越的」な存在ではなく、あくまでも現実の主体がその存在を媒体として現実の他者と出会い、出会いを通して自らの他者性を自覚して真の主体になるための「超越論的」な存在である。受容性という女性性のエロスは、デリダの言うように（VI. Revenons à jérusalem）、むしろシオニズムが濃厚である。デリダが引用する『詩篇』においてイェルサレムの女性的な形象は次のように記されている。「称えられるべき主はシオンを選んだのだ。彼は彼女シオンに夢中になり、そこに住みたくなったのだ」（『詩篇』132・13）。神がイェルサレムを欲望したこと、すなわちイェルサレムは神と「交配した都市（une ville accouplée）」であることが、レヴィナスにおける特定の場所（都市や家）の持つ女性的なもの、女性的な受容性の主張の論拠となっている。そしておそらくはレヴィナス・デリダの歓待論の系譜における痕跡的な形象となっている。

23 同右、上巻、三一九頁。

24 『アデュー』八七頁。

25 『全体性と無限』上巻、三一八頁。

26 『アデュー』六三頁。

27 『全体性と無限』上巻、八一頁。

28 『アデュー』八四頁。

29 『全体性と無限』上巻、一五〇頁。

30 『アデュー』二八頁。

31 デリダの言う「教えについての教え」は『全体性と無限』の以下の部分を踏まえているものと思われる。「たんなる記号以上の語られたことば（parole）は、本質的に師にしか語れない卓越したもの（magistrale）である。語られたことばが教えるのは、なによりもまずこの教えそのものである。この教えのおかげで、ようやく語られたことばは、事物や観念についても（産婆術のように私のうちで「呼び覚ます」のではなく）教えることができるのである」（『全体性と無限』上、一二五頁）。

32　『全体性と無限』上巻、六一頁。

33　教育言説が内包する独我論的性向については、すでに矢野智司や高橋勝らの手によって他者論的な立場からの批判がなされている（『他者に臨む知』世織書房、2004）。高橋は従来の教育言説が他者を自我論の延長線上において一元的かつ予定調和的に捉えてきたこと、他者問題をつねに対称的な鏡像関係に基づく相互作用論（interactionism）の枠内で捉えてきたことが、結果的に教育における経験の貧困化及び人間関係の平板化を招いたとしている。他者は元来異界に属する疎遠な存在（der Fremde）であり、そこには架橋不可能な断絶が存在する。断絶があればこそ、その出現は安定した日常性（altägilchkeit）を相対化し、新たな生活地平を開く前言語的な自己反省的作用をもたらす。他者経験は「主体的であることの限界として経験されるもの」であり、硬直化した自己を更新するメタモルフォーゼとしての経験（Erfahrung）である。ところが、拡張すべき自我＝包摂すべき他者という相互理解の等式は、非対称的な関係性を克服すべきものとみなした上で、経験を現実に対処する際に負担を軽減するための反復可能な経験（Empirie）に限定する。未然に未知性を既知性へと変換しておけば、確かに問題処理能力は高まり、自我の絶えざる包摂運動の効率も高まる。このように経験が他者や他なるものを制御し処理する技法と化すことで、人間関係の構築はたんに自らをとりまく環境情報の処理とみなされるようになり、反復可能な経験則による世界解釈のパターン化は、生活世界の重層性、多次元性を感受できない子どもたちを生み出すこととなる。教育は本来断絶している他者との関係性を強い自我同士の相互作用によって繋ぎあわせようとして、かえって断絶を深めている。矢野はこの点について、人間関係は本来的に冗長（redundant）でしばしばうっとうしいものであるという現実に立ち還りつつ、人間関係を交換関係へと還元することの不可能性を指摘する。とりわけ教育、介護、家政、看護、保育など基本的に「問題をかかえた他者」を相手にする場合、どうしたところでその関係性の内部からは権利⇕義務関係という互酬性（reciprocity）の論理にはなじまない呪われた部分（バタイユ）が出現する。対称性を前提とした合理的な市場経済の秩序からはみ出すこの部分において発現するのは、交換の侵犯としての純粋贈与である。利他的な見返りを要求しない在り方こそが、市場経済が成立する以前からの、市場交換よりも普遍的な関係性である。「教育をはじめとして看護や福祉のように人間に直接かかわる実践には、交換の均衡を超えた出来事が生起しているにもかかわらず、理論の方は根深い均衡を求める交換の思考法に規定されているために、その出来事をうまく捉え切れていないのではないか。そしてそのためそれらの事象の理解を歪めるばかりか、そのような領域で働く人々の職業倫理をも不十分なものにしているのではないか」。矢野はこのように述べ、対称性に準拠した機能空間ではなく、関係の非対称性を前提とした臨床空間としての学校を可能にする知のパラダイム転換を提言する。

34　同右、上巻、一四四頁。

人名索引

【な行】

【は行】

【ま行】

【や行】

【た行】

【さ行】

事項索引

主要著書・論文：『学校という対話空間』(共著、北大路書房、2011年)、「『教育の公共性』って何なの？」(沼田裕之・増渕幸男編著『教育学21の問い』8章、福村出版、2009年)、「教育的関係におけるコミュニケーション的行為の可能性―相互承認による自己形成論へ」(『教育哲学研究』第88号、2003年)

後藤さゆり (ごとう　さゆり、第5章)

1962年生まれ。東京学芸大学連合大学院修了 (教育学博士)。現在、共愛学園前橋国際大学国際社会学部准教授。教育人間学・家庭科教育学・住環境教育専攻。現在の研究：「親になること」の今日的意義の再検討と青年期のための次世代教育プログラムの開発。

主要著書・論文：『現代家庭科教育法―個人・家族・地域社会のウエルビーイングをめざして―』(共訳、14・15章、大修館書店、2005年)、「『住む』ことを学ぶ― O.F. ボルノウを手がかりにして―」(『臨床教育人間学2　リフレクション』臨床教育人間学会、東信堂、2007年)

川久保　学 (かわくぼ まなぶ、第6章)

1961年生まれ。早稲田大学第一文学部西洋哲学科卒、東京学芸大学連合大学院博士課程在学中。教育哲学専攻。現在、神奈川県立高校教諭。現在の研究：打ちひしがれた境遇におかれた子どもに対する学校の応答責任についての研究 (承認論、ケア論、歓待論)。

主要著書・論文：「承認される側の論理に基づく承認」(『学校教育学研究論集』第18号)、「下流化する教養」、「スクールホーム」(『最新教育キーワード』第13版、時事通信社、分担執筆)。

執筆者紹介（執筆順、○印は編者）

○高橋　　勝（はじめに、序章、おくづけ参照）

萩原建次郎（はぎわら　けんじろう、第1章）

1968年生まれ。立教大学大学院博士課程後期課程教育学専攻満期退学。現在、駒澤大学准教授。社会教育学専攻。現在の研究：居場所の教育人間学的解明、青少年支援者の存在論。

主要著書・論文：「子ども・若者の居場所の条件」（田中治彦編著『子ども・若者の居場所の構想』3章、学陽書房、2001年）、「青少年支援者の力量形成と支援の在り方についての臨床研究」（『駒澤大学教育学研究論集』第20号）。

荒井　聡史（あらい　あきふみ、第2章）

1967年生まれ。京都大学大学院満期修了退学。現在、長野県短期大学幼児教育学科准教授。教育学専攻。現在の研究：教育の現象学的分析および子どもの人間学的分析に基づいて子どもの身体とメディアの関係について。

主要著書・論文：「苦悩と解放―M.J. ランゲフェルドの『人格』概念についての試論―」（山﨑高哉編『応答する教育哲学』第14章、ナカニシヤ出版、2003年）、「日本の幼児教育に対するランゲフェルト教育思想の影響」（和田修二・皇紀夫・矢野智司編『ランゲフェルト教育学との対話―「子どもの人間学」への応答』玉川大学出版部、近刊）。

前川　幸子（まえかわ　ゆきこ、第3章）

1960年生まれ。横浜国立大学大学院教育学研究科学校教育専攻修士課程修了。修士（教育学）。現在、甲南女子大学看護リハビリテーション学部看護学科教授。看護教育学専攻。

主要著書・論文：「看護臨床からのまなざし―臨床的に看護を学ぶということ」（『他者に挑む知』世織書房、2004年）、「他者と出会うということ―看護学生の臨床経験を通して」（『ホリスティック・ケア―新たなつながりの中の看護・福祉・教育』せせらぎ書房、2009年）、「わざ言語が促す看護実践の感覚的世界」（『わざ言語―感覚の共有を通しての「学び」へ』慶應義塾大学出版会、2011年）など。

藤井　佳世（ふじい　かよ、第4章）

1975年生まれ。東京学芸大学大学院連合学校教育学研究科博士課程修了、博士（教育学）。現在、鎌倉女子大学教育学部専任講師。教育哲学・教育人間学専攻。現在の研究：ハーバーマス以降のフランクフルト学派批判理論を手がかりにした教育理論（道徳論含む）の再構築。

■編著者紹介

高橋　勝（たかはし　まさる）

1946年、神奈川県生まれ。東京教育大学大学院教育学研究科博士課程修了。愛知教育大学助教授を経て、現在、横浜国立大学教育人間科学部教授。教育哲学・教育人間学専攻。教育人間学の視点から、子ども・若者の自己形成空間を研究している。

[主要著書・訳書]

『経験のメタモルフォーゼ』勁草書房、2007年、『情報・消費社会と子ども』明治図書、2006年、『文化変容のなかの子ども』東信堂、2002年、『学校のパラダイム転換』川島書店、1997年、『子どもの自己形成空間』川島書店、1992年、『作業学校の理論』明治図書、1983年、『教育人間学入門』（監訳書）玉川大学出版部、2001年。

子ども・若者の自己形成空間――教育人間学の視線から

2011年6月15日　　初　版第1刷発行　　〔検印省略〕

定価はカバーに表示してあります。

編著者Ⓒ高橋勝／発行者 下田勝司　　印刷・製本／中央精版印刷

東京都文京区向丘1-20-6　郵便振替00110-6-37828　　発行所

〒113-0023　TEL (03) 3818-5521　FAX (03) 3818-5514　　株式会社 東　信　堂

Published by TOSHINDO PUBLISHING CO., LTD.

1-20-6, Mukougaoka, Bunkyo-ku, Tokyo, 113-0023 Japan

E-mail : tk203444@fsinet.or.jp　http://www.toshindo-pub.com

ISBN978-4-7989-0070-4　C3037　Ⓒ M.Takahashi

東信堂

子ども・若者の自己形成空間—教育人間学の視線から　高橋勝編著　二七〇〇円

教育文化人間論—知の逍遥／論の越境　小西正雄　二四〇〇円

グローバルな学びへ—協同と刷新の教育　田中智志編著　二〇〇〇円

教育の共生体へ—ボディエデュケーショナルの思想圏　田中智志編　三五〇〇円

人格形成概念の誕生—近代アメリカの教育概念史　田中智志　三六〇〇円

社会性概念の構築—アメリカ進歩主義教育の概念史　田中智志　三八〇〇円

教育の自治・分権と学校法制　結城忠　四六〇〇円

教育による社会的正義の実現—アメリカの挑戦（1945–1980）　D・ラヴィッチ著　末藤美津子訳　五六〇〇円

学校改革抗争の100年—20世紀アメリカ教育史　D・ラヴィッチ著　末藤・宮本・佐藤訳　六四〇〇円

国際社会への日本教育の新次元—今、知らねばならないこと　関根秀和編　一二〇〇円

ヨーロッパ近代教育の葛藤—地球社会の求める教育システムへ　関啓子・太田美幸編　三二〇〇円

ミッション・スクールと戦争—立教学院のディレンマ　老川慶喜・前田一男編　五八〇〇円

多元的宗教教育の成立過程—アメリカ教育と成瀬仁蔵の「帰一」の教育　大森秀子　三六〇〇円

協同と表現のワークショップ—学びのための環境のデザイン　編集代表 茂木一司　二四〇〇円

演劇教育の理論と実践の研究—自由ヴァルドルフ学校の演劇教育　広瀬綾子　三八〇〇円

教育の平等と正義　K・ハウ著　大桃敏行・中村雅子・後藤武俊訳　三二〇〇円

オフィシャル・ノレッジ批判—保守復権の時代における民主主義教育　M・W・アップル著　野崎・井口・小暮・池田監訳　三八〇〇円

〈シリーズ　日本の教育を問いなおす〉

拡大する社会格差に挑む教育　西村和雄・大森不二雄・倉元直樹・木村拓也編　二四〇〇円

混迷する評価の時代—教育評価を根底から問う　西村和雄・大森不二雄・倉元直樹・木村拓也編　二四〇〇円

教育における評価とモラル　西村和雄・戸瀬信之編　二四〇〇円

地上の迷宮と心の楽園〈コメニウスセレクション〉　J・コメニウス　藤田輝夫訳　三六〇〇円

〈現代日本の教育社会構造〉（全4巻）

〈第1巻〉教育社会史—日本とイタリアと　小林甫　七八〇〇円

〒113-0023　東京都文京区向丘1-20-6　TEL 03-3818-5521　FAX03-3818-5514　振替 00110-6-37828
Email tk203444@fsinet.or.jp　URL:http://www.toshindo-pub.com/

※定価：表示価格（本体）＋税

東信堂

転換期を読み解く—潮木守一時評・書評集	潮木守一	二六〇〇円
大学再生への具体像	潮木守一	二五〇〇円
フンボルト理念の終焉？—現代大学の新次元	潮木守一	二五〇〇円
いくさの響きを聞きながら—横須賀そしてベルリン	潮木守一	二四〇〇円
大学教育の思想—学士課程教育のデザイン	絹川正吉	二八〇〇円
国立大学・法人化の行方—自立と格差のはざまで	天野郁夫	三六〇〇円
転換期日本の大学改革—アメリカと日本	江原武一	三六〇〇円
大学の責務	立川明・坂本辰朗・井上比呂子訳 D・ケネディ著	三八〇〇円
大学の財政と経営	丸山文裕	三二〇〇円
私立大学マネジメント	(社)私立大学連盟編	四七〇〇円
私立大学の経営と拡大・再編—一九八〇年代後半以降の動態	両角亜希子	四二〇〇円
30年後を展望する中規模大学—マネジメント・学習支援・連携	市川太一	二五〇〇円
もうひとつの教養教育—職員による教育プログラムの開発	近森節子編著	二三〇〇円
政策立案の「技法」—職員による大学行政政策論集	伊藤昇編著	二五〇〇円
大学の管理運営改革—日本の行方と諸外国の動向	江原武一・杉本均編著	三六〇〇円
教員養成学の誕生—弘前大学教育学部の挑戦	遠藤孝夫・福島裕敏編著	三二〇〇円
改めて「大学制度とは何か」を問う	舘昭	一〇〇〇円
原点に立ち返っての大学改革	舘昭	一〇〇〇円
戦後日本産業界の大学教育要求—経済団体の教育言説と現代の教養論	飯吉弘子	五四〇〇円
韓国大学改革のダイナミズム—ワールドクラス〈WCU〉への挑戦	馬越徹	二七〇〇円
現代アメリカの教育アセスメント行政の展開—マサチューセッツ州（MCASテスト）を中心に	北野秋男編	四八〇〇円
現代アメリカにおける学力形成論の展開—スタンダードに基づくカリキュラムの設計	石井英真	四二〇〇円
アメリカの現代教育改革—スタンダードとアカウンタビリティの光と影	松尾知明	二七〇〇円
アメリカ連邦政府による大学生経済支援政策	犬塚典子	三八〇〇円
戦後オーストラリアの高等教育改革研究	杉本和弘	五八〇〇円
大学教育とジェンダー—ジェンダーはアメリカの大学をどう変革したか	ホーン川嶋瑤子	三六〇〇円

〒113-0023 東京都文京区向丘1-20-6　TEL 03-3818-5521　FAX03-3818-5514　振替 00110-6-37828
Email tk203444@fsinet.or.jp　URL:http://www.toshindo-pub.com/

※定価：表示価格（本体）＋税

東信堂

ハンス・ヨナス「回想記」　H・ヨナス　盛永・木下・馬渕・山本訳　四八〇〇円
責任という原理—科学技術文明のための倫理学の試み（新装版）　H・ヨナス　加藤尚武監訳　四八〇〇円
空間と身体—新しい哲学への出発　桑子敏雄　二五〇〇円
環境と国土の価値構造　桑子敏雄編　三五〇〇円
森と建築の空間史—南方熊楠と近代日本　千田智子　四三八一円
メルロ＝ポンティとレヴィナス—他者への覚醒　屋良朝彦　三八〇〇円
堕天使の倫理—スピノザとサド　佐藤拓司　二八〇〇円
〈現われ〉とその秩序—メーヌ・ド・ビラン研究　村松正隆　三八〇〇円
省みることの哲学—ジャン・ナベール研究　越門勝彦　三二〇〇円
カンデライオ（ジョルダーノ・ブルーノ著作集 1巻）　加藤守通訳　三二〇〇円
原因・原理・一者について（ジョルダーノ・ブルーノ著作集 3巻）　加藤守通訳　三二〇〇円
英雄的狂気（ジョルダーノ・ブルーノ著作集 7巻）　加藤守通訳　三六〇〇円
ロバのカバラ—ジョルダーノ・ブルーノにおける文学と哲学　三六〇〇円

〈哲学への誘い—新しい形を求めて　全5巻〉
哲学の立ち位置　松永澄夫・鈴木泉編　三二〇〇円
哲学の振る舞い　松永澄夫・村瀬鋼編　三二〇〇円
社会の中の哲学　松永澄夫・高橋克也編　三二〇〇円
世界経験の枠組み　松永澄夫・伊佐敷隆弘編　三二〇〇円
自己　松永澄夫・浅田淳一編　三二〇〇円

哲学史を読むⅠ・Ⅱ　松永澄夫　各三八〇〇円
言葉は社会を動かすか　松永澄夫編　二三〇〇円
言葉の働く場所　松永澄夫編　二三〇〇円
食を料理する—哲学的考察　松永澄夫　二〇〇〇円
言葉の力（音の経験・言葉の力第Ⅰ部）　松永澄夫　二五〇〇円
音の経験（音の経験・言葉の力第Ⅱ部）—言葉はどのようにして可能となるのか　松永澄夫　二八〇〇円
環境　安全という価値は…　松永澄夫編　二〇〇〇円
環境　設計の思想　松永澄夫編　二三〇〇円
環境　文化と政策　松永澄夫編　二三〇〇円

〒113-0023　東京都文京区向丘 1-20-6　TEL 03-3818-5521　FAX03-3818-5514　振替 00110-6-37828
Email tk203444@fsinet.or.jp　URL:http://www.toshindo-pub.com/

※定価：表示価格（本体）＋税

東信堂

（世界美術双書）

バルビゾン派　井出洋一郎　二〇〇〇円
キリスト教シンボル図典　中森義宗　二三〇〇円
パルテノンとギリシア陶器　関隆志　二三〇〇円
中国の版画―唐代から清代まで　小林宏光　二三〇〇円
象徴主義―モダニズムへの警鐘　中村隆夫　二三〇〇円
中国の仏教美術―後漢代から元代まで　久野美樹　二三〇〇円
セザンヌとその時代　浅野春男　二三〇〇円
日本の南画　武田光一　二三〇〇円
画家とふるさと　小林忠　二三〇〇円
ドイツの国民記念碑―一八一三―一九一三年　大原まゆみ　二三〇〇円
日本・アジア美術探索　永井信一　二三〇〇円
インド、チョーラ朝の美術　袋井由布子　二三〇〇円
古代ギリシアのブロンズ彫刻　羽田康一　二三〇〇円

（芸術学叢書）

芸術理論の現在―モダニズムから　藤枝晃雄・谷川渥 編著　三八〇〇円
絵画論を超えて　尾崎信一郎　四六〇〇円

美術史の辞典　P・デューロ他 中森義宗・清水忠訳　三六〇〇円
バロックの魅力　小穴晶子編　二六〇〇円
新版 ジャクソン・ポロック　藤枝晃雄　二六〇〇円
美学と現代美術の距離―アメリカにおけるその乖離と接近をめぐって　金悠美　三八〇〇円
ロジャー・フライの批評理論―知性と感受性の間で　要真理子　四二〇〇円
レオノール・フィニ―境界を侵犯する新しい種　尾形希和子　二八〇〇円
いま蘇るブリア＝サヴァランの美味学　川端晶子　三八〇〇円
ネットワーク美学の誕生―「下からの総合」の世界へ向けて　川野洋　三六〇〇円
イタリア・ルネサンス事典　J・R・ヘイル編 中森義宗監訳　七八〇〇円
福永武彦論―「純粋記憶」の生成とボードレール　西岡亜紀　三二〇〇円
『ユリシーズ』の詩学　金井嘉彦　三二〇〇円

〒113-0023 東京都文京区向丘1-20-6　TEL 03-3818-5521　FAX03-3818-5514　振替 00110-6-37828
Email tk203444@fsinet.or.jp　URL:http://www.toshindo-pub.com/

※定価：表示価格（本体）＋税